21世纪高等学校**市场营销**系列教材

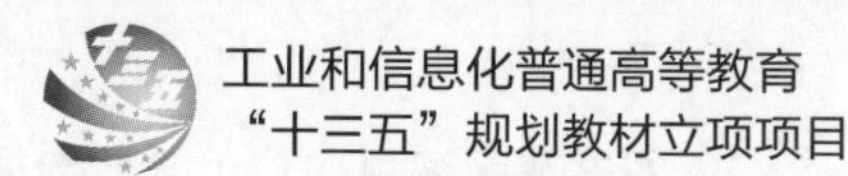

MARKETING

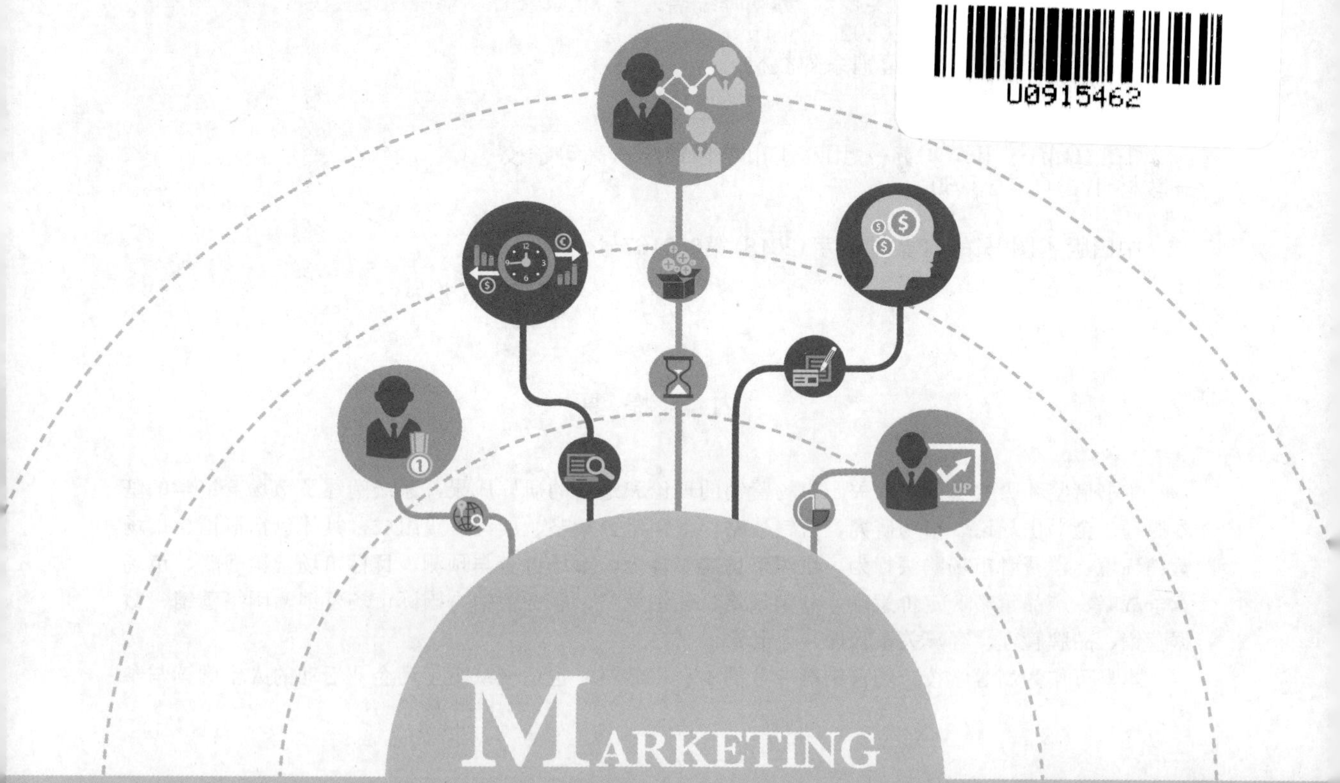

市场营销

从理论到实践

◆ 苏朝晖 编著 ◆

人 民 邮 电 出 版 社
北 京

图书在版编目（CIP）数据

市场营销 ：从理论到实践 / 苏朝晖编著. -- 北京 ：人民邮电出版社，2018.5（2020.3重印）
21世纪高等学校市场营销系列教材
ISBN 978-7-115-48077-4

Ⅰ. ①市… Ⅱ. ①苏… Ⅲ. ①市场营销学－高等学校－教材 Ⅳ. ①F713.50

中国版本图书馆CIP数据核字(2018)第050167号

内 容 提 要

本书借鉴和吸收了国内外关于市场营销的理论和最新的研究成果，系统阐述了市场营销学的基本原理。全书由导论、市场研究、营销战略、营销组合策略、展论五篇组成，具体包括概论、市场营销环境、消费者市场购买行为、组织市场购买行为、市场调查与预测、目标市场营销战略、市场竞争战略、产品策略、定价策略、分销策略、促销策略、服务营销、国际市场营销、网络营销、数据营销、品牌管理、客户关系管理共十七章。

本书可作为高等学校市场营销等专业的本科生教材，也适合从事工商企业活动的人士阅读与参考。

◆ 编　著　苏朝晖
责任编辑　赵　月
责任印制　焦志炜

◆ 人民邮电出版社出版发行　北京市丰台区成寿寺路 11 号
邮编　100164　电子邮件　315@ptpress.com.cn
网址　http://www.ptpress.com.cn
三河市中晟雅豪印务有限公司印刷

◆ 开本：787×1092　1/16
印张：17.75　2018 年 5 月第 1 版
字数：441 千字　2020 年 3 月河北第 5 次印刷

定价：49.80 元

读者服务热线：(010)81055256　印装质量热线：(010)81055316
反盗版热线：(010)81055315
广告经营许可证：京东工商广登字 20170147 号

前言

Preface

我们知道，对于企业来说，只要能够生产出一件产品就能够生产出无数的产品——只需投入相当的生产资料和劳动力。但是，生产出来的产品有人要吗？产品能够卖得出去吗？产品能够卖得很多吗？显然这些是企业重点关注的问题。

市场营销就是促使企业的生产活动得到市场的认可与接受的活动。遗憾的是，现如今还有很多人将营销与推销混为一谈。事实上，营销是通过市场调查发现未被满足的需求，然后根据这种需求去构思、研发、制造、提供相应的产品，再策划、制订有吸引力的价格策略、分销策略、促销策略，从而让消费者主动上门购买的一系列活动。

为了系统地阐述市场营销的基本理论，本书首先阐述了市场营销导论，其次介绍了市场研究的内容与方法，再次论述了市场营销的两个基本战略，然后阐述了市场营销的组合策略，最后介绍了与市场营销紧密相关的其他新兴理论。

本书将理论与实务相结合，并且配有大量典型的案例，深入浅出，通俗易懂。全书篇章布局合理，内容简洁紧凑、详略得当。另外，本书还额外为读者提供了众多的阅读材料或案例，读者可登录人邮教育社区（www.ryjiaoyu.com）本书页面进行下载阅读。

本课程的教学方法以课堂讲授教学为主，以案例分析和课堂讨论为辅。考核成绩由平时成绩与期末考试成绩构成。平时成绩包括课堂讨论和平时作业的成绩。学时分配见下表。

学时分配表

项目	课程内容	学时
第一章	概论	2～4
第二章	市场营销环境	2～3
第三章	消费者市场购买行为	2～4
第四章	组织市场购买行为	2～3
第五章	市场调查与预测	2～4
第六章	目标市场营销战略	2～4
第七章	市场竞争战略	2～4
第八章	产品策略	3～4
第九章	定价策略	2～4
第十章	分销策略	2～4
第十一章	促销策略	3～4

续表

项目	课程内容	学时
第十二章	服务营销	2
第十三章	国际市场营销	2
第十四章	网络营销	2
第十五章	数据营销	2
第十六章	品牌管理	2
第十七章	客户关系管理	2
课时总计		36～54

书中的案例资料来源已尽可能列出，如有遗漏，在此深表歉意。由于本人水平有限，书中难免有不足甚至错误之处，恳请读者不吝赐教和批评指正，意见与建议请发至 822366044@qq.com。

编者

2018 年 4 月

目录

Contents

第Ⅰ篇　导论

第Ⅱ篇　市场研究

第Ⅲ篇　营销战略

第Ⅳ篇　营销组合策略

第Ⅴ篇 展论

第Ⅰ篇

导论

市场营销是市场环境、市场经济的产物，没有市场环境、市场经济，就没有市场营销。市场营销就是促使企业的生产活动得到市场的认可与接受的活动。

CHAPTER 1

第一章 概论

引例：穿不穿鞋

两家鞋业制造公司分别派出一名业务员去开拓市场，这两名业务员一个叫杰克逊，另一个叫板井。在同一天，他们两个人来到了太平洋的一个岛国，到达当日，他们就发现当地人全都赤足，没人穿鞋——从国王到贫民，从僧侣到贵妇，竟然无人穿鞋子！

当晚，杰克逊向国内总部的老板发消息说："上帝啊，这里的人从不穿鞋子，有谁还会买鞋子呢？我明天就回去。"

板井也向国内总部的老板发消息说："太好了，这里的人还没有鞋子穿，我决定把家搬来，在此长期驻扎下去！"

两年后，这里的人都穿上了鞋子。

我们经常听到许多人抱怨没有市场，没有商业机会，而事实上，有时候市场就在你的面前，只不过你没有能够发现这个市场，自然也就谈不上营销了。

第一节　市场营销概论

一、市场

（一）市场的定义

市场，最早指买主和卖主聚集在一起进行产品交换的场所，即产品买卖的场所，如集市、庙会、店铺、货栈、交易所、百货商店、百货公司、超级市场和连锁商店等。

经济学家将市场这一术语表述为卖主和买主的集合，指产品交易的行为和活动。而在营销管理者看来，卖主构成行业，买主则构成市场，市场是现实购买者和潜在购买者的集合体。美国市场营销协会（AMA）认为，市场是指一种货物或劳务的潜在购买者的集合需求。美国著名的市场营销学家菲利普·科特勒认为，市场是对某种产品或劳务具有支付能力并希望进行某种交易的人或组织。

（二）市场的三要素

市场有三个构成要素，即人/组织、购买力和购买欲望。也就是说，市场是由具有购买力和购买欲望的人或组织所构成的。

人/组织是市场的基础，只有人/组织才能让市场形成并发展。

购买力是市场的另一个要素，没有购买力也将无法形成市场，它受收入、支出、信贷条件、物价等因素的影响。

购买欲望也是构成市场的一个要素，没有购买欲望也将无法形成市场，它受需求、购买力等因素的影响。

（三）市场的划分

1. 从产品角度划分

从产品角度进行划分，市场可被分为消费品市场、工业品市场。

（1）消费品市场

消费品市场即为了个人和家庭的消费而购买所构成的市场。

（2）工业品市场

工业品市场即为了企业的加工生产而购买所构成的市场。

2. 从购买者角度划分

根据购买者的任务、目的和特点划分，市场可被划分为消费者市场、生产者市场、分销商市场、政府采购市场、非营利组织市场、国际市场。其中生产者市场、分销商市场、政府采购市场、非营利组织市场又被统称为组织市场。

（1）消费者市场

消费者市场即消费者个人和家庭成员为了个人和家庭的消费而购买所构成的市场。

（2）生产者市场

生产者市场即为了企业的加工生产而购买所构成的市场，主要由制造厂、加工厂、建筑公司、运输公司等构成，他们的购买是为了进一步生产和经营。

（3）分销商市场

分销商市场即主要由批发商、零售商组成，是为了转卖而购买所构成的市场。

（4）政府采购市场

政府采购市场即政府机构为了履行职责而购买所构成的市场。政府采购目前主要有工程建设、土地出让、产权交易、公共服务、国家安全等方面，政府采购市场是一个极其庞大的市场。

（5）非营利组织市场

非营利组织市场即由不以营利为目的，如事业单位、慈善机构、社团组织等购买所构成的市场。

（6）国际市场

国际市场即由国外的消费者、生产者、分销商、非营利组织、政府机构等所构成的市场。

3. 从消费者角度划分

从消费者角度进行划分，市场可被分为大众市场、小众市场。

（1）大众市场

大众市场即由数量巨大的大众消费者的购买所构成的市场。

（2）小众市场

小众市场即由少数或者部分消费者的购买所构成的市场。

4. 从市场地位角度划分

从市场地位角度进行划分，市场可被分为买方市场、卖方市场。

（1）买方市场

买方市场即指买方在交换过程中处于主导地位的市场。

（2）卖方市场

卖方市场即指卖方在交换过程中居于主导地位的市场。

二、市场营销

（一）“marketing”的含义

1. 由企业等组织所进行的营销活动

作为营销活动，“marketing”常被译成“市场营销”“商务管理”“行销”“市场经营”等。

2. 一门学科

作为一门学科，“marketing”常被译成“市场营销学”“市场学”“行销学”“销售学”“市场经营学”等。

（二）狭义的市场营销

狭义的市场营销是指一个企业为将其产品以盈利的方式出售给它的消费者所采取的活动。

美国市场营销协会（AMA）认为：市场营销是关于构思、货物和服务的设计、定价、促销和分销的规划与实施过程，目的是创造能实现个人和组织目标的交换。在交换双方中，如果一方比另一方更主动、更积极地寻求交换，则前者称为市场营销者，后者称为潜在消费者。

2007 年 10 月，AMA 又公布了市场营销的最新定义：市场营销是为消费者、委托人、合作者和社会提供创造、沟通、传递和交换供给品的系列活动、职能和过程的总和。

美国著名市场营销学教授菲利普·科特勒认为：市场营销是指以满足人类各种需要和欲望为目的，通过市场变潜在交换为现实交换的一系列活动和过程；市场营销是选择目标市场，并通过创造、交付和传播优质的消费者价值，来获得消费者、留住消费者和提升消费者的科学与艺术；营销对象可以是产品、服务、体验、人物、组织、事件、地点、信息、观念、财产权等。

知识扩展

营销与推销、销售的区别

销售是坐等消费者上门购买现有产品而提供相关服务的活动，如导购、收款等。

推销是主动上门找消费者或者是当消费者到店后犹豫不决时积极努力促其购买现有产品的活动。

营销则是通过市场调查发现未被满足的需求，然后根据这种需求去构思、研发、制造、提供相应的产品，再策划制订有吸引力的价格策略、分销策略、促销策略，从而让消费者主动上门购买的一系列活动。可见，如果营销做得好，那么推销就是多余的，也就是说，产品不需要推销就可以被销售出去。

营销重在“营”，重在谋划，是高智商的活动，是促使企业的生产活动得到市场的认可与接受的活动。从事销售、推销工作的人员大多是“蓝领”，而从事营销工作的人员大多是“白领”。

（三）广义的市场营销

如今，无论是厂商、分销商，还是银行、保险、媒体、政府、学校及慈善机构都需要做市场营销，市场营销已经扩展到人们生活的各个领域。

日本市场营销协会认为：市场营销是包括教育机构、医疗机构、行政管理机构等在内的各种组织，基于与消费者、委托人、业务伙伴、个人、当地居民、雇员及有关各方达成的相互理解，根据对社会、文化、自然环境等领域的细致观察，通过对组织内外部的调研、产品、价格、促销、分销、消费者关系、环境适应等进行整合、集成和协调的各种活动。

美国学者威廉·D. 皮诺特和 E·J. 麦卡锡在《营销精要》一书中指出：“营销观念对非营利组织来说同样重要。事实上，营销适用于各种公众的与私人的非营利组织——包括政府机关、卫生福利组织、教育机构，以及宗教慈善团体、政治党派和工艺美术组织。”

例如，政府营销是指政府在管理社会公共事务和向公众提供产品和服务的过程中，运用营销理念来推广政府政策、树立政府形象，为本国的社会、经济、文化的发展创造良好的环境，从而建立与居民、企业、社会团体、民主党派、其他国家的良好关系，实现公众的满意和社会的全面发展。政府营销的主体是各级政府及其官员们，政府营销的对象就是社会公众、企业、社会团体、各民主党派等。对于开放型的国家而言，政府营销的对象也应包括外国的公众、政府、企业、社会团体和政党等。政府营销的国内目标是：保证政府制定的各种政策、规定、措施得以贯彻执行，并获得公众的支持和拥护，实现国家的长治久安、社会的持续健康发展、人民的安居乐业；政府营销的国际目标是：推广国家、民族形象，消除误解，不断提高本国的国际地位，使本国获得较高的国际知名度、关注度、美誉度，赢得优越的国际环境。

本书认为，从广义上说，市场营销是个人或组织为了争取外界对其实现自身目标的支持而采取的各种行动。通俗地说，市场营销就是你为了让市场支持你（你的产品/服务/行为/观念）而采取的各种行动。

对企业来说，市场营销就是企业争取市场对其实现盈利目标的支持所采取的各种行动。

对个人来说，市场营销就是个人争取社会对其实现自身愿望的支持所采取的各种行动。例如，对竞选者来说，其市场营销就是争取社会对其投赞成票所采取的各种行动。

延伸阅读

创造需求

有时市场需求受认识水平的限制，而认识水平又往往受到技术水平的限制。所以，强调市场导向、满足需求，不能停留在满足现有需求上，不能忽视技术进步和创新，不能忽视创造需求。成功的企业完全可以通过宣传或者技术创新来引导消费者产生新的需求并且让消费者的新需求得到满足。

例如，在苹果公司推出智能手机之前，人们没有产生对智能手机的购买需求，并不是人们不想要更好的手机，而是因为想不到还会有比当下手机更好的手机。而苹果公司突破思维、推陈出新地创造和引导了人们对智能手机的需求。

总之，企业不但要尽力满足需求，而且要善于创造需求、引导需求。

第二节 市场营销学的产生与发展

菲利普·科特勒认为，市场营销学是一门建立在经济科学、行为科学、现代管理理论基础之上的应用科学。然而，今天的市场营销学已经从经济学的母体中脱胎而出，是一门属于管理学范畴的应用科学。

一、市场营销学的产生

美国管理学大师彼得·F. 德鲁克（Peter F. Drucker）认为，市场营销最早的实践者是17世纪中叶日本三井家族的一位成员。他在东京开设了世界上第一家百货商店，该店先于美国的西尔斯·罗巴克公司250年。该商店制定了一些经营原则，其基本内容是：公司充当消费者的采购人员；为消费者设计和生产适合需要的产品；无条件退货还款原则；为消费者提供丰富多样的产品，而不仅是一种工艺或一种产品等。

在西方国家，直到19世纪中期，市场营销才在美国国际收割机公司出现，该公司把市场营销当作企业的中心职能，并把满足消费者需求当作管理的专门任务。创始人赛勒斯·H. 麦考密克（Cyrus H. McCormick）创造性地提出了市场调研与市场分析、市场定位、定价政策、向消费者提供零部件和各种相关服务等现代市场营销的一些基本手段和理念，这标志着市场营销的产生。

二、市场营销学的发展

1950年，美国营销专家尼尔·鲍顿提出“市场营销组合”概念，确定了营销组合的12个要素，开始了市场营销理论体系构建的历程。同年，美国学者乔尔·迪安在他关于有效定价的讨论中采用了“产品生命周期”的概念，阐述了关于市场开拓期、市场扩展期、市场成熟期的思想。

1955年，西德尼·莱维提出了“品牌形象”的概念，这个概念演绎了企业广告投入的价值与理由，随后更是因为广告大师大卫·奥格威的发扬光大，品牌营销逐渐成为当今营销界具有深远影响的营销流派。

1956 年，美国营销学家温德尔·史密斯创造性地提出了营销学的又一重要概念——市场细分。按照市场细分的思想，市场上不但产品有差异，市场本身也是有差异的，消费者需求各异，营销方法应该有所不同。

1960 年，美国营销学大师杰罗姆·麦卡锡继承了其师理查德·克莱维特教授关于营销要素的思想，概括性地提出了著名的市场营销 4P 营销组合策略的主张，即产品（product）、价格（price）、渠道（place）、促销（promotion）。产品、价格、渠道、促销是市场营销过程中可以控制的因素，也是企业进行市场营销活动的主要手段，它们之间相互依存、相互影响和相互制约。对于 4P 策略来说，直观性、可操作性和易控制性是其最大的优点，它可以直观地解析企业的整个营销过程——企业生产什么产品，制定什么价格，选择什么销售渠道，采用什么促销方式。此外，4P 策略紧密联系产品，从产品的生产加工一直到交换消费，企业容易掌握与监控，哪个环节出现了问题，企业都容易及时地对其进行诊断与纠正。但 4P 的缺陷也是比较明显的，它是以企业为中心的，以追求利润最大化为原则，这势必会产生企业与消费者之间的矛盾。

1967 年，菲利浦·科特勒出版了《市场营销管理：分析、计划与控制》一书，该书更全面、系统地发展了现代市场营销理论。他精粹地对营销管理下了定义：营销管理就是通过创造、建立和保持与目标市场之间的有益交换和联系，以达到组织的各种目标而进行的分析、计划、执行和控制过程，并提出，市场营销管理过程包括分析市场营销机会，进行营销调研，选择目标市场，制订营销战略和战术，制订、执行及调控市场营销计划。菲利浦·科特勒突破了传统市场营销学认为的营销管理的任务只是刺激消费者需求的观点，进一步提出了营销管理任务还影响需求的水平、时机和构成，因而提出营销管理的实质是需求管理，还提出了市场营销是与市场有关的人类活动，既适用于营利组织，也适用于非营利组织，扩大了市场营销学的范围。

1971 年，菲利普·科特勒和杰拉尔德·蔡尔曼提出了“社会营销”的概念，强调企业在追求利润目标、满足消费者需求的同时，还要关注社会的整体利益和长远利益，强调保持三方利益的平衡。这种关心社会利益，重视履行社会责任，强调保护环境、节约能源、产品安全要素的营销理念得到了社会和政府的普遍认可。

1972 年，美国营销大师阿尔·里斯和营销战略家杰克·特劳特发表了题为《定位时代》的系列文章，标志着“定位理论”的产生。定位理论认为，产品和品牌都会在消费者心目中占据一定的位置，企业应该首先分门别类进行传播以抢先占领这个特定的位置并获取竞争优势。

1990 年，美国学者劳特朋从消费者的角度出发，提出了与传统 4P 营销组合策略相对应的 4C 组合理论，即消费者（consumer）、成本（cost）、便利（convenience）、沟通（communication），拉开了 20 世纪 90 年代营销创新的序幕。1C——consumer wants and needs（消费者的欲望与需求），指企业必须重视消费者的欲望与需求，把消费者的需求放在第一位，强调创造消费者比开发产品更重要，满足消费者的需求和欲望比产品功能更重要。2C——cost to satisfy those wants and needs（满足消费者欲望与需求的成本），指消费者获得满足的成本或是消费者为满足自己的需求和欲望肯付出的全部成本。其包括：企业的生产成本和销售成本，即企业生产适合消费者需要的产品成本，以及把产品送达消费者手中的成本；消费者购物成本，不仅指购物的货币支出，还有耗费时间、体力和精力以及承担的风险等。企业的生产成本和销售成本决定了产品的价格成本，对消费者的购买有重要的影响。3C——convenience to buy（方便购买），指购买的方便性，也就是在企业产品的生产和销售过程等环节中，强调为消费者提供便利，让消费者能在方便的时间、地点或以方便的方式购买到产品。4C——communication（沟通），指与消费者的沟通交流。企业可以通过同消费者对购买和销售的产品进行多方沟通交流，特别注重与消费者的情感、思想交流，使消费者对企业、产品有更好的理解和认同，这对促进消费者的持续购买有很大作用。

4C 组合理论强调企业要研究消费者的需求与欲望，制造和销售消费者所想购买的产品；要研究如何降低消费者为满足其需求与欲望所必须付出的成本；要使消费者的购买和使用更加便利；要通过沟通让消费者更好地了解产品，学会正确选择产品。4C 组合理论注重以消费者需求为导向，克服了 4P 策略只从企业考虑的局限。但是，从企业的营销实践和市场发展的趋势来看，4C 策略也有一些不足，首先，它立足的是消费者导向而不是竞争导向，而在市场竞争中，要取得成功既要考虑到消费者，也要考虑到竞争对手。其次，4C 组合理论在强调以消费者需求为导向的时候却没有结合企业的实际情况。最后，4C 组合理论仍然没有体现既赢得消费者，又长期地拥有消费者的关系营销思想，被动适应消费者需求的色彩较浓，没有解决满足消费者需求的操作性问题。

今天，随着市场营销的普及应用和市场营销技术的不断进步，市场营销研究领域不断扩展延伸，出现了服务营销、网络营销、数据营销、国际市场营销、品牌管理、客户关系管理等方向。

第三节 市场营销观念的演变

市场营销观念从 20 世纪初开始形成，到目前已经历了生产观念、产品观念、推销观念、市场营销观念、社会市场营销观念五个演变时期，不同的市场营销观念是在不同的条件下产生并发展的，其关注点和内容各不相同。

一、生产观念

在生产观念的主导下，人们的经营行为只考虑自己的生产，“我生产什么产品，就卖什么产品”。生产观念的座右铭是“有人卖就会有人买”。

生产观念是在卖方市场条件下产生的，由于生产的产品无法完全满足市场的需求，所以，人们只注重生产，根本不需要考虑市场的需求情况。

在 20 世纪 20 年代以前，虽然现代工业已基本形成，但生产技术相对落后，生产效率不高，人们的需求无论是在产品的品种，还是在产品的数量方面都远没有得到充分的满足，生产观念因此得以流行。

二、产品观念

20 世纪 20 年代以后，西方社会已经基本脱离贫困，人们追求的主要目标是改进产品质量、增加产品功能，因而致力于产品的精益求精成为这一时期企业经营管理的主要思想。

产品观念的基本观点是，消费者会欢迎质量最优的、功能最多的产品，并愿意为此付更多的钱。企业应当重视产品的质量、功能、程序、特色等方面的研究和运用。

三、推销观念

推销观念盛行于20世纪三四十年代，由于产品过剩，企业开始想方设法把产品卖出去，开始注重产品的销售及推销的方法和技巧。此时，推销观念产生。

推销观念认为，消费者具有购买惰性或抗衡心理，企业必须积极推销和进行大力度的促销活动，以刺激消费者购买本企业产品。换句话说，只要企业努力推销什么产品，消费者或用户就会更多地购买什么产品。

四、市场营销观念

在推销观念下，产品仍然处于供过于求的状态，于是企业开始注重以满足消费者的需要为中心的市场营销活动。市场营销观念形成于20世纪50年代，市场营销观念认为，企业要比竞争者更有效地、更有利地满足目标市场的需求和欲望。消费者或用户需要什么产品，企业就应当生产、销售什么产品。

从本质上来说，市场营销观念是一种以消费者需求和欲望为导向的哲学，市场营销观念奉行“消费者是上帝”“你就是主人”“发现欲望，并满足他们”“热爱消费者而非产品”等理论。可以说市场营销观念是消费者主权论在企业营销管理中的体现，在这种观念的指导下，企业十分重视市场调研，在消费需求的动态变化中不断发现那些尚未得到满足的市场需求，并集中一切资源和力量，千方百计地适应和满足这种需求，从而在消费者的满意中不断扩大市场销售，获得丰厚的利润。

五、社会市场营销观念

市场营销观念回避了消费者需求、消费者利益和长期社会福利之间隐含着的冲突。

社会市场营销观念是对营销观念的重要修改和补充。它于20世纪70年代西方资本主义国家出现能源短缺、通货膨胀、失业增加、环境污染严重、消费者保护运动盛行的新形势下产生。

社会市场营销观念的基本内容是：企业提供的产品，不仅要满足消费者的需求与欲望，而且要符合消费者和社会的长远利益，企业要关心与增进社会福利，营销要有利于并促进企业的持续发展。

社会市场营销观念要求企业要注意环境保护、环境污染、资源短缺、通货膨胀、社会福利和社会责任等，要求市场营销者在制定市场营销政策时，要统筹兼顾企业利润、消费者需求的满足和社会利益三个方面。

延伸阅读

绿色营销

20世纪90年代以来，绿色营销风靡全球，使企业营销步入了集企业责任与社会责任为一体的理想化的高级阶段。绿色营销观念是注重社会利益、企业社会责任和社会道德的营销观。它要求企业在营销中要考虑消费者利益、企业自身利益、社会利益以及环境利益，并将这四方面利益结合起来，实现企业的社会责任。

广义的绿色营销指企业营销活动中体现的社会价值观、伦理道德观，即自觉维护自然生态平衡，自觉抵制各种有害营销。因此，广义的绿色营销，也称伦理营销。

狭义的绿色营销指企业在营销活动中谋求消费者利益、企业利益与环境利益的协调。企业既要充分满足消费者的需求，实现企业利润目标，也要充分注意自然生态平衡。因此，狭义的绿色营销也称生态营销或环境营销。

绿色营销强调营销组合中的“绿色”因素，即注重绿色消费需求的调查与引导，注重开发和经营符合绿色标准的产品，注重在生产与消费过程中降低公害，注重定价、渠道、促销等营销过程中的绿色因素。

绿色产品是企业实施绿色营销的支撑点，企业应利用新科技、新设备，开发新能源、无公害新型能源以及各种新型可替代能源，研发节能的新途径及新工艺，提高能源和资源的利用率，产品与包装要力求减少资源消耗和对环境的污染，注重废弃物的回收和综合利用。

绿色价格应该反映生态环境成本，企业在制定绿色产品的价格时，首先，要树立“污染者付费”“环境有偿使用”的观念，把企业用于环保方面的支出计入成本，从而使其成为价格的一部分，确立环境与生态有价的基本观念；其次，注意绿色产品在消费者心目中的形象，利用人们求新、求异、崇尚自然的心理，利用消费者心中的感知价值来定价，以便提高效益。

绿色渠道是要慎重选择绿色、信誉好的分销商，企业可以在大中型城市建立绿色产品销售中心、建立绿色产品连锁商店、建立绿色产品专柜或专营店；另外，对于一些易腐烂变质或容易丧失鲜活性的绿色食品，要选择避免污染、损耗的储存条件；最好采取直销方式，尽量缩短流通渠道，以免遭受污染和损失。

绿色促销是推销人员必须了解消费者的绿色消费需求，回应消费者所关心的环保问题，突出企业产品的绿色表现以及企业经营过程中的绿色表现。企业可通过免费试用样品、竞赛、赠送礼品等形式来鼓励消费者试用新的绿色产品，提高企业知名度；运用广告战略，宣传绿色消费，强化和提高人们的环境意识。广告要突出绿色产品的特点，其投入和频度要适度，防止因为广告而造成资源浪费和声、光等感光污染。

第四节　市场营销组织的建构

市场营销必须依托一定的机构或部门——市场营销组织进行，其负责制订和实施市场营销战略与策略。因此，企业必须考虑如何建构市场营销组织的问题。

一、市场营销组织建构的原则

（一）任务与目标原则

任务与目标原则，即每一个组织和这个组织的每一部分，都与特定的营销任务、目标有关，否则就没有存在的价值。

（二）精干高效原则

精干高效原则，即企业所建立的营销组织机构应该是精干的、有力的、高效的。

（三）相对封闭原则

相对封闭原则，即企业营销管理组织系统内的管理手段和工具（机构、制度、人和信息），必须构成一个连续封闭的循环回路，这样才能形成有效的管理运动，企业才能自如地开展营销活动。

（四）兼顾企业现状与未来发展的原则

兼顾企业现状与未来发展的原则，即企业所建立的营销组织首先必须在科学规范的前提下，符合企业目前的发展状况、营销特点和资源条件；同时，还要为企业未来的发展在组织结构的调整方面预留空间，以使企业的营销组织能够随着企业的发展不断调整、不断完善而并不需要对原有组织结构进行“大动干戈”式的改革，从而有效降低企业成本。

二、市场营销组织建构的步骤

首先，围绕企业营销目标进行营销事务与流程的总体规划，并使流程达到最优化，这是企业营销组织结构建构的出发点。

其次，按照优化的营销事务与流程设计营销岗位，根据营销岗位数量和专业化分工的原则设计营销管理岗位和部分机构。

最后，对各岗位进行定职、定员、定编。经过科学的营销组织结构设计，整个企业营销组织应达到如下标准：第一，有直接的、明确的权利和职责路线；第二，有连续的运作体系和逻辑线路；第三，营销组织中各个层级向上、向下和横向传递信息迅速而协调；第四，营销组织中的每位成员都能胜任工作，并有高昂的士气和高度的工作满足感。

三、市场营销组织结构的模式

企业的实际营销状况不同，所建立的营销组织结构也应是不同的。也就是说，在实际的策划过程中，企业所设计的营销组织结构应该是个性化的。

（一）基于不同职能的营销组织结构

这种营销组织结构适用于产品种类有限、市场区域覆盖面较窄的企业。

职能型组织是最常见的市场营销组织结构。它是在分管市场营销的副总经理领导下，设置战略和计划、市场研究和预测、广告、促销、公共关系、消费者服务、销售部等职能科室。

有些企业将销售部与市场营销部并列，主要是因为销售部通常需要众多的人手，如售货人员、送货人员、行政雇员等工作在销售第一线的“蓝领”；而市场营销部则偏重于策划，人员素质高且精干，更像是知识分子，是“白领”。两个部门分开是为了精简市场营销部门的人员，突出其策划职能，使其从烦琐的销售工作中超脱出来，致力于市场开发和管理。

职能型组织的优点是方便管理——每个职能部门都各具专长，在各自的领域拥有较高的水平。

但是，随着产品的增多和市场的扩大，这种组织形式的功效会逐渐降低。首先，职能型组织中，没有人对一种产品或者一个市场负全部责任，因而企业可能缺少按产品或市场制订的完整计划，使得有些产品或市场被忽略；其次，各部门之间为了争取更多的预算，得到更高的地位，相互间产生竞争，因此分管市场营销的副总经理的协调任务非常繁重；最后，各职能部门要为每个产品、每个品牌、每个市场构思针对性的市场营销计划，如果企业的市场已经十分细化，并且品牌系列完备，他们很快就会被任务压垮。

（二）基于不同产品或品牌的营销组织结构

这种营销组织结构适用于产品种类较多，而且产品之间存在明显的消费者需求差异的企业。生产多种产品或拥有多个品牌的企业，往往按产品或品牌建立市场营销组织，即为每个产品或每个品牌指定一个营销负责人。这种组织模式首先于 1931 年被美国的 P&G 公司采纳，现在已经十分普及，尤其是在大宗消费产品企业。

产品（品牌）组织的优势在于：能够及时反映特定产品（品牌）在市场上发生的问题；产品（品牌）经理各自负责自己管理的产品（品牌），可以保证每一产品（品牌）不会被忽视；产品（品牌）经理能够将产品营销组合的各个要素较好地协调起来，更快地就市场上出现的问题做出反应；各个产品（品牌）经理和其营销团队之间能够形成良好竞争，从而提高企业内部的运营效率；有助于培养人才——产品（品牌）管理涉及企业经营、市场营销的方方面面，是锻炼人才的最佳岗位。

产品（品牌）组织的缺点是：造成一些冲突，由于产品（品牌）经理的权力有限，不得不依赖于与广告、推销、制造部门之间的合作，但这些部门可能不会予以重视；产品（品牌）经理容易成为自己负责的特定产品（品牌）的专家，但是不一定熟悉其他业务，如广告、促销等业务，因而影响了其综合协调能力；建立和使用产品管理系统的成本往往比预期的费用要高。

（三）基于不同地理区域的营销组织结构

这种营销组织结构是按照地理区域来组织、管理营销人员的。

这种营销组织结构适用于在广泛地理区域上开发产品市场的企业，特别是产品范围有限，具有同质特点，而且需要迅速覆盖许多地区的企业。

（四）基于不同细分市场的营销组织结构

这种营销组织结构是按照细分市场来组织、管理营销人员的。

这种营销组织结构适用于具有较多的细分市场，并且各个细分市场的独特性较强的企业。

思考题：

1. 构成市场的要素有哪几个？
2. 什么是狭义的市场营销？什么是广义的市场营销？
3. 营销与推销、销售的区别在哪里？
4. 市场营销观念是怎样演变的？
5. 市场营销组织建构的原则是什么？市场营销组织结构有哪几种模式？

第Ⅱ篇

市场研究

企业不能离开市场而独立存在，企业只有很好地了解市场，了解市场营销环境，才能做出最佳的营销决策，以实现企业的营销目标。

市场营销环境包括宏观营销环境、微观营销环境，而微观营销环境中的消费者与组织是市场的购买力量，必须重点研究。

企业可通过市场调查与预测来了解与认识市场。

第二章 市场营销环境

引例：VR 将引发一场全新的营销革命

随着技术的发展，虚拟现实开始从小众走向大众化，以“VR+”的形式渗透到各行各业。例如，不少汽车公司推出展厅式 VR 体验，使消费者能在虚拟空间内行走，观看各款汽车，甚至能够进行试驾。在电影和游戏界，索尼影业在产品预售阶段，经常推出虚拟现实的应用来让消费者提前感受产品的震撼效果，如为了配合电影《云端行走》的宣传，推出了 VR 应用，使用户体验在两栋世贸大厦中间走钢丝的感觉。

此外，传统的传播媒介，如电视、广播、户外、杂志，由于其硬植入性，很容易被消费者直接忽略或招致消费者反感。而虚拟现实技术则是让消费者沉浸到商家设定的环境中，用最少的成本来帮助消费者去触碰真实场景，并与消费者产生互动行为，从而最大程度地展现出产品的魅力，引发消费者的购买行为。

市场营销环境指存在于企业外部的、不可控的因素和力量，这些因素和力量是影响企业营销活动及其目标实现的外部条件。因此，企业必须重视对市场营销环境的分析，并且根据营销环境的变化来制订相应的市场营销策略。

市场营销环境包括宏观营销环境和微观营销环境。

第一节 宏观营销环境

宏观营销环境主要由人口环境、政治和法律环境、经济环境、技术环境、自然资源环境、社会文化环境等组成。

一、人口环境

人口是构成市场的最基本因素，决定着市场需求及需求量，也决定着企业的生存和发展的空间。

其人口规模、年龄结构、性别比例、地理分布、家庭结构、婚姻状况等都是企业应当充分考虑的指标。

例如，人口规模是表明市场潜力的基本指标，一般来说，人口规模大，市场潜力也大，但并不等于现实市场也大，企业还需要看人们的购买力以及购买欲望。

又如，从年龄结构看，当前全球人口出生率下降，儿童数量日益减少，人口寿命延长，老龄化人口增加，全球已有 50 多个国家进入老龄化社会，这使全球市场需求结构发生变化，老年人的医疗用品和保健用品、助听器、眼镜、旅游、娱乐等产品的市场需求量会相应增加。

从地理分布来看，我国人口分布的总特点是：东部多，西部少；平原、盆地多，山地、高原少；农业地区多，林牧业地区少；温湿地区多，干寒地区少；开发早的地区多，开发迟的地区少；沿江、海、交通线的地区多，交通不便的地区少。居住在不同地区的人们，由于地理位置、气候条件、生活习惯不同，其消费习惯和购买行为也有差异。

另外，我国绝大部分人口为农业人口，农业人口约占总人口的 80%。这一社会结构的客观因素决定了企业在国内市场中，应充分考虑农村这个大市场，尤其是一些中小企业，更应注意开发价廉物美的产品以满足农业人口的需要。

再如，家庭是社会的细胞，也是产品购买、消费的基本单位，家庭的数量直接影响到某些产品的数量。家庭成员人数的多少，对许多家庭用品的形态有直接的影响。目前，我国家庭具有两个显著特点：一是家庭规模趋于小型化，“三四口之家”的家庭模式十分普遍；二是非家庭住户（单身住户、集体住户）增加。这些特点必然刺激家具、住房、家用电器、炊具等需求的快速增长，从而为这些行业提供巨大的商机。此外，家庭结构变小和人均收入增加，对促进家庭消费、提升消费水平和消费档次，增加产品购买的数量有推动作用。

二、政治和法律环境

政治和法律环境主要包括政府的政策和法律法规，以及各种政治团体对企业活动所采取的态度和行动等。

例如，一个国家的政局是否稳定、政府是否管制等都会直接影响企业的生产和销售；法律、法规也从多方面对企业营销活动进行引导、制约和监管。

三、经济环境

经济环境主要指宏观经济运行态势、国民生产总值、经济增长率、产业结构及其调整、市场总需求与总供给、货币流通与物价总水平、通货膨胀率、利率、消费者收入支出水平、储蓄、信贷条件等。

通过对这些因素的调查分析，可以判断出一国或一个地区的市场规模、发展潜力、需求结构与特点等信息。

例如，消费者人均收入越高，社会购买力越大，企业的市场营销机会也越多。一般来说，像古驰、普拉达、巴宝莉这样的奢侈品，在经济萧条时销售是很惨淡的；人均收入的多少，还影响着消费者的支出模式，如现金消费还是按揭消费。

又如，较高的储蓄率会推迟现实的消费支出，加大潜在的购买力；消费信贷的期限与规模会影响现实购买力的大小，也会影响提供信贷的产品的销售量。

四、技术环境

技术环境是由于新技术的发展给人类社会或某些行业、企业造成新的市场机会，或对某个行业或企业造成威胁、冲击而被取代甚至被迫退出市场的环境。

技术是社会生产力最活跃的因素，它影响着人类社会的历史进程和社会生活的方方面面，技术对企业营销活动的影响作用体现在以下几个方面。

首先，科技发展促进社会经济结构的调整，每一种新技术的发现、推广都会给一些企业带来新的市场机会，导致新行业的出现；同时，也会对某些行业、企业造成威胁，使这些行业、企业受到冲击甚至被淘汰。近三十年的新技术革命，已经给全球市场带来翻天覆地的变化，特别是信息技术、生物技术、海洋技术、空间技术、新材料技术、新能源技术等，新技术在淘汰旧技术和行业的同时，也产生了许多新产品、新行业，可以说，新技术是一种“创造性的毁灭力量”。

其次，科技发展促使消费者行为的改变，如出现了网上购物等新型购买方式。互联网实现了传播的扁平化，物流的高度发达实现了配送的扁平化，B2C 电商实现了交易的扁平化，B2B 电商实现了流通的扁平化。旧营销中的金字塔式分销体系，已经在商品经济高度发达的今天成为企业的负资产。生产企业—平台—消费者的扁平化渠道已初步形成，商场、专卖店的不可替代性日趋减弱。

再次，科技发展影响企业营销组合策略的创新，使新产品不断涌现，产品寿命周期明显缩短，影响着企业内部的生产和经营，要求企业必须关注新产品的开发，加速产品的更新换代。

最后，科技发展促进企业营销管理的现代化，为营销者提供了越来越多的工具和手段，如计算机、传真机、电子扫描仪、光纤通信等设备以及网络营销、大数据营销等，对推进企业市场营销的现代化起到了重要作用。

五、自然资源环境

由于自然资源的类型复杂多样，地理分布不均，因此企业到某地营销必须了解当地的自然资源状况。自然环境可以通过很多方式影响企业的营销活动，最明显的是原材料和能源的可得性，这将直接制约企业生产和销售活动的开展。从世界范围来看，自然资源日益短缺，其表现为：土壤的沙化与退化，淡水越来越短缺，矿产资源加速耗竭，生物资源越来越少，物种灭绝的速度加快，清洁能源紧张等。环境污染表现为：大量的水污染、空气污染、噪声污染等；垃圾数量增长惊人、垃圾处理管理复杂。环境污染已严重影响人们的生活及其购买观念、购买行为和消费习惯。

六、社会文化环境

任何企业都是在一定的社会文化环境中生存和发展的，企业营销活动必然受到所在社会文化环境的影响和制约。

社会文化环境主要由人们对事物的态度、看法、信仰、价值观念、道德规范、审美观念、教育程度、行为方式、生活方式、文化传统、社会风俗和习惯等构成。社会文化环境影响着人们的消费观念、消费倾向、需求欲望、购买行为。

此外，每种文化都包含细分的亚文化（又称副文化），亚文化是指某一文化群体所属次级群体所共有的独特信念、价值观和生活习惯。例如，西方文化强调自由、平等、独立，追求成就感与成功，讲究效率和实用主义，而东方文化强调的是仁爱、信义、智慧、诚实、忠孝等。

亚文化通常按民族、宗教、种族、地理、职业、性别、年龄、语言、文化与教育水平等标准进行划分。

例如，世界上各民族都有自己的文化传统，同一民族的人拥有相似的思想、认知和消费行为，而在不同的民族间则会有较大差异。例如，有的民族对于某些动物、花鸟的图案敬若神明，视其为高贵的象征，而某些民族则可能相反，视其为丧气的象征或某种禁忌。例如，东方国家习惯上把红色作为吉祥的象征，而在法国和瑞典则视红色为不祥之兆。为此，当中国的红色爆竹推销到该地时，销路自然不畅，企业后将其颜色改为灰色，才把销路打开。

世界上还存在许多不同的宗教，不同的宗教信仰有不同的文化倾向和戒律，从而形成了对产品不同的偏好和禁忌，这使分属不同宗教群体的消费者在购买行为和消费习惯上表现出各自的特征。例如，在圣诞节，人们对圣诞树、圣诞老人和很多圣诞礼物产生需求。佛教徒会对佛像、佛龛、佛香、莲花灯、佛教书籍等产品产生购买兴趣。

第二节　微观营销环境

企业的微观营销环境主要由企业本身、供应商、分销商、消费者、竞争者、社会公众等组成。

一、企业本身

企业要开展营销活动必须首先要考虑到其自身的环境力量和因素。例如，企业本身的人财物资源、竞争优势、行业地位，以及各种产品所处生命周期的阶段、市场份额、价格水平、成本结构、利润率、销量和潜力等都是影响企业营销活动的重要因素。

二、供应商

供应商是向企业及其竞争者提供原材料或服务等资源的组织或个体，如原材料供给企业、市场调研企业、广告公司、金融机构、运输企业等。

供应商对企业营销活动的影响主要表现在：其一，价格变动的影响；其二，供应商的可靠性，供应资源是否及时和稳定；其三，供应资源的质量水平。

企业一方面要与供应商保持长期稳定的关系，另一方面也应建立广泛的购货渠道。

三、分销商

分销商是协助企业把产品或服务销售给最终消费者的组织或个体。很多时候，企业只有通过分销商才能顺利将产品送达消费者手中，实现企业的营销目的。

四、消费者

消费者是企业营销活动的最终目标市场，消费者的数量、规模、购买力、购买欲望、市场消费行为和变化趋势直接影响了企业的营销活动。

五、竞争者

企业处于一定的市场环境中，遇到竞争对手的挑战是常态。

竞争者是指那些与本企业提供的产品相类似，并且所服务的目标消费者也相似，会对企业的市场份额、利润产生影响的同行企业。竞争对手的数量、规模、大小、优势、劣势等都可能给本企业带来机会，当然更多的是威胁。

市场竞争状况直接影响到企业的营销决策。企业应该充分了解竞争对手，只有认识到自身所处的竞争环境，知己知彼，才能有效地采取策略来应对和战胜对手。因此，企业首先要明确谁是竞争者，然后，要评估竞争者的优势与劣势，这样才能“知己知彼，百战不殆”，才能扬长避短、有针对性地制订营销战略与营销策略。

明确谁是竞争者——企业在制订营销策略之前，必须深入地调查，了解市场上有哪些竞争者——全球或全国或一个地区有哪些同类型企业？企业实力大小如何？是否有一个占据市场绝对优势的领导者？在所有的竞争对手里面，企业还要分清谁是主要竞争对手、谁是次要竞争对手；谁是现实竞争对手、谁是潜在竞争对手。一般来说，与企业各个方面，如产品、技术、价格、目标市场等越相似的对手，越是企业的主要竞争者。

评估竞争者的优势与劣势——企业找到主要竞争者后，应通过各种方法去获取对手以下的信息：竞争者的产品的种类，生产规模与生产成本，生产能力与供货能力，质量与成本控制能力，研究与开发实力，设施、设备技术的先进性；竞争者的价格，产品的适销性，市场占有率及市场地位，在消费者、分销商那里的口碑；竞争者的销售渠道、效率与实力，销售渠道的服务能力；竞争者的广告及传播推广情况；竞争者的资金实力、筹资能力，现金流；资信度；财务比率；财务管理能力；竞争者的组织情况、队伍情况、成员素质，组织的适应性及应变能力；竞争者的领导素质，管理能力、激励能力、协调能力，管理决策的灵活性、适应性、前瞻性等。

六、社会公众

公众是与企业营销活动发生关系的各种组织和群体的总称，公众可以帮助企业树立良好的企业形象，也可以阻碍企业实现自己的目标。社会公众一般有：金融公众、媒体公众、政府公众、社团公众、社区公众及内部公众等。企业应处理好与公众的关系，为自己营造和谐、宽松的营销环境，树立良好的企业形象。

思考题：

1. 什么是市场营销环境？
2. 宏观营销环境由哪些方面构成？各有什么特点？
3. 微观营销环境由哪些方面构成？各有什么特点？
4. 分析技术环境对企业市场营销的影响。
5. 分析社会文化环境对企业市场营销的影响。
6. 分析竞争者对企业市场营销的影响。

第三章 消费者市场购买行为

引例：可口可乐更换配方的风波

1980 年，可口可乐公司向世人展示了比老可乐口感更柔和、口味更甜、泡沫更少的新可口可乐样品。在推向市场之初，可口可乐公司花费 400 万美元进行口味测试，结果表明新可口可乐更受欢迎。接着，可口可乐公司便大做广告，把新可口可乐全面推向了市场。

然而，新可口可乐推出不久，西雅图一群忠诚于老可口可乐的人组成了“美国老可乐饮用者”组织，准备发动全国范围内的“抵制新可乐运动”，洛杉矶的顾客也威胁说：“如果推出新可乐，以后再也不买可口可乐了……”原来，这些人认为老的可口可乐配方代表了一种传统的美国精神，热爱传统配方的可口可乐就是有美国精神的体现，而放弃传统配方的可口可乐就意味着一种背叛。

面对众多的批评者，可口可乐公司不得不开通 83 部热线电话，雇请大批公关人员来温言安抚愤怒的顾客。在随后进行的又一次的顾客意向调查中，30% 的人说他们喜欢新可口可乐，而 60% 的人明确拒绝新可口可乐。最终，公司决策者们不得不放弃更换配方，恢复了传统配方的可口可乐的生产。

消费者市场具有其他市场不同的特点，消费者的购买行为不是无缘无故的，往往会受到自身因素和环境因素的影响；另外，消费者的购买决策过程也有其独特性。

第一节　消费者市场的特点

消费者是为了获得必要的生活资料而从事消费行为的个人或家庭，由消费者所构成的市场就是消费者市场。消费者市场又称最终产品市场，因为只有消费者市场才是产品的最终归宿，其他市场虽然购买数量很大，但其最终服务对象还是消费者市场，仍然要以最终消费者的需求和偏好为转移。可以说消费者市场是一切市场的基础，是最终起决定作用的市场。因此，全面动态地了解消费者需求，掌握消费者市场的特点及其发展趋势是企业生存与发展的重要前提。

消费者市场具有以下几个特点。

一、需求的零星性

首先，消费品市场购买者众多，涉及千家万户和社会的所有成员。

其次，购买频率较高但每次购买数量较少。

二、需求的多样性

消费者市场的购买者是受众多因素影响的个人或家庭，由于消费者在年龄、性别、职业、文化水平、经济条件、个性特征、地理区域、生活方式等方面存在差别，因此消费需求呈现较大的多样性。而且随着消费者购买力的不断提高，人们会更加注重个性消费，需求多样性还将呈现不断扩大的趋势。

延伸阅读

酒店商务客人与观光客人需求的比较

在酒店的各种客人当中，商务客人和观光客人所占比重最大，所以一家酒店能否在当今竞争激烈的市场中站稳脚跟，最主要的是看能否抓住这两类客人，为此，酒店要掌握这两类客人的差异需求。

商务客人的需求。首先，由于大堂代表了整个酒店的形象，代表入住酒店客人的品位。豪华气派和典雅、有文化艺术特色的酒店大堂更受商务客人的青睐；其次，由于商务客人经常会在客房内办公，所以就会需要一些办公所必需的用品及设施，如舒适的桌椅、明亮的灯光、干净整齐的环境、办公所需要的文具等；再次，商务客人有时候会在酒店会见一些重要的客人，所以他们对服务的要求也比观光客人的要求高；最后，商务客人往往并不在意消费价格，而且他们把高价格视为高地位、高身份的象征。

观光客人的需求。观光客人多是外出观光旅游的人，其目的主要是放松心情，感受当地的风土人情和文化，他们到酒店主要就是住宿，回到酒店来消除一天游玩的疲惫。因此，观光客人对酒店的设施设备没有特殊的要求，有日常生活所需的设备即可，最主要的是要有家的感觉，要舒适温馨。此外，大多数观光客人是自己支付旅行所花费的费用，所以会非常关注消费行为是否经济实惠。

三、需求的多变性

随着时代的变迁、科技的进步、收入的提高，消费者的需求会经历一种由低级到高级、由简单到复杂、由粗犷到精细的变化发展过程，不会永远停留在一个水平上。

四、需求的层次性

美国人本主义心理学家马斯洛将人类需求按低级到高级的顺序分成五个层次或五种基本类型，分别是生理需求、安全需求、归属感与爱的需求、自尊的需求和自我实现的需求。

（一）生理需求

生理需求是人们最原始、最基本的需求，是维持个体生存和人类繁衍而必不可少的需求，如对食物、氧气、水、睡眠、医疗等的需求。

（二）安全需求

安全需求较生理需求高一个级别，指满足人身安全和健康的需求。当生理需求得到满足以后，人们对于安全的需求产生了，将会对医疗保健品、人寿保险、防盗物品产生需求。

（三）归属感与爱的需求

归属感与爱的需求即希望给予或接受他人的友谊、关怀和爱护，得到某些群体的承认、接纳和重视的需求。

（四）自尊的需求

自尊的需求即希望获得荣誉、受到尊重和尊敬、博得好评、得到一定的社会地位的需求。

（五）自我实现的需求

自我实现的需求即希望充分发挥自己的潜能、实现自己的理想和抱负的需求。自我实现的需求是人类最高级的需求。

马斯洛认为，消费者对每个层次的需求强度不同，通常，较低层次的需求得到满足之后，再满足较高层次的需求，有条件时消费者希望所有层次的需求都能够得到满足。

例如，一个饥寒交迫的人不会注意到别人是如何看待他的（第三或第四需求），甚至他都不会在意他呼吸的空气是否洁净（第二需求）；但是当他有了足够的水和食物（第一需求）的时候，安全需求（第二需求）就会产生。

五、需求的非专业性

消费者购买产品时大多数是外行，即缺乏相应的产品知识和市场知识，其购买行为属于非专业性购买，而且受广告宣传等因素的影响，消费者的购买行为往往具有自发性、冲动性，具有较大程度的可诱导性和可调节性。

六、需求的相关性

消费者的不同需求可能具有相互补充或替代的关系。例如，汽车与汽油是关联互补品，其需求具有同向性，即消费者对汽车的需求增加，对汽油的需求也增加；又如，白酒和啤酒互为替代品，其需求具有反向性，即消费者对白酒的需求增加，则对啤酒的需求可能就减少。

延伸阅读

需求及其类型

需求是指在一定的地理区域和一定的时期内，在一定的营销环境和一定的营销方案下。买方愿意购买的总数量，也被称为市场需求量。

任何市场均可能存在不同的需求状况，市场营销管理的任务是通过不同的市场营销策略来解决不同的需求状况。

1. 负需求

负需求是指市场上众多顾客不喜欢某种产品或服务。例如，许多老年人为预防各种老年疾病不敢吃甜点和肥肉，又如，有些顾客害怕冒险而不敢乘飞机，或害怕化纤纺织品里有有毒物质损害身体而不敢购买化纤服装。市场营销管理的任务是分析人们为什么不喜欢这些产品，并针对目标顾客的需求重新设计产品、进行定价，做更积极的促销，或改变顾客对某些产品或服务的理念，诸如宣传老年人适当吃甜食可促进脑血液循环，乘坐飞机出事的概率比较小等。

2. 潜伏需求

潜伏需求是指现有的产品或服务不能满足许多消费者的强烈需求。例如，老年人需要高植物蛋白、低胆固醇的保健食品，美观大方的服饰，安全、舒适、服务周到的交通工具等，但许多企业尚未重视老年市场的需求。潜伏需求和潜在需求不同，潜在需求是指消费者对某些产品或服务有消费需求而无购买力，或有购买力但并不急于购买的需求状况。企业市场营销的任务是准确地衡量潜在市场需求，开发有效的产品和服务，即开发市场营销。

3. 下降需求

下降需求是指目标市场顾客对某些产品或服务的需求出现了下降趋势。例如，城市居民对电风扇的需求渐趋饱和，需求相对减少。市场营销者要了解顾客需求下降的原因，或通过改变产品的特色，采用更有效的沟通方法再刺激需求，即创造性的再营销，或通过寻求新的目标市场，以扭转需求下降的格局。

4. 不规则需求

不规则需求是指许多企业因季节、月份、周、日、时的变化而对产品或服务的需求产生变化，造成生产能力和产品的闲置或过度使用。例如，公用交通工具在运输高峰时不够用，在非高峰时则闲置不用；又如，在旅游旺季时旅馆紧张和短缺，在旅游淡季时，旅馆空闲；再如，节假日或周末时，商店拥挤，而平时商店顾客稀少。市场营销的任务是通过灵活的定价、促销及其他激励因素来改变需求时间模式，这被称为同步营销。

5. 过度需求

过度需求是指市场上顾客对某些产品的需求超过了企业的供应能力，产品供不应求。例如，由于人口过多或物资短缺，交通、能源及住房等产品供不应求。在此种情况下，企业营销管理的任务是减缓营销，可以通过提高价格、减少促销和服务等方式使需求减少。企业最好选择那些利润较少、要求提供服务不多的目标顾客作为减缓营销的对象。减缓营销的目的不是破坏需求，而只是暂时降低需求水平。

6. 有害需求

有害需求是指消费者对有害于身心健康的产品或服务的需求。例如，消费者对烟、酒、毒品、色情书刊等的需求。企业营销管理的任务是通过提价、减少可购买的机会或通过国家立法来禁止销售，此种营销被称为反市场营销。反市场营销的目的是采取相应措施来消灭某些有害的需求。

第二节　影响消费者购买行为的因素

消费者的购买行为往往受到自身因素、环境因素的影响和制约。

一、自身因素

消费者的购买行为会受到年龄及家庭生命周期、性别、社会角色及所处的阶层、经济状况、受教育程度、时间、个性、自我概念、生活方式的影响；此外，还会受到动机、感受、学习、记忆、信念、态度、兴趣等因素的影响。

（一）年龄及家庭生命周期

消费者的年龄会对消费者行为产生明显的影响。不同的年龄有不同的需求和偏好，每个人的衣、食、住、行、娱各方面的需求都是随年龄的变化而变化的。当然，营销人员不仅应注意消费者的生理年龄，更应关注其心理年龄。

与消费者年龄关系较为密切的是家庭生命周期，因为年龄、婚姻状况、子女状况的不同，家庭生命周期可以被划分为多个不同的阶段，在家庭生命周期的不同阶段，消费者的行为会呈现出不同的主流特性。

1. 少年儿童阶段的消费特点

除了娱乐需求以外，多数都是教育需求，包括由自身的兴趣爱好引发的教育培训。

2. 未婚期阶段的单身青年人的消费特点

消费支出以服装、娱乐为主，追逐时尚；该阶段的人群是新产品促销的重要目标——青年人自我意识强，独立意识较强，容易接受新生事物，赶时髦，往往是新服务的拥护者。青年人在购买过程中容易感情用事，属于感性消费者。

3. 新婚期阶段没有子女的年轻夫妻的消费特点

这是人生一个消费高峰期，购买产品种类多；该阶段的人群是住房、家用电器、家具、服装等单价较高的耐用消费品的主要购买者。

4. “满巢”Ⅰ阶段的消费特点

年轻夫妻家中有一个 6 岁以下的孩子，在这个时期孩子的启蒙教育、营养开支较大；他们常常感到购买力不足，对新产品感兴趣并倾向于购买有广告的产品。

5. “满巢”Ⅱ阶段的消费特点

年轻夫妻有 6 岁以上的孩子，孩子的教育支出逐渐增多；他们倾向于购买大规格包装的产品，有自己喜爱的品牌产品。

6. “满巢”Ⅲ阶段的消费特点

中年夫妻有经济未独立的子女，消费习惯稳定；这部分群体基本上具有稳定的收入，上有老下有小，在消费上需要考虑到全家的开支，购买行为较理智，消费行为慎重，讲求实效。

7. “空巢”阶段的消费特点

子女经济独立，大部分已组成自己的新家庭；消费支出主要在医疗保健方面，经济条件好的家庭外出旅游增多。

8. 老年人的消费特点

由于生活经历长久，老年人消费习惯与需求相对稳定，其需求以舒适、实用、安全和保障为主。其消费需求主要集中于老年保健、医疗、运动与一些家政服务上，尤其是注重保健与娱乐消费。例如，他们会去参加一些老年大学的学习，参加旅行社举办的集体外出旅游。此外，他们对养老院、社区中的家庭病床、为老年人提供健康咨询和定期体检的保健站、专为老年人交流与从事娱乐活动的活动站等也有需求。

（二）性别

由于生理上的差别，男性与女性在许多产品需求与偏好上有显著差别，男性与女性群体的消费观念相差甚远，消费行为也会有所差异。

男性消费者属于理性消费者，购物目的明确，决策比较理性，接受稳重可靠的产品，追求快捷、简单的购物过程；男性消费者的需求比较狭窄，习惯性购买比较多，一般不喜欢货比三家，为了买得放心，都会固定寻找某一信誉好、规范的品牌购买。

女性消费者需求比较广泛，往往购物目的不够明确，喜爱时尚可爱的产品，决策偏于感性和冲动；购买欲、表现欲强，容易受外界刺激，情感化购买较多，通常有更多的计划外购物；在购买服务过程中比较细心、谨慎，常常乐于货比三家，精打细算，左右权衡，反复对比，力求买得划算，对细节较为苛求，力求付出较少价格买到满意称心的产品，在商场里流连忘返。

（三）社会角色与所处的阶层

社会角色是个体在特定社会或群体中占有的位置和被社会或群体所规定的行为模式。

消费者也在扮演一个角色，在多数情况下，消费者个人的心理活动总是与所属群体的态度倾向是一致的，这是群体压力与消费者个人对群体的信任共同作用的结果。受到群体的影响，消费者会顺从群体的意志、价值观念、消费行为规范等一系列的心理活动。

不同职业的消费者扮演着不同的社会角色，承担并履行着不同的责任和义务，对产品的需求和兴趣也各不相同。例如，农民购买车时偏好载重汽车，而城市白领则是喜欢样式美观的汽车。

社会阶层也称社会分层，是根据财富、职业、权力、知识、价值观和社会地位及名望对人们进行的一种社会分类。不同社会阶层的消费者由于在职业、收入、教育等方面存在明显差异，所以即使购买同一产品，其趣味、偏好和动机也会不同。

社会阶层是一种普遍存在的社会现象，不论是发达国家还是发展中国家，均存在不同的社会阶层。同一社会阶层的人往往有着共同的价值观、生活方式、思维方式和生活目标，这些影响着他们的购买行为。即使收入水平相同的人，所属阶层不同，其生活习惯、思维方式、购买动机和消费行为也有着明显的差别。

社会阶层具有以下特点：同一阶层的成员具有类似的价值观、兴趣和行为，在消费行为上相互影响并趋于一致；一个人的社会阶层归属不仅由某一变量决定，而且还受到职业、收入、教育、价值观和居住区域等多种因素的制约；人们能够在一生中改变自己的社会阶层归属，既可以迈向高阶层，也可以跌至低阶层，这种改变的程度取决于自身努力以及社会阶层是否僵化。

（四）经济状况

经济状况包括个人收入、财产、支出等情况。经济状况是人们购物的基础，它对人们的购买行为有极大的影响。

1. 收入对消费者行为的影响

一般认为，收入由工资、奖金、津贴、红利和利息等构成。收入作为购买力的主要来源，无疑是决定消费者购买行为的关键因素。一般来说，需求与收入呈正方向变动关系。当收入相对较少时，人们往往只能控制自己的消费欲望并减弱消费需求；相反，收入高时，人们的消费也会增加。

高收入消费者与低收入消费者在产品选择、休闲时间的安排、社会交际与交往等方面都会有所不同。例如，同是外出旅游，在交通工具以及食宿地点的选择上，高收入者与低收入者会有很大的不同。

可任意支配收入是指个人可支配收入减去维持生活所必需的支出和其他固定支出所剩余的部分收入。这部分收入是消费者可以任意使用的收入，可以用于娱乐，也可以用于储蓄，是影响消费构成的最活跃因素，也是企业营销争夺的主要对象。

此外，未来收入预期也影响消费者的消费。如果消费者认为他们的未来收入会上升，就会刺激消费支出的增长；如果预计未来收入会下降，就会引致消费支出的下降。

需求的收入弹性

需求的收入弹性是指因收入变动而引起相应需求量的变动比率。

一般来说，高档食品、耐用消费品、娱乐产品等需求收入弹性大，表示消费者货币收入的增加导致该类产品的需求量有更大幅度的增加；而生活必需品的需求收入弹性较小，表示消费者货币收入的增加导致对该类产品的需求量的增加幅度较小。

当然，也有的产品的需求收入弹性是负值，这意味着消费者货币收入的增加将导致该产品需求量下降。例如，某些低档食品、低档服装就有负的需求收入弹性，因为消费者收入增加后，对这类产品的需求量将减少，甚至不再购买这些低档产品，而转向购买高档产品。

心理账户

所谓心理账户，指的是消费者会把等价的支出或收益在心理上划分到不同的账户中。例如，尽管1万元的工资、1万元的年终奖和1万元的中奖彩票并没有区别，都是收获1万元，可是普通人却会做出不同的消费决策——辛辛苦苦赚来的钱往往会舍不得花，而如果是买彩票获奖所得则可能就会花得很随意。

2. 财产对消费者行为的影响

财产既包括住房、土地等不动产，也包括股票、债券、银行存款、汽车、古董及其他收藏品。

财产或净财产是反映一个人富裕程度的重要指标，从长期来看，它与收入存在高度的相关性。然而，两者绝不能画等号。具体到单个的个体，高收入并不意味着一定拥有大量的财产。同样，人们拥有的大量财产，也可能是通过继承或过去投资获得的财产，其现在的收入不一定很高。即使其他条件不变，完全处于同一收入水平的两个人或两个家庭，所拥有的财产也可能存在非常大的差别，原因是其各自在消费和储蓄的模式上可能会采取完全不同的做法。

财产对消费者行为的影响是：拥有较多财产的家庭（富裕的家庭）相对于较少或很少财产的家庭，将会把更多的钱用在接受服务、旅游和投资上。富裕的家庭一般处于家庭生命周期的较后阶段，由于特别珍惜时间，他们对产品的可获性、购买的方便性、产品的无故障性和售后服务等有很高的要求，并且愿意为此付费。另外，富裕家庭的成员对仪表和健康十分关注，因此，他们是高档化妆品、皮肤护理产品、健康食品、维生素、美容美发服务、健身器材、减肥书籍和减肥服务项目的主要购买者。为了保证身体和财产安全，他们还大量购买家庭保护系统、保险、防火与防盗器材、空气净化器等产品。

3. 支出对消费者行为的影响

未来支出预期包括医疗支出、子女求学、购买住房、意外事故等。当人们未来收入增长与消费支出的不确定性上升时，人们会捂紧自己的“钱袋子”。即使当前的收入并未减少甚至还在增长，但只要人们认为未来住房、医疗、教育、养老等存在种种不确定的巨额消费支出，自己可能失去现有的职位，或者收入难以继续增长时，就会消费信心不足，于是人们会压缩不必要的消费去增加储蓄，而这一过程往往最先抑制的就是对奢侈品和服务的消费。

（五）受教育程度

受教育程度不仅影响着劳动者的收入水平，而且影响着消费者对产品的鉴赏力、消费心理、购买的理性程度以及消费结构。也就是说，教育决定着人们是否会消费、消费什么、怎样消费等问题。一般人们的教育水平越高，职位和收入也越高，其获取消费信息的途径也就越多，越容易接受新事物，消费态度越超前。

（六）时间

一方面，时间作为一种资源，像收入和财富一样制约着消费者对产品和服务的购买。

很多消费，如看电影、溜冰、钓鱼、打网球、健身、旅游等均需要时间。消费者是否购买这些产品和服务，很大程度上取决于他们是否拥有可自由支配的时间。消费者的可自由支配时间与非自由处置时间是一种此长彼短的关系。后一部分时间越多，自由支配或休闲时间就越少，反之则越多。由于自由支配时间或休闲时间的减少，很多消费者要求在有限的休闲时间里获得更大的满足和快乐，因此可能会更愿意出钱来获得享受。

另一方面，时间是一种重要的资源，随着生活和工作节奏的加快，人们的时间压力越来越大。因此，众多以节省时间为目的的产品相继问世。最为典型的是微波炉和洗碗机，这两种产品投放市场后，受到了极大的欢迎。

一般来说，越紧张、忙碌的消费者，对节约时间的产品越感兴趣，越愿意为此付费。他们乐于花钱买时间，以获得自由享乐。例如，雇人照看小孩、清扫与整理房间、修剪草坪等均有助于消费者从繁忙的家务活动中解脱出来，从而腾出更多的时间来工作或休闲。另外，他们还愿意通过吃外卖食品、在快餐店用餐或推迟房间打扫等方法来节省时间。基于此，很多企业在广告中特别强调其产品、服务节省时间的属性，如强调安装的快捷、维修的方便等。一些零售商店和购物中心在方便顾客出入、停车和减少排队等候等方面采取了不少措施，以此吸引消费者。

如今，对消费者反应时间的长短已经成为某些行业，如快餐业、快递业和报业成功的关键因素。如麦当劳为了突出“快”字，站柜台的服务员要身兼三职——照管收银机、开票和供应食品，消费者只需排一次队，就能取到他所需要的食品。

一些企业还运用一种叫“时间担保”的承诺来使消费者确信当遇到产品故障或问题时，不用花多少时间这些问题就可及时得到解决，而且是在消费者最方便的时间和地点解决。例如，纽约一家汽车经销商承诺，如果汽车出了问题而没有在第一次被修好，该经销商保证在消费者方便的时间派修理人员上门解决问题。

（七）个性

个性是在个体生理素质的基础上，经由外界环境的作用逐步形成的、决定和折射个体如何对环境做出反应的内在心理特征。

内在心理特征包括使某一个体与其他个体相区别的具体品性、特质、行为方式等多个方面，是个体所特有的与其他人不同的比较稳定的心理因素。构成个性的这些心理特征不仅对产品选择产生影响，而且还会影响消费者对促销活动的反应以及何时、何地和如何消费某种产品。最近的研究表明，个性与产品选择之间的确有着某种联系，人们越来越倾向于购买不同风格的产品以展示自己独特的个性。

个性的形成既受遗传和生理因素的影响，又与后天的社会环境尤其是童年时的经验具有直接联系。每个人由于内心世界、知识结构、成长过程都不同，也就会形成千差万别的个性。个性会导致一个人对其所处环境做出相对一致和持续不断的反应。通常，个性会通过内向、外向、灵活、死板、独裁、积极、进取、自信、自主、支配、顺从、保守、适应等性格特征表现出来，可以为企业细分市场提供依据。

（八）自我概念

自我概念是个体对自身一切的感受、了解的总和。

每个人都会逐步形成关于自身的看法，如是丑是美、是胖是瘦、是能力一般还是能力出众等。自我概念回答的是“我是谁”和“我是什么样的人”一类的问题，它是个体自身体验和外部环境综合作用的结果。

美国心理学家罗杰斯认为，人类行为的目的，都是为了保持“自我概念”或自我形象与行为的一致性。如果人类的理想自我、实际自我和自我形象不一致，就会产生紧张与焦虑。消费者的很多决定，实际上都会受自我形象的引导。消费者将选择那些与其自我概念相一致的产品与服务，避免选择与其自我概念相抵触的产品和服务。例如，当买衣服、购车或选择香水时，人们会想到要适合自己的身份。因此，研究消费者的自我概念对企业尤其重要。

当然，消费者不是只有一种自我概念，而是拥有多种类型的自我概念——

- 实际的自我概念，指消费者实际上如何看待自己。

- 理想的自我概念，指消费者希望如何看待自己。
- 期待的自我概念，指消费者期待在将来如何看待自己，是介于实际的自我与理想的自我之间的一种形式。由于期待的自我折射出个体改变“自我”的现实机会，对营销者来说，它也许较理想的自我和实际的自我更有价值。
- 社会的自我概念，指消费者感到别人是如何看待自己的。
- 理想的社会自我概念，指消费者希望别人如何看待自己。

自我概念的多样性意味着在不同的情境下消费者可能选择不同的自我概念来指导其态度与行为。例如，在家里和与家庭成员交往时，其行为可能更多地受实际的自我支配，在电影院或博物馆则可能更多地受理想的社会自我概念所支配。

（九）生活方式

生活方式是指一个人怎样生活，具体来说，生活方式是个体在成长过程中，在与社会诸因素交互作用下表现出来的活动、兴趣和态度模式，是人们生活、花费时间和金钱的方式的统称。不同生活方式显然有着不同的购买需求。

人们追求的生活方式各不相同。有的追求新潮时髦；有的追求恬静、简朴；有的追求刺激、冒险；有的追求稳定、安逸。

生活方式很大程度上受个性的影响，一个具有保守、拘谨性格的消费者，其生活方式不大可能太多地包容诸如登山、跳伞、丛林探险之类的活动。

个体和家庭都有生活方式，家庭生活方式由家庭成员的个人生活方式所决定，反过来，个人生活方式也受家庭生活方式的影响。

延伸阅读

乐活族

乐活族又称乐活生活、洛哈思主义，追崇乐活生活方式的人被称为乐活者，乐活者所推崇的是乐活着。乐活，是一个从西方传来的新兴生活形态族群，由音译 LOHAS 而来，LOHAS 是 Lifestyles of Health and Sustainability 的缩写，意为以健康及自给自足的形态过生活，强调“健康、可持续的生活方式”。“健康、快乐，环保、可持续”是乐活的核心理念。他们关心生病的地球，也担心自己生病，他们吃健康的食品与有机蔬菜，穿天然材质的棉麻衣物，利用二手家用品，骑自行车或步行，练瑜伽健身，听心灵音乐，注重个人成长。

（十）动机

消费者为什么购买某种产品，为什么对企业的营销刺激有着这样而不是那样的反应，这在很大程度上是和消费者的购买动机有关。

动机这一概念是由伍德沃斯（R. Woodworth）于 1918 年率先引入心理学的。他把动机视为决定行为的内在动力。人们从事任何活动都由一定动机所引起。一般认为，动机是激发和维持个体进行活动并导致该活动朝向某一目标的心理倾向或动力，是促使个体采取行动的力量，具有一定的指向性。

消费者的购买动机，包括求实动机、求新动机、求美动机、求名动机、求廉动机、求便动机、模仿或从众动机、好癖动机。这些购买动机绝不是彼此孤立的，而是相互交错、相互制约的。在有些情况下，一种动机居支配地位，其他动机起辅助作用；在另外一些情况下，可能是另外的动机起主导作用，或者是几种动机共同起作用。因此，企业在调查、了解和研究的过程中，对消费者购买动机切忌做静态和简单的分析。

引起动机有内外两类条件，内在条件是需要，外在条件是诱因。

一方面，需要是指消费者生理和心理上的匮乏状态，即感到缺少些什么，从而想获得它们的状态。个体在其生存和发展过程中会有各种各样的需要，如饿的时候有进食的需要，渴的时候有喝水的需要，在与他人交往中有获得友爱、被人尊重的需要等。当一种需要获得满足以后，它就失去了对行为的刺激作用，而未满足的需要是购买者购买动机与行为的源泉。需要经唤醒会产生驱动力，驱动有机体去追求需要的满足。例如，血液中水分的缺乏会使人（或动物）产生对水的需要，从而使驱动力处于唤醒状态，促使有机体从事喝水这一行为。由此可见，需要可以直接引起动机，从而导致人朝特定目标行动。

另一方面，即使缺乏内在的需要，单凭外在的刺激，有时也能引起动机和产生行为。例如，饥而求食固属一般现象，然而无饥饿之感时若遇美味佳肴，也可能会使人顿生一饱口福之动机；又如人们看到邻居的新车或者看到电视上关于车的广告，也可能激发购买车的欲望。

总之，动机既可能源于内在的需要，也可能源于外在的刺激，或源于需要与外在刺激的共同作用。

（十一）感受

感觉是人脑对直接作用于感觉器官的客观事物个别属性的反应。个体通过眼、鼻、耳、舌等感觉器官对事物的外形、色彩、气味、粗糙程度等个别属性做出反应。人在感觉的基础上，形成感受。感受是人脑对直接作用于感觉器官的客观事物各个部分或属性的整体反映，是对感觉信息加工和解释的过程。

感觉是天生的反应，而感受的形成不仅取决于刺激物的特征，而且依赖于当时的情境和消费者先前的知识与经验，感受过程中还有思维、记忆等的参与，因而感受对事物的反应比感觉要深入、完整。不同的人对同一刺激物会产生不同的感受，是因为感受会经历三个过程，即选择性注意、选择性扭曲和选择性记忆。

1. 选择性注意

选择性注意是指人在同一时间内只能感知周围的少数对象，其他的对象则被忽略了。例如，据估计，平均每人每天要接触到 1500 个以上的广告，但被感知的广告只有 75 个，而产生实际效果的只有 12 个。有关的调研结果显示，人们会更倾向于注意那些与当前需要有关的刺激物。例如，一个有购买计算机动机的人，会对计算机广告产生兴趣，而不会注意 DVD 的广告。

2. 选择性扭曲

选择性扭曲是指人们往往按照已有的想法将某些信息加以扭曲使之符合自己的意向，然后加以接受。由于存在选择性扭曲，消费者接受的信息不一定与信息的本来面貌相一致。例如，某一产品在消费者心目中已树起信誉，形成品牌偏好，即使一段时间后该品牌的质量下降了，消费者也不愿意相信；而另一新的品牌即使实际质量优于前者，消费者也不会轻易认可。

3. 选择性记忆

选择性记忆是指人们只记住那些与自己看法、信念相一致的信息。对于消费者来说，人们往往记住自己喜爱的品牌产品的优点而忘掉其他竞争品牌产品的优点。

（十二）学习

学习是指由于后天经验引起的个人知识结构和行为的改变。人的语言、知识、技能、生活习惯、宗教信仰、价值观念，乃至人的情感、态度、个性无不受后天学习的影响。因此，学习在人的行为塑造、保持人类行为同外界环境的动态平衡上发挥着巨大的作用。

从消费者角度来说，学习具有的作用是：获得有关购买的信息，促发联想，影响消费者的态度和对购买的评价。例如，当一个消费者上当受骗，从一家邮购公司买了不能退还的次品后，他或她就学习到今后再也不能在那家公司买东西了。

消费者的需要和行为绝大部分是后天习得的，通过学习，消费者获得了丰富的知识和经验，提高了对环境的适应能力，同时由于市场营销环境不断变化，新产品、新品牌不断涌现，消费者必须经过多方收集有关信息之后，才能做出购买决策，这本身就是一个学习过程。此外，消费者在学习过程中其行为也在不断地调整和改变。

（十三）记忆

消费者的学习与记忆是紧密联系在一起的，没有记忆，学习是无法进行的。

记忆是过去经验在人脑中的反映。凡是人们感知过的事物、体验过的情感以及练习过的动作，都可以以印象的形式保留在人的头脑中，在必要的时候又可再现出来，这个过程就是记忆。

记忆既不同于感觉，又不同于感受。感觉和感受反映的是当前作用于感官的事物，离开当前的客观事物，感觉和感受均不复存在。记忆总是指向过去，它出现在感觉和感受之后，是人脑对过去经历过的事物的反映。

记忆在消费者的日常生活中具有十分重要的作用。凭借记忆，消费者在购买决策过程中能够把过去关于某些产品的知识和体验与现在的购买问题联系起来，从而迅速地做出判断和选择；反之，缺乏记忆或离开记忆的参与，消费者就无法积累和形成经验，就不能形成概念并在此基础上进行判断和推理，从而无法适应复杂多变的环境，甚至连最简单的消费行为也难以实现。

具体来说，记忆在消费者购买过程中具有三方面的作用。首先，记忆使消费者对所遇到的产品能做出合理的预期，并使之能有选择地接触他所希望购买或有兴趣购买的产品。其次，记忆能够影响消费者的注意过程，因为记忆深刻的那些内容最容易引起消费者的反应，并引导消费者对其予以特别注意。当人们处于一个陌生的环境中，那些熟悉的事物、情境往往最易引起人们注意，这就充分说明了这一点。最后，记忆影响消费者对产品、服务及其价值的理解。借助于记忆，消费者将对产品与服务产生某种预期，形成某些联想，而这些预期、联想会直接影响消费者对产品效用的评价，影响消费者对产品、服务的有用性、有效性、耐用性和安全性等方面的理解。

与记忆相对应的一个概念是遗忘，它是消费者对识记过的内容不能再认或回忆，或者表现为错误的再认或回忆。记忆材料的性质、数量，识记材料的系列位置，识记材料对学习者的意义、学习者的学习程度及学习时的情绪等均会对遗忘进程产生影响。

（十四）信念、态度、兴趣

通过学习，人们获得了自己的信念与态度，而信念与态度又反过来影响人们的购买行为。

信念是指一个人对某些事物所持有的描绘性思想。信念的形成可以基于知识，也可以基于信仰或情感等。

态度是指一个人对某些事物长期持有的好与坏的认识评价和行动倾向。态度既影响消费者对产品、品牌的判断和评价，也影响他的学习兴趣和效果，还影响他的购买意向和购买行动。

兴趣是人对事物的一种特殊的认识倾向，这种倾向带给消费者的是一种肯定的情绪和积极的态度。首先，兴趣是激发潜在消费者购买行为的直接动力。兴趣有助于消费者为未来的购买活动做准备，消费者如对某种产品发生兴趣，往往会主动收集有关信息，积累知识，为未来的购买活动打下基础。其次，兴趣能促使消费者快速做出购买决定，激发购买行为的产生。最后，兴趣可以刺激消费者对某种产品重复购买或长期使用。

二、环境因素

消费者的购买行为会受到家庭、参照群体、文化环境、流行、情境等环境因素的影响。

（一）家庭

人的一生大都是在家庭中度过的，一个人在其一生中一般要经历两个家庭。第一个是父母的家庭，一个人在父母的养育下逐渐长大成人，然后又组成自己的家庭，即第二个家庭。当消费者做购买决策时，必然要受到这两个家庭的影响。

家庭成员对消费者的购买行为起着直接和潜在的影响。由于家庭中充满骨肉亲情，家庭成员之间互动频繁，所以家庭对个体的影响持久而深刻，它强烈地影响着人们的价值观、人生态度和购买行为。

延伸阅读

我国家庭的购买行为

家庭是社会的基本单位，也是社会中最重要的消费者购买组织，它是由拥有血缘、婚姻或者领养关系的两个人或更多人组成的群体。

一般来说，在我国家庭中，对于食品、日用杂品、儿童用品、装饰用品等的支出，受女性影响作用大；对于五金工具、家用电器、家居用具等的支出，受男性影响作用大；对于价格高昂、全家受益的大件耐用消费品，文娱、旅游方面的支出，往往由家庭中的男女共同协商。

儿童自身虽然没有经济能力，但是由于其特殊的地位，在家庭中往往成为消费的中心。在家庭中，儿童可以在家庭购买特定类型产品的决定上产生某些影响，如他们对购买小食品、玩具、文体用品等产品就有较大影响。少年儿童的父母都希望其能够接受良好的教育，会为自己的孩子寻找能够提供良好教育的学校，即使多花点钱也要让小孩进入理想的学校，同时也会为自己的孩子寻求某些技能上的学习，如学习钢琴、画画或者是一些体育运动等。

在我国传统的望子成龙、望女成凤思想的影响下，父母亲对于自己的小孩都会尽力地培养，特别是在经济条件允许的情况下，许多家庭为子女在教育上的花费是逐年增加的。企业了解家庭消费中每一成员的不同作用，可以有针对性地进行促销宣传，制订相应的推销策略，减少促销的盲目性。

（二）参照群体

群体或社会群体是指通过一定的社会关系结合起来进行共同活动而产生相互作用的集体。一般来说，首先，群体成员在接触和互动的过程中，通过心理和行为的相互影响与学习，会产生一些共同的信念、态度和规范，它们对消费者的行为将产生潜移默化的影响。其次，群体规范和压力会促使消费者自觉或不自觉地与群体的期待保持一致，即使是那些个人主义色彩很重、独立性很强的人，也无法摆脱群体的影响，这是因为，当消费者在消费群体中与占主流的群体意识形态不相符合时，其可能会因受到嘲讽、讥笑或者议论等而产生心理压力。

从众就是个人的观念与行为由于受群体的引导或压力，而趋向于与大多数人相一致的现象。从众实际上就是在思想上、行动上与群体大多数成员保持一致。人们之所以产生从众行为，一个主要原因是认为群体的意见值得信赖，群体可以提供自己所缺乏的知识和经验。例如，大众在购买书籍前，经常希望看专家的推荐列表；购买衣服时，喜欢看有关的评论；出门旅行时，经常会通过身边朋友推荐酒店。

参照群体是指对消费者的看法和行为有直接或间接影响的个人或群体。参照群体通常包括成员群体和非成员群体。

成员群体指个人是其成员的参照群体。成员群体的成员一般对群体影响持有肯定态度。根据成员群体的互动作用和接触频率，其可分为主要群体和次要群体。主要群体指与个人关系密切且经常发生相互作用的非正式群体，如家庭成员、亲朋好友、邻居与同事，这类群体对消费者的影响最强。次要群体指较为正式但日常接触较少的群体，如宗教团体、专业协会和同业组织等，这类群体对消费者的影响强度仅次于主要群体。

非成员群体指个人不是其成员的参照群体。非成员群体又包括热望群体和回避群体。热望群体是指一个人热切希望加入，并追求心理上认同的群体。例如，周杰伦代言的中国移动的动感地带品牌，外表冷酷的周杰伦一句广告语“我的地盘我做主”就打动了那些处于叛逆期、渴望自主的年轻人的心。回避群体是指消费者不愿意与之发生联系，想与之划清界限的非成员群体。例如，可口可乐曾经聘请超女歌手李宇春来代言，结果销量却急剧下降。原来走中性路线的李宇春只受到一些女性的喜爱，而在可口可乐目标消费群体中占大多数的男性却不喜欢她，甚至回避她，因此就不愿意选择可口可乐。

参照群体对消费者购买决策的影响体现在三个方面，即信息性影响、功利性影响、价值性影响。

1. 信息性影响

信息性影响指个人将参照群体成员的行为、观念、意见作为指导行为的信息来源，从而在其消费行为上产生影响。信息性影响通过两种途径实现，即个人从其他人那里获取信息，或是通过观察其他人的行为将其作为有用的参考。

2. 功利性影响

功利性影响反映为个人遵从参照群体期望进行消费选择，以获取群体赞赏和避免惩罚的行为；功利性影响使人们的一部分消费选择不是出于个人喜好，而是遵循所归属群体或所属阶层的消费习惯，以回避不合时宜的风险。

3. 价值性影响

价值性影响指个人渴望通过与参照群体相联系或相一致，从而自觉遵循或内化参照群体所具有的信念、价值观，以提升自我形象。

延伸阅读

参照群体概念在营销中的运用

名人效应。以名人或公众人物如影视演员、歌手、知名运动员作为参照群体，对受众具有巨大的影响力和感召力。正因为如此，很多企业花巨额费用聘请名人来促销其产品。运用名人效应的方式多种多样，如可以用名人作为产品或公司的代言人，即将名人与产品或公司联系起来，使其在媒体上频频亮相；也可以用名人做证词广告，即在广告中引述广告产品的优点和长处，或介绍其使用该产品的体验；还可以采用将名人的名字使用于产品或包装上等做法。

专家效应。专家是指在某一专业领域受过专门训练，具有专门知识、经验和特长的人。医生、律师、营养学家等均是各自领域的专家。专家所具有的丰富知识和经验，使其在介绍、推荐产品与服务时较一般人更具权威性，从而产生专家所特有的公信力和影响力。当然，在运用专家效应时，企业一方面应注意法律的限制，如有的国家不允许医生为药品做广告；另一方面，应避免公众对专家的公正性、客观性产生疑惑。例如，引用专家在独立状态下获得的实验数据与结果，就比聘请专家在广告中直接赞誉企业的产品更加具有公信力。

“普通人”效应。运用满意顾客的证词、证言来宣传企业的产品，是广告中常用的方法之一。由于普通人是和潜在顾客一样的普通消费者，因此这种方法会使受众感到亲近，从而使广告诉求更容易引起共鸣。宝洁公司、北京大宝化妆品公司都曾运用过“普通人”证词广告，还有一些公司在电视广告中展示普通消费者或普通家庭如何用广告中的产品解决其遇到的问题。由于这类广告贴近消费者，反映了消费者的现实生活，因此，可能更容易获得认可。

（三）文化环境

文化是一个复合体，包括为某一社会或某一群体所共同拥有并代代相传的价值观、信念、道德、规范、习俗等。文化渗透于社会群体每个成员的意识之中，左右着人们对事物和活动的态度，从不同方面影响着人们对事物的认识与判断，影响社会成员的行为模式，使生活在同一文化圈内的社会成员的消费行为具有相同的倾向。每个消费者都是在一定的社会文化环境中成长的，文化对消费者的行为具有最广泛和最深远的影响。

例如，改革开放前，中国消费者认为富裕并非是光荣之事，标新立异是不合群之举。这种观念反映到服装消费上，便是追求朴素、大众化的格调；而改革开放后，人们的消费观念发生了重大变化，在购买服装时更多地倾向于式样、面料、色彩的新颖和多样，注重服装与个性的协调，追求个性化。

又如，"面子"文化对消费者行为的影响可以从多方面显现出来。爱面子的人在与他人交往的过程中，会更加注意自己给他人留下的印象，也更加重视他人对自己是否尊重。所以，他们对"产品"之外的价值会给予更多关注，如是否气派、是否时尚等。

价值观是指生活在某一种社会环境下的多数人对某种行为或行为结果的普遍态度和看法，是人们在处理事务时表现的态度，是人们对事物的是非与优劣的评判原则和评判标准。消费观念作为一种消费思维活动，指导和制约着消费者的消费活动。

例如，在一些发达的地区，人们的消费观念比较超前，对一些新兴产品感兴趣的群体比较多，他们更追求一些能够提高自身生活质量的消费；而在一些较不发达地区，人们思想保守，量入为出，积累型消费的特点突出，消费主要还是以购买满足日常生活必需的产品为主。

习俗则是为一种文化所接受、所允许或受鼓励的外显行为模式，是指在一定范围内，约定俗成的、长期稳定的某种习惯。不同的国家、民族和地区都有其独特的风俗习惯，这些风俗习惯有的是因历史、宗教而形成的，有的是因自然环境、经济条件所决定的。

例如，我国人民对传统节日都非常重视，在传统节日里，人们一般都要尽量放松，如亲朋好友会聚在一起吃吃饭、喝喝酒，或者一起休闲娱乐等，人们的消费情绪比较高涨，消费需求也相应增长。

不同的区域也有不同的风俗习惯。例如，同样是过年和吃团圆饭，我国北方和南方地区的风俗却有所不同。北方不能没有饺子，饺子，形如元宝，音同"交子"，除夕进食有"招财进宝"和"年岁交子"双重吉祥含义；南方守岁，通常会备有年糕和鱼，年糕有"年年高"的吉祥寓意，鱼则有"年年有余"的含义。

（四）流行

流行是指在一个时期内社会上流传很广、盛行一时的现象和行为。流行在一定程度上可以促进消费者在某些产品消费上的共同偏好。

尽管不同阶层、不同社会文化和经济背景的人群，在产品和服务的消费上会呈现很大的差异性，然而流行则可以打破等级和社会分层的界限，使不同层次、不同背景的消费者在流行产品的选择上表现出同一性。流行促进了人们在产品购买上的从众行为。

（五）情境

情境是指消费或购买活动发生时个体所面临的短暂的环境因素，如购物时的气候、购物场所的拥挤程度等。

情境由一些暂时性的事件和状态所构成，英国学者贝克（Belk）认为，情境由五个变量或因素构成，它们是物质环境、社会环境、时间环境、任务环境和先行状态。

1. 物质环境

物质环境是指构成消费情境的有形物质因素，如地理位置、气味、音响、灯光、天气、产品周围的物质（如商店的布局、过道的空间、产品的陈列、店堂气氛）等都对消费者的情绪、感受产生重要影响。如果商店里光线暗淡、空气浑浊、过道狭窄，就很难吸引消费者进店，即使进来了也会顿生逃遁之感。

延伸阅读

色相与色相环及其对消费者行为的影响[1]

通俗地讲，色相就是指“色彩的相貌”，基本色相有：红、橙、黄、绿、蓝、紫、白、黑。

1. 红色

红色是最容易引人注意的颜色。红色是中国传统喜庆色，它具有刺激交感神经，使人的肌肉机能和血液循环加快的生理作用和使人兴奋、冲动的心理作用。在零售业，红色常用于店内POP（Point of Purchase，卖点广告）、价签和降价海报的设计以及传统节日的促销宣传。但应该注意的是，如果店内POP或促销装饰中，红色使用过多，往往会给顾客留下廉价店或折扣店的印象。另外，红色是兴奋色，店内过多地使用，会使顾客感觉店内拥挤、喧闹，产生购物的疲劳感和烦躁，从而缩短在店内的滞留时间。红色不仅代表热情和活力，同时还代表危险和恐怖。在医院和药店，红色可能会给顾客留下血、疼痛的印象。

2. 橙色

橙色是暖色系中最温暖和明亮的颜色。橙色不仅具有刺激人的内分泌，增进食欲的生理作用，同时给人以健康、温暖、富足、幸福的心理作用。橙色广泛应用于超市的食品卖场、滋补品卖场和体育用品卖场。特别是水果卖场，为了吸引顾客注意，橙子总陈列在入口处最显眼的位置，或者主通路最外侧，以引导顾客深入。橙色明示度较高，在店内过多使用，会给人廉价、低档、不可信、易疲劳的感觉。快餐店经常用一些橙色来装点氛围，而世界巨型家居连锁企业家得宝和百安居都以橙色为主色，以凸显其幸福感和平价特征。

3. 黄色

黄色能刺激人的大脑，促使人提高注意力和发挥想象力。黄色代表希望、喜悦、成就感、未来感、明亮、快乐，象征着财富和权力。但是黄色也常用来警示危险或提醒注意。折扣店、超市等进行特卖时，常以黄色为底色制作POP或价签，以吸引顾客注意。以青少年为目标顾客的卖场和产品常使用黄色来包装自己，但对于中年女性来说，黄色有时意味着轻浮。在欧洲，黄色常常与死神联系在一起。

4. 绿色

绿色象征着平衡。它拥有清爽、理想、希望、生长的意象，符合医疗卫生服务业的诉求，很多医疗性终端把绿色作为空间色彩规划和医疗用品的标识。绿色在生理上可以缓解人的紧张和眼睛的疲劳，许多机械产品中都融入了绿色。绿色贴近自然，目前国外许多家居中心都把外墙壁涂成绿色。在美国，许多连锁药店的维生素柜台，为了追求自然的活力，往往使用绿色的陈列器具。

5. 蓝色

有人把蓝色看作是梦想与现实分界线上的颜色。蓝色是永恒的象征，同时也是最冷的色彩。

1 陈立平．卖场拼色相，销售与市场[J]．2007（1）下旬．

纯净的蓝色代表内省、沉着、理智、安详、洁净等，是现代人最喜爱的颜色之一。但是，蓝色在代表沉稳的同时，也代表忧郁和寒冷。由于冷色调往往抑制人的食欲，所以非常不适合用于饮食店和超市中的生鲜食品卖场。由于在生理上蓝色通过刺激人的副交感神经，会使人的脉搏、呼吸、血压、体温下降，具有安定精神、使人镇静的作用，因此，很多卫生类终端及夏日消费品终端都采用蓝色。在店内食品卖场中，蓝色经常被用于夏季清凉饮料或夏季产品销售区的装饰。另外，在有金属感的体育用品区，以及面向男性顾客的卖场，其装饰也经常以蓝色为主基调。

6. 紫色

紫色是波长最短的可见光波。紫色是非感受的颜色，它既美丽又神秘，既富有威胁性又富有鼓舞性，即高贵又恶俗，是给人以深刻印象的具有矛盾性和两面性的颜色。紫色是游离在冷暖之间的颜色，加上它的低明度性质，使这一色彩会使人在心理上产生消极感。紫色具有高贵的性质，往往适用于高价格带的化妆品、流行产品、珠宝饰品、芳香品等卖场的装饰等。但紫色是使人食欲减退以及可能有毒的颜色，一般不适合于食品包装和食品卖场的装饰。

7. 白色

白色是所有颜色中明度最高的颜色。白色具有纯粹、清洁、正直、明亮、高级的意象，但也给人以寒冷、严峻、哀愁、不安、孤独、死亡的感觉。所以在使用白色时，人们都会掺入一些其他的颜色，使其变成象牙白、米白、乳白、苹果白等颜色。

8. 黑色

黑色吸收全部可视光线，是最暗的颜色。黑色具有威严、高贵、稳重、洗练、科技的意象，许多科技产品的用色大多为黑色。另外由于黑色有威严、庄重、高质量的意象，其也常被用于高级化妆品、服饰和一些其他流行产品陈列的设计中。但是黑色常使人联想到不吉利，会使人脏器活动低下，因此大家要避免在健康产品区、饮料和食品卖场中使用黑色。餐饮店可以用光线营造私密氛围，但要避免直接用黑色涂料。

2. 社会环境

不同的社会环境也会影响消费者的行为，如他人是否在场，彼此如何互动等。同样，一个人单独购物和与有购物伙伴在场时相比，其行为也会发生变化。例如，某人在餐馆用餐，当上司或相识的其他人出现在邻座时，其点的菜和喝的酒水也许会和平时不同。

3. 时间环境

时间是指情境发生时消费者可支配时间的充裕程度，也可以指活动或事件发生的时机，如一天、一周或一个月当中的某个时点等，是构成情境的一个很重要的内容。

首先，很多产品的购买具有季节和节日的特点，如“六一”儿童节前后是儿童玩具和儿童服装的购买高峰，中秋节前是月饼销售的黄金时段。当然，有些企业为了使产品的销售在不同时段更加均衡，同时也为了增加产品的销售量，一些传统的夏日饮品，如杏仁露，被企业定位为适合全年消费的产品并获得了成功。

其次，不同的购买行为有紧迫程度上的差异。例如，家里的冰箱突然坏了且无法修复，购买一台新的就非常紧迫，而如果老冰箱仅仅是有些老旧但还可以凑合着用，则其购买的紧迫程度就相对较低。

4. 任务环境

任务通常是指消费者具体的购物理由或目的。

对同一种产品，购买的具体目的可以是多种多样的。例如，人们购买葡萄酒可以是自己喝，也可以是与朋友聚会时一起喝，还可以是作为礼品送人。在不同的购物目的支配下，消费者对于买何种档次和价位、何种品牌的葡萄酒均会存在差异。

与购买任务密切联系的是使用情境，即产品使用在何种场合。例如，同是作为礼物，购买生日礼物和购买婚礼礼物就会有较大的差别。

5. 先行状态

先行状态是指消费者带入消费情境中的暂时性的情绪（如焦虑、高兴、兴奋等）或状态（如疲劳、备有现金等）。

先行状态对个体产生的影响不同于刺激引起的反应，也不同于个人拥有的持久特性，如个性所产生的影响。

例如，距离上次用餐的时间越长，消费者对食物广告的注意力就较大，因为他可能早就饿了。

又如，某人在进入商店购物前收到了一张停车罚单，这时他的坏心情会让他对购物产生消极的感觉；反之，如果他是在完成购物后才收到停车罚单，那么他在购物时的负面心理因素就不会存在了。

第三节　消费者购买决策的过程

一、消费者购买行为的类型

一般来说，消费者在不同场合、不同目标或购买不同类型产品时有着不同的行为。美国市场学家阿萨尔（Assael）根据消费者购买的参与程度（购买的谨慎程度以及花费时间和精力的多少）和产品品牌的差异程度，区分了消费者购买行为的四种类型。

（一）复杂型购买行为

当消费者选购价格昂贵、购买次数较少、冒风险的和高度自我表现的产品时，由于对这些产品的性能缺乏了解，为慎重起见，他们往往需要广泛地收集有关信息，并经过认真学习才能产生对这一产品的信心，最后慎重地做出购买决策。

（二）协调型购买行为

当消费者购买品牌差异性不大的产品时，他们一般不会花很多精力去收集不同品牌间的信息并进行比较，而是把注意力更多地集中在品牌价格是否优惠、购买时间和地点是否便利上，从产生购买动机到决定购买的时间较短。

（三）变换型购买行为

对于品牌间差异很大、可供选择的品牌很多的产品，消费者通常不会花太多的时间去选择，而且也不会专注于某一品牌，而是会经常变换品牌。

（四）习惯型购买行为

指消费者购买价格低廉、品牌差别很小的产品时的低参与行为，消费者大多根据习惯或经验购买这类产品。

二、消费者购买决策的参与者

消费者的购买决策在许多情况下并不是由一个人单独做出的，而是有其他成员的参与和影响，这是一种群体决策的过程。因为个人在选择和决定购买某种个人消费品时，常常会同他人商量或者听取他人的意见。因此了解哪些人参与了购买决策，他们各自在购买决策过程中扮演怎样的角色，对于企业的营销活动是很重要的。

一般来说，消费者购买决策的参与者大体可分成五种主要角色。

（一）发起者

发起者即首先想到或提议购买某种产品或劳务的人。

（二）影响者

影响者即其看法或意见对最终决策具有直接或间接影响的人。

（三）决定者

决定者即能够对买不买、买什么、买多少、何时买、何处买等问题做出全部或部分最后决定的人。

（四）购买者

购买者即实际采购的人，会对产品的价格、购买地点等内容进行选择，并同卖方进行谈判，最终达成交易。

（五）使用者

使用者即直接消费或使用所购产品或服务的人，会对产品进行满意与否的评价，并影响再次购买决策。

有时候，五种角色可能由消费者一人担任；而有时候五种角色往往由家庭不同成员分别担任。例如，一个家庭要购买一台英语学习机，其发起者可能是孩子，他认为英语学习机有助于提高自己学习英语的效率；影响者可能是爷爷奶奶，他们表示赞成，并鼓励孩子父母给孩子买；决定者可能是母亲，她认为孩子确实需要，根据家庭目前经济状况也有可能购买；购买者可能是父亲，他更熟悉电器产品知识，带上现金去各商场选购；使用者是孩子。可以看出，他们共同参与了购买行为。

三、消费者购买决策的过程

消费者在购买产品时，都会有一个决策过程，图 3-1 所示为消费者购买决策过程的“五阶段模型”。

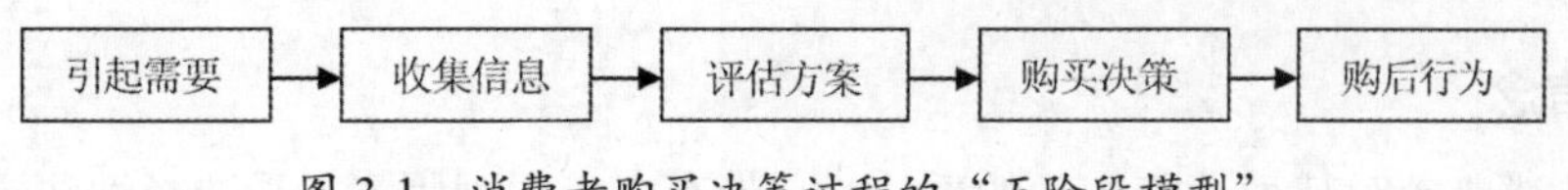

图 3-1 消费者购买决策过程的“五阶段模型”

（一）引起需要

当消费者感觉到一种需要并准备购买某种产品以满足这种需要时，购买决策过程就开始了。在引起需要阶段，营销人员的主要任务如下。

首先，了解引起与本企业产品有关的现实需求和潜在需求的驱使力，即是什么原因引起消费者购买本企业产品。

然后，设计引起需求的诱因，促使消费者增强刺激，唤起和强化需要，引发购买行为。

（二）收集信息

当消费者产生了购买动机之后，消费者便会把这种需求存入记忆中，并注意收集与需求相关和密切联系的信息，以便进行决策。

营销人员在这一阶段的主要任务如下。

1. 了解消费者信息来源

消费者的信息来源主要有经验来源、个人来源、公共来源和商业来源四个方面。经验来源是从直接使用产品中获得的信息；个人来源是指家庭成员、朋友、邻居和其他熟人提供的信息；公共来源是从电视、网络等大众传播媒体、社会组织中获取的信息；商业来源是指从企业营销中获取的信息，如从广告、推销员、展览会等处获得的信息。

2. 了解不同信息来源对消费者购买行为的影响程度

从消费者对信息的信任程度看，经验来源和个人来源对消费者购买行为的影响程度最高，其次是公共来源，最后是商业来源。

3. 设计信息传播策略

营销人员除利用商业来源传播信息外，还要设法利用和刺激公共来源、个人来源和经验来源，也可多种渠道同时使用，以加强信息的影响力。

（三）评估方案

消费者在获取足够的信息之后，就会根据这些信息和一定的评价方法对同类产品的不同品牌加以评估并决定是否选择。消费者对产品进行评估主要涉及产品属性、属性权重、品牌信念、效用要求等问题。

1. 产品属性

产品属性是指产品能够满足消费者需求的特征，它涉及产品功能、价格、质量、款式等。

2. 属性权重

属性权重是消费者对产品有关属性所赋予的不同重要性权数，如购买电冰箱，若消费者注重它的耗电量，他就会购买耗电量低的电冰箱。

3. 品牌信念

品牌信念是消费者对某种品牌产品的看法。它带有个人主观因素，受选择性注意、选择性扭曲、选择性记忆的影响，消费者的品牌信念与产品的真实属性往往并不一致。

4. 效用要求

效用要求是消费者对某种品牌产品的各种属性的效用功能应当达到何种水准的要求。如果满足消费者的效用需求，消费者就愿意购买。

在产品评估阶段，营销的主要任务是：增加产品功能，改变消费者对产品属性的认识。通过广告宣传努力消除消费者不符合实际的偏见，改变消费者心目中的品牌信念，让消费者对其重新进行心理定位。

（四）购买决策

消费者经过产品评估后会形成一种购买意向，但是不一定引发实际购买，从购买意向到实际购买，还有以下一些干扰因素介入其中。

1. 他人态度

他人的态度会降低一个人对于某项目方案的偏好程度。

他人态度的影响力取决于以下两个因素。

（1）他人态度的强度。他人态度越强烈，其对消费者的影响力越大。

（2）消费者对遵从他人态度的强度。一般来说，他人与消费者的关系越密切，他人态度对消费者的影响越大。

2. 意外因素

消费者的购买意向是以一些预期条件为基础形成的，如预期收入、预期价格、预期质量、预期服务等。如果这些预期条件受到一些意外因素的影响而发生变化，购买意向就可能改变。例如，预期的奖金收入没有得到，原定产品价格突然提高，购买时销售人员态度恶劣等都有可能改变消费者的购买意向。

消费者购买意向的改变、延迟或取消除了受他人态度和意外因素的影响外，还在很大程度上与感知风险有关。一般来说，消费者在一个不确定的情况下购买产品，有可能存在以下风险。

（1）预期风险，即当消费者的预期与现实不相符时，就会有失落感，产生不满；

（2）安全风险，即产品对消费者的安全和健康造成危险，如某些产品的使用可能隐含一定的风险（驾驶汽车、摩托车可能造成交通事故等）；

（3）财务风险，即购买的产品是否物有所值、保养维修的费用是否太高、将来的价格会不会更便宜等；

（4）形象风险，即产品导致消费者在大众面前难堪，如因为购买的服装太前卫而破坏了消费者的形象，或因为购买的产品价格低而被人取笑，或购买价格高的产品被人指责摆阔、逞能等；

（5）心理风险，即产品使消费者心里感到内疚或是产生不负责任感。

这些可能存在的风险，都会导致消费者精神压力的增加，如果企业不能降低消费者的精神压力，就会降低消费者的感知价值。营销人员在这一阶段的主要任务是必须了解可能引起消费者感知风险的因素，尽量消除或减少引起感知风险的因素，并且向消费者提供真实可靠的产品信息，以增强其购买的自信心。

（五）购后行为

产品在被购买之后，就进入购买后阶段。这时，营销人员的工作并没有结束，他们必须监测消费者的购后使用情况和满意度情况。

1. 购后使用和处置

消费者购买产品以后，如果使用产品的频率很高，则说明该产品有较大的价值，消费者回头重新购买的周期就越短，有的消费者甚至为产品找到新用途，这些对企业都有利；如果消费者将产品闲置不用甚至丢弃，则说明消费者认为该产品无用或价值较低或不满意；如果消费者把产品转卖他人或用于交换其他物品，将会影响企业产品的销量。

2. 购后评价

说明消费者购后评价行为的基本理论有两种：预期满意理论和认识差距理论。

（1）预期满意理论。这个理论认为，消费者购买产品以后的满意程度取决于购前期望得到实现的程度，可用函数式表示为：$S=f(E, P)$。其中，S 表示消费者满意程度，E 表示消费者对产品的期望，P 表示产品可觉察性能。如果 $P=E$，则消费者会感到满意；如果 $P>E$，则消费者会很满意；如果 $P<E$，则消费者会不满意，差距越大就越不满意。

（2）认识差距理论。消费者在购买和使用产品之后对产品的主观评价和产品的客观实际之间总会存在一定的差距，这种差距可分为正差距和负差距两种。正差距指消费者对产品的评价高于产品实际和生产者原先的预期，对产品产生超常的满意感；负差距指消费者对产品的评价低于产品实际和生产者原先的预期，对产品产生不满意感。

消费者对产品满意与否直接决定着以后的行为。消费者如果感到满意，则非常可能再次购买该产品，甚至带动他人购买该产品；如果感到不满意，则会尽量减少或消除失调感。

消费者消除失调感的方式各不相同，第一种方式是寻找能够表明该产品具有高价值的信息或回避能够表明该产品具有低价值的信息，证实自己原先的选择是正确的；第二种方式是讨回损失或补偿损失，如要求企业退货、调换、维修、补偿其在购买和消费过程产生的物质和精神损失等；第三种方式是可能向政府部门、法院、消费者组织和舆论界投诉；第四种方式是可能采取各种抵制活动，如自己不再购买或带动他人拒买等。

所以，在购后阶段，企业的营销任务是应当采取有效措施减少或消除消费者的购后失调感，及时处理消费者的意见，给消费者提供多种解除不满情绪的渠道；建立与消费者长期沟通机制，在有条件的情况下进行回访。事实证明，企业与消费者进行购后良好沟通可以减少消费者的不满意感，如果让消费者的不满发展到向有关部门投诉或抵制产品的程度，企业将会遭受更大的损失。

思考题：

1. 消费者市场有哪些特点？
2. 影响消费者购买行为的自身因素有哪些？
3. 影响消费者购买行为的环境因素有哪些？
4. 分析经济状况对消费者购买行为的影响。
5. 分析生活方式对消费者购买行为的影响。
6. 分析动机对消费者购买行为的影响。
7. 分析家庭对消费者购买行为的影响。
8. 分析参照群体对消费者购买行为的影响。
9. 分析情境对消费者购买行为的影响。
10. 消费者购买行为有哪几种类型？
11. 消费者购买决策的过程是怎样的？

第四章 组织市场购买行为

引例：全球采购构筑海尔的核心竞争力

首先，全球采购帮助海尔获得全球资源。海尔目前在全球有十几个工业园和三十几个海外工厂及制造基地，这些工厂的采购全部通过统一的平台进行，一方面实现了采购资源的共享，另一方面，增强了采购的成本优势。目前世界500强公司中有60家是海尔的供应商，其国际化供应商的比例达到82%。这些供应商能够根据海尔工厂的布局及时调整供应策略，使海尔供应链的速度优势、成本优势、质量优势大大加强。

其次，从采购管理到资源管理——海尔通过并行工程，引进一批国际化大公司，以它们的高科技和新技术参与到海尔产品的前端设计中。这样，不仅保证了海尔产品技术的领先性，而且供应商也可以提高自身配套产品的技术，双方共同发展，共同受益。

最后，搭建社会化的采购平台。随着海尔全球采购平台的范围越来越广，采购平台拥有的资源越来越多，规范、透明的采购流程和素质过硬的全球采购团队，使海尔的采购已经不仅局限于为集团内部服务，而且开始集团外的采购业务——很多跨国公司在中国建厂后无法及时找到优质的供应商资源，或者其采购成本没有竞争力，就通过海尔进行采购。这种社会化的采购使海尔采购平台的能力更强，为集团内提供更优、更好的服务，同时，海尔采购也开始从集团内的采购向跨国商社转变，其目标是通过建立世界级的采购平台，成为世界一流的采购集团。

企业的市场营销对象不仅包括广大消费者，也包括各类组织，这些组织构成了原材料、零部件、生产设备、办公设备和企业服务的庞大市场。同样是购买行为，组织与消费者在购买动机、购买特点、购买方式和购买决策过程上都存在着一定的差异。为此，企业应当充分了解组织市场的特点和购买行为，为制订正确的营销决策提供依据。组织市场包括产业市场、分销商市场、政府与非营利组织市场。

第一节　产业市场购买行为

一、产业市场的特点

（一）产业市场的需求是派生需求

派生需求是指对某产品的需求源于对另一种产品的需求。在产业市场上，购买者属非最终消费者，其购买目的是为了生产出产品销售给最终用户。很显然，产业购买者对产业用品的需求，是从消费者对消费品的需求中派生出来的。从这个意义上来说，影响消费者市场的各种因素，同样也制约着产业市场的规模和发展。产业市场派生需求的特点，要求供应者不仅要了解产业市场的需求水平、竞争态势及用户的特点，也要了解消费者市场的需求态势及需求特点。当然，供应者也可以通过对最终消费者进行促销以带动自己产品的销售。

（二）产业市场的需求波动性较大

产业购买者对产品的需求比消费者对产品的需求较容易发生变化。消费者的需求增加一定百分比，企业为追加产出相应产品的购买需求将上升更大的百分比。经济学家把这种现象称为“加速效应”。有时消费者需求仅上升 10%，就能使下一期产业购买者需求上升 200% 之多，而当消费者需求下降 10%，可能会导致企业产品需求的彻底崩溃。

（三）产业市场的需求缺乏价格弹性

在产业市场上，产业购买者对产品和服务的需求受价格变动的影响不大，这是因为：首先，生产资料是生产的必备要素，为保证生产过程的连续性，生产者必须按计划购买生产资料，在一般情况下，其需求量受价格波动因素影响较小；其次，假如生产资料价格在短时期内变动，由于用户不可能立刻对生产工艺、技术、产品结构进行调整以适应价格变化，这也使得需求缺乏弹性；最后，由于生产者市场需求是派生的，因此，只要最终消费者需求量不变，则生产该产品所需的生产资料价格即使上涨，也不会导致需求量迅速下降。同理，如果生产资料价格下降，而最终消费者对产品的需求并未上升，购买者对生产资料的需求量也不会增加。

（四）产业市场供需双方关系密切

产业市场的购买者较少，而单个购买者的购买数量较大，购买者需要供应稳定的货源，供应商需要有长期稳定的销路，也就是说，一方对另一方都有重要的意义，此外，供应商通常需要为单一购买商量身定做产品。因此供需双方往往互相保持密切的关系，供需双方在供应链中形成命运共同体，从买卖关系到长期的、互利的战略合作关系。

例如，海尔与供应商建立了战略联盟的伙伴关系，大大提高了海尔应对市场变化的能力，在全球资源紧张的时候，供应商仍然优先保障海尔的供应。

二、产业市场购买行为的特点

（一）购买者地理分布相对集中，购买者多属专业人员

由于自然资源的分布和生产力布局等因素决定了产业市场购买者往往密布于一定地理位置

上，从而使这些购买者在地理位置上相对集中。产业市场的购买者多为专业人员，负责实际采购的人员一般都经过专业培训，对所采购产品的技术细节有充分了解，而且采购品的重要性越大，参与购买决策的人员就越多，通常会由工程技术专家和高层管理人员共同组成采购小组，负责制订采购决策。

（二）直接采购

产业市场购买者往往向生产者直接采购所需品（特别是那些单价高、技术性高的设备），而不通过分销商采购，这样不仅能够降低成本，而且生产商提供的技术服务、售后服务会更好。

（三）分散采购

产业市场的购买者一般都同时选择几家供应商，以掌握多条供货来源，并努力形成一个供应商自动竞争的环境，从而节省采购成本，降低采购风险，但是也可能导致供货的质量参差不齐。

（四）招标采购

招标采购即购买商通过招投标的形式，通过供应商的相互比价和牵制，并且引入竞争机制，科学地选择物美价廉、性价比最优、最符合自身成本和利益需求的供应商，从而使购买商在谈判中处于有利的地位。

（五）集中采购

企业通过采购量的集中来提高议价能力，降低单位采购成本，不仅可以提高采购服务的标准化，而且可以减少后期管理的工作量。

集中采购的优点是能够取得规模效益、提高效率、降低成本；能够稳定与供应商的关系，实现长期合作；公开采购、集体决策，能够有效防止腐败。

例如，海尔集团自 1998 年开始进行企业内部流程再造，实行统一集中采购，采购人员从 1000 多人减少到 100 多人，供应商从 2336 家优化到 840 家。

（六）互购与租赁

首先，买卖双方经常互换角色，即互为买方和卖方。例如，造纸厂从化学公司大量购买造纸用的化学物品，化学公司也从造纸公司购买办公和绘图用的纸张。

其次，租赁也是产业市场上的另一重要交易方式。机器设备、车辆、飞机等不仅单价高，而且技术设备更新快，购买者采用租赁方式取得一定时期内设备的使用权，这样既可以缓和资金短缺压力，在不追加投资的情况下实现设备技术更新，也可以避免设备折旧的风险。

三、影响产业市场购买行为的因素

美国的韦伯斯特（Frederic E. Webster，Jr）和温德（Wind）将影响生产者购买行为的各种因素划分为四大类，即环境因素、组织因素、人际因素和个人因素。

（一）环境因素

环境因素是企业不可控的因素。现行的或预期的环境因素（市场需求水平、经济前景、利率等）

对生产资料购买者的影响很大。例如，在经济萧条时期，生产者通常会缩减投资，并设法降低存货水平；但在经济形势稳定的情况下，若政府采取降低贷款利率的政策，企业则会因资金成本的减少而考虑增加生产资料的购买量。同样，技术创新因素、政治法律因素、竞争因素等也会对生产资料的购买决策产生重要影响。

（二）组织因素

每一采购组织都有其经营的目标、采购政策、组织结构、管理制度和工作程序，这些因素对购买行为起约束作用。

（三）人际因素

产业产品的购买决策一般由不同职位、身份的人所组成的“采购中心”做出。而这些参与者由于其地位、职权、个人志趣和拥有的说服力不同，对购买决策会产生不同的影响。

（四）个人因素

个人因素包括各个购买参与者的年龄、受教育程度、职务、个性以及他们对风险的态度等。这些因素会影响参与者对要采购品及其供应商的感觉和看法，从而影响购买决策和行为。

延伸阅读

采购者的购买风格

狄金森（Dickinson）把采购者的购买风格分为七类。

（1）忠实采购者，是指长期忠实地从某一供应商处进货的采购者。忠实的采购者会年复一年地忠于同一货源，不轻易更换供应商。这种采购者对供应商是最有利的，供应商应当分析能够使采购者保持“忠实”的原因，采取有效的措施使现有的忠实采购者保持忠实，将其他采购者转变为忠实的采购者。

（2）随机型采购者，是指习惯于从事先选择的若干符合采购要求、能满足自己长期利益的供应商中随机地确定供应对象并经常更换的采购者。对于这类采购者，供应商应在保证产品质量的前提下提供理想的交易条件，同时增进交流，帮助采购者解决业务的和个人的有关困难，加强感情投资，使之成为忠实的采购者。

（3）最佳交易采购者，是指力图在一定时间和场合中实现最佳交易条件的采购者。这类采购者一旦发现产品或交易条件更佳的供应商就立刻转换购买，购买行为理智性强，不太受情感因素支配，关注的焦点是交易所带来的实际利益。供应商若单纯依靠感情投资来强化联系则难以奏效，最重要的是密切关注竞争者的动向和市场需求的变化，随时调整营销策略和交易条件，提供比竞争者更多的利益。

（4）创造性采购者，是指经常对交易条件提出一些创造性的想法并要求供应商接受的采购者。对于这类采购者，供应商要给予充分尊重，对好的想法给予鼓励和配合，对不成熟的想法也不能讥笑，在不损害自己根本利益的前提下，尽可能地接受他们的意见和想法。

（5）追求广告支持的采购者，是指把获得广告补贴作为每笔交易的一个组成部分，甚至是首要目标的采购者。对于这类采购者的要求，若符合买卖双方的利益，在力所能及或合理的限度内，则供应商可考虑给予满足。

（6）斤斤计较型采购者，是指每笔交易都反复地讨价还价，力图得到最大折扣的采购者。与这类采购者打交道是比较困难的，让步太多则无利可图，让步太少则丢了生意。供应商在谈判中要有耐心并给予其适当的忍让，以大量的事实和数据说明自己已经做了最大限度的让步，争取达成交易。

（7）琐碎型采购者，是指每次购买的总量不大，但品种繁多，重视不同品种的搭配，力图实现最佳产品组合的采购者。供应商与这类采购者打交道会增加许多工作量，如记账、开票、包装、送货等，供应商应当为其提供细致周到的服务，不能有丝毫厌烦之意。

四、产业市场购买的决策过程

一般来说，产业市场购买过程要经过以下阶段。

（一）认识需要

认识需要是指购买商认识到需要购买某种产品来满足自己的需要。它是产业购买决策过程的起点。

（二）确定需要

确定需要是指购买商确定所需品种的特征和数量。简单的采购由采购人员直接决定，而复杂的采购则须由购买商内部的使用者和工程技术人员共同决定。由于产业用品在技术、性能、成分、使用方向等方面要求高，内容复杂，购买商必须具体确定产品规格、成分、性能、使用方向等，并做出详细的技术说明——既作为采购产品的依据，也便于供应商进行生产、投标和推销活动。

（三）发布需要

发布需要指购买商将采购说明书通知给市场或者相关供应商。

（四）选择供应商

购买商在明确采购目标之后对外发布采购信息，并通过查询互联网、专业期刊、产品目录，以及供应商的主动介绍等途径对采购品进行市场调查和了解，评估该采购品的供需状况，然后联系可能符合采购目标的供应商，并请有意向的供应商提供营业执照、银行信用证明、行业资质证；注册资金、生产场地、生产或经营范围及主要产品的目录、生产设备及技术和管理人员状况、生产能力与信誉及服务状况；主要客户、上一年度和近期的财务报告等材料，购买商依据这些材料对供应商进行初步筛选，在此基础上建立起备选供应商数据库。

重点采购品的供应商需经质检、物料、财务等部门联合考核后才能进入，如有可能采购商要对其进行实地考核，一般由生产人员、技术人员和财务人员共同参与，对供应商的管理体系及合约执行能力、设计开发与工艺水平、生产运作及质量控制的稳定性与可靠性，以及员工的素质等方面进行现场评审和评分，剔除明显不合适的供应商后，就能够形成一个基本供应商名录。接下来，采购商可对这些供应商发出询价文件，一般包括图纸、规格、样品、数量，以及大致采购周期和交付日期等，并要求供应商在指定的日期内完成报价。在最后确定入围供应商前，购买商还要考察其产品质量、价格、交货与服务四个方面。

（1）质量。首先，要确认供应商是否建立了一套稳定有效的质量保证体系，产品质量是否达到ISO9000 标准及国际公认的行业质量标准。其次，要确认供应商是否建立了一套持续可靠的测试系统，以便对配套产品随时进行检测，这是从产品设计之初就保证质量的关键。例如，雀巢、联合利华、和路雪等大型的跨国食品购买商，就为原辅料的供应商制定了达标手册，手册中详细地规定了GMP（优质生产规范）、HACCP（危害分析及关键点控制）、GLP（实验室规范）等质量要求。能否达到这些要求，是成为其供应商的先决条件。类似的做法也出现在汽车、化工等行业的大型跨国公司中，这么做的思想基点是“把质量问题消灭在别人的工厂里”。

（2）价格。一般要求采购品价格要合理、折扣要大，能够允许推迟付款等，以降低成本获得利润的最大化。

（3）交货。在交货方面，主要是评估供应商是否拥有足够的生产能力，生产设备、人力资源是否充足，有没有扩大产能的潜力；是否有迅速的市场反应能力、一次性大批量供货的能力。例如，麦德龙就对供应商的供货时间要求很严格，供应商必须保证提供稳定的货源，否则就不能成为其供应商。

（4）服务。包括供应商的售前、售中、售后服务记录是否良好。例如，西门子公司要求供应商要百分之百地、准时将货物安全送达配送地。只有能够提供良好服务的供应商，才可能被跨国公司评为一级核心供应商。

图 4-1 所示为德国汉高公司审定供应商的程序。

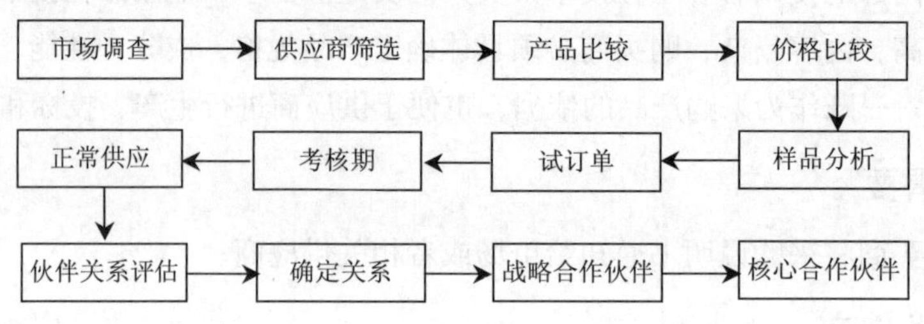

图 4-1 德国汉高公司审定供应商的程序

日本夏普电器就要求供应商所提供的产品能满足夏普的品质要求，有完善的质量管理体系，能不断降低供货成本；供货产品有较高科技力，稳定性供货，并具有弹性供货能力；具有快速反应能力，并且符合环保要求。

（五）签订合约

签订合约是指购买商根据所购产品技术说明书、价格、需求量、付货时间、退货条件、担保书等要求与供应商签订合约。

（六）绩效评估

为了持续维系最好的供应商，购买商应建立供应商数据库和绩效考核指标体系来反映供应商的基本情况、质量检测报告、品质评级、历次付款记录、付款条款、交货条款、交货期限等，所有评价体系都公开、透明，评价指标尽可能量化，以减少主观干扰因素。

购买商会根据这个数据库和指标体系与供应商进行定期的交流，回顾合作关系。例如，每月采购员应对所负责的供应商进行一次以上的访问，并提交一份评价报告，报告内容包括交货记录、生产状况、供应商的发展动态和其他用户的意见；每季度，采购部经理必须与供应商会谈一次以上，沟通并解决发现的问题；每年，由一个包括研发工程师、质检员、采购员、生产主管、相关专家顾问等组成的联合评审小组对供应商进行一次全面考核评价，考核包括现场考察和有关业务的跟踪记录、各部门对其一年来的合作评价等。

这种绩效评估成为购买商是否继续购买某个供应商产品的主要依据。年底对考核优异的供应商可以增加其采购额度，对考核接近临界值的供应商要直接发出警告信号，对考核不合格的供应商应予以淘汰，并在评价书中特别说明淘汰的原因，一年后如果该供应商已经改正不足，则允许其提出再次成为供应商的申请。例如，丰田公司实行“在挤干的毛巾中再挤出一滴水”，如果供应商提供的产品不是在本行业中最低成本的实现者，那么必须每年降低 10% 的成本，否则在未来的计划年度中，原来的供应商将被排除到供应体系之外。

为此，购买商的预算部门对重点监控的采购品应根据市场的变化和产品标准成本定出标准采购价格，促使采购人员充分进行市场调查和资讯收集，了解市场状况和价格走势，注意价格变动的规律，把握好采购时机。此外，对于重点采购品购买商要建立价格评价体系，由有关部门组成价格评价组，定期收集有关的供应价格资讯，尽量运用价值工程的方法分析、评价现有的价格水平，并对价格档案和标准采购价格进行评价和更新。

购买商的采购部门要对所有采购品建立价格档案，每一批采购品的报价应首先与归档价进行比较，无特殊原因不能超过档案中的价格水平，否则采购人员要做出详细的说明。对完成降低采购成本的采购人员进行奖励，对没有完成降低采购成本的采购人员进行惩罚。这样，可以促使采购人员积极寻找货源，货比三家，不断地降低采购价格。

五、产业市场购买的类型

产业市场购买者的行为大致有以下三种类型。

（一）重购

重购指购买商的采购部门按常规继续向原有的供应商购买产品，是一种最简单的购买方式。现在重购大部分采用自动化再订购系统，从而减少采购时间，降低采购成本。重购要求供应商与购买商保持良好的关系，供应商能保质、保量、准时供应产品。

（二）修正重购

修正重购是指购买商采购部门由于某些原因适当修改采购品的规格、价格等交易条件的购买行为，是一种较为复杂的购买行为，其目的是寻找价格低、服务好、交易条件优惠的产品。这会对现有供应商造成威胁，给新供应商提供市场机会。

（三）全新采购

全新采购指购买商第一次购买某种产品，它是最复杂的购买类型，其采购的成本或风险大，参与购买决策的人多，所需收集的信息量大，做出购买决策的时间长。

六、产业市场购买决策的参与者

（一）使用者

使用者是具体使用并欲购买产品的人员。在很多情况下，都是由使用者首先提出购买需求并协助采购产品。

（二）影响者

影响者即在购买商外部和内部直接或间接影响购买决策的人员，如技术人员，他们通常协助确定产品规格，并为评估方案提供情报信息。

（三）采购者

采购者是被购买商正式授权具体执行采购任务的人。在较复杂的采购过程中，采购者可能会包括高层管理人员。

（四）决定者

决定者是在购买商中有权力批准购买产品的人，在较复杂的采购中，公司领导人往往是决定者。

（五）信息控制者

信息控制者是能阻止卖方销售人员与购买商采购中心人员接触的人员，如采购代理人、接待员、电话员、秘书等。

七、现代采购的趋势

（一）全球采购

当今世界已进入经济全球化的时代，全球采购是国际产业分工格局变化和结构调整的必然产物，是现代信息技术、管理技术和物流技术高度发展的产物，是跨国公司在世界范围内寻找最佳生产商或供应商，寻找质量最好、价格最合理的产品的活动。

（二）共同采购

共同采购是近年来发展起来的新型采购模式，是指几家购买商联合向供应商采购相同的产品。其优点是：首先，由于增加了采购量，采购商增强了讨价还价的能力，降低了采购成本，提高了竞争力；其次，由于采购量大，供应商也愿意为购买商独立开发产品。

（三）无库存采购

在产品供大于求的状态下，大库存是企业的万恶之源，零库存或少库存成了企业的必然选择。为此，购买商更多倾向于采取长期有效合同的形式，而不是采用定期采购订单的形式来采购产品。

这样，只要库存量低于规定水平，购买商便可通知供应商按照以往的订货目录和基本要求继续供货，从而降低或免除库存成本。购买商可通过科学的经济批量计算，合理安排采购频率和批量，从而降低采购费用与仓储成本。

供应商也愿意接受这种形式，因为这样可以与购买商保持长期的供货关系，增加业务量，以及抵御新的竞争者。

（四）网上采购

电子商务采购是伴随着信息技术的发展而产生的，是当今采购管理的重要趋势。1999 年以来，跨国公司陆续把发展采购电子商务列入了企业发展的战略目标，现在欧美企业 60% 的产品都是通过网上采购获得。网上采购具有以下优势。

首先，采购过程公开透明，扩大比价范围。全球供应商可以在线注册登记、在线查看合作招标项目、在线查看招标公示、在线招投标，还可通过在网上查询计划与库存，及时补货，实现 JIT 供货，购买商可货比千家，以降低成本，提高效率。

其次，搭建全球同步的采购平台。网上采购提供了全天候、超时空的采购环境，精简了中间环节，加速了供应链节点间的信息流动，使下达定单周期由原先的 10 天以上缩短至 1 小时以内，接收图纸与技术资料的传递时间缩短了 1 倍；通过网络向供应商支付货款，及时准确率达到 100%，真正与供应商实现了双赢。统计资料显示，信息技术的运用可缩短 25%的采购周期，降低 50%～80% 的通信成本，减少 90% 的采购订单成本，提高 100% 的采购人员生产率。

（五）“业务外包”采购

20 世纪 90 年代以来，随着贸易与投资自由化的发展，各国市场日益融合，企业间的竞争更加激烈，为了在全球竞争环境下生存与发展，跨国公司进行了大规模的业务整合，将资源集中于更有竞争优势的业务领域和经营环节，而把许多不擅长的业务活动剥离出去。

耐克公司就是一个广为人知的极端例子，这家世界运动鞋霸主没有直接的原材料供应商，甚至没有自己的工厂，从生产到广告，从飞机票到午餐，从仓储到市场调研等都是通过采购得以实现的。

世界饮料工业的头号巨人可口可乐公司也采取了类似的做法，它虽然部分保留了“可口可乐”工厂，但始终把大部分精力投到市场和销售领域。即使在市场部门的工作中，其主要内容也是保证通过采购获得的消费者研究、零售研究、竞争对手研究等结果的准确性。

耐克公司注重品牌，可口可乐公司注重市场，它们把资源和注意力更多地放在“核心能力”上面，而对于那些与核心能力无关的业务，则尽量通过采购获得，这是它们获得成功的普遍战略。

（六）社会责任采购

跨国公司采购还要求供应商实施受欧美工商界和消费者普遍欢迎和支持的 SA8000 社会责任国际标准，它是全球第一个关于企业道德规范的国际标准，也是继绿色壁垒之后发达国家设置的又一个新的非关税贸易壁垒。其宗旨是确保生产商和供应商所提供的产品符合社会责任标准的要求，同时提高发展中国家产品的生产成本，扭转发达国家由于劳动力价格较高导致部分产品缺乏竞争力的不利局面。

据统计，全球超过 300 家跨国公司已经制定和推行社会责任守则，并且安排公司职员或委托独立审核机构对合约工厂定期进行现场评估，要求供应商和合约工厂遵守劳工标准，按照法律的要求向工人提供加班费、福利等应有的保障。

第二节 分销商购买行为

一、分销商购买行为的特点

首先，分销市场的需求也是派生的，不过，由于离最终消费者更近，这种派生需求反映较直接。

其次，分销商的职能主要是买进卖出，基本上不对产品再加工，故它对购买价格更敏感。

再次，分销商只赚取销售利润，单位产品增值率低，故必须大量买进和大量销出。

然后，交货期对分销商特别重要，他们一旦提出订单，就要求尽快到货，以抓住市场机会，满足消费者购买行为，而对销售没有把握的订货则往往推迟到最后一刻，以避免库存过多的风险。

最后，分销商一般不擅长技术，所以需要供货方提供退货服务、技术服务或返修服务；另外，往往需要生产厂商做广告，扩大影响。

二、分销商购买过程的参与者

以连锁超市为例，参与购买过程的人员和组织主要有以下几类。

（一）产品经理

产品经理是连锁超市公司总部的专职采购员，分别负责某类产品的采购工作，通过对产品的审查和甄别向公司采购委员会提出采购或拒购某种产品的建议。产品经理的偏好对决定新供应商的产品是否被购买起到直接的作用。

（二）采购委员会

采购委员会是由公司总部的各部门正副经理组成的，负责审查产品经理提出的新产品采购建议，做出是否购买决定的组织。采购委员每周召开一次审核会议，对新产品购买决策起间接作用。

（三）分店经理

分店经理是连锁店下属的各零售店的负责人，实际决定分店的购买，是掌握最终采购权的人。例如，美国连锁超级市场分店经理掌握分店近 70% 的产品采购权，是供应商推销员的主要公关对象。

第三节 政府与非营利组织购买行为

一、政府购买行为

政府采购市场是组织购买者中比较特殊的市场，也是十分重要的市场。目前世界各国政府采购的金额一般要占各国 GDP 的 10% 以上，美国则高达 25%。

（一）影响政府购买行为的因素

影响政府购买行为的因素除了环境因素、组织因素、人际因素和个人因素之外，还有国内外政治经济形势以及自然因素。

首先，受国内外政治形势影响。如果国家处于战争时期或感到安全受到威胁时，军费开支增大；如果国与国经贸往来增多，援助项目增加，就会扩大政府采购力度；在和平时期，基础建设投资和社会福利投资加大。

其次，受国内外经济形势影响。在经济繁荣期，政府投资加大，政府购买力增强，促进经济发展；在经济萧条时期，政府开支减少，政府购买力减少；政府为刺激经济增长，会增加政府投资，从事基础设施建设。

最后，受自然因素影响。各种自然灾害会增加政府救灾资金和物品的投入。

（二）政府采购的特点

政府采购的特点有：采购的规模大，采购资金具有公共性、政策性，采购行为公开、公平、公正，采购流程的规范性等。

（三）政府采购的方式

政府采购的方式有：公开招标、邀请招标、竞争性谈判、单一来源采购、询价等。

二、非营利组织购买行为

非营利组织是不以营利为目的的组织，是指在政府部门和以营利为目的的企业之外的一切志愿团体、社会组织或民间协会，是介于政府与营利性企业之间的“第三部门”。非营利组织的收入和支出都是受到限制的。

非营利组织的购买行为具有以下几个特点。

（一）限定总额

非营利组织设立的目的是为了推进社会公益，而不是创造利润，其正常运转的活动经费主要来自政府拨款或社会捐助，其经费的预算与支出都会受到严格的控制。因此，非营利组织的采购必须量入为出，不能随意突破预算总额。

（二）价格低廉

非营利组织由于受到经费预算的限制，因此，其在采购时要仔细计算，争取选择产品价格低廉的供应商，以便用较少的钱办较多的事。

（三）保证质量

非营利组织采购产品不是为了转售，也不是使成本最小化，而是为了维持组织的正常运行和履行基本职能，所购产品的质量和性能必须有保证。

（四）受到控制

为了使有限的资金发挥更大的效用，非营利组织的采购人员受到较大的制约，只能按照规定的条件进行购买，缺乏自主性。

（五）程序复杂

非营利组织的采购过程要经过许多部门的审核，参与者众多，程序相对复杂。

思考题：

1. 产业市场有哪些特点？
2. 产业市场购买行为有哪些特点？
3. 影响产业市场购买行为的因素有哪些？
4. 产业市场购买的决策过程是怎样的？
5. 产业市场购买的类型有哪些？
6. 产业市场购买决策有哪些参与者？
7. 现代采购的趋势是怎样的？
8. 分销商购买行为有哪些特点？
9. 影响政府购买行为的因素有哪些？
10. 政府采购行为有哪些特点？政府采购的方式有哪些？
11. 非营利组织购买行为有哪些特点？

第五章 市场调查与预测

引例：麦当劳如何提高奶昔销售量

很多年前，麦当劳发起了一个项目，目的是为了增加店内奶昔的销量。麦当劳请了哈佛商学院教授 Clayton Christensen（《创新者的窘境》一书作者）和他的团队一起来解决这个问题。

通过一系列的观察、记录和访谈，Clayton 团队发现了一个有趣的现象。

几乎有一半的奶昔是早上卖掉的，来买奶昔的几乎都是单独一个人，这些人只买奶昔，并且几乎所有的人都是开车打包带走的。他们又进行了进一步的访谈调查，发现原来所有顾客每天一大早都有同样的事情要做：他们要开很久的车去上班，路上很无聊，开车时就需要做些事情让路途变得有意思一点；他们当时还没有真的饿，但是他们知道大约 2 个小时后，也就是上午和中午的时段，肚子就会咕咕叫了。

他们一般怎样解决这些问题呢？

有人会吃香蕉，但很快就发现香蕉消化得太快了，很快就又饿了。也有人试过面包圈，但面包圈太脆，边吃边开车时，会弄得满手黏糊糊的。还有人吃过士力架、巧克力，但是早餐吃巧克力总感觉不是很健康。

奶昔呢？无疑是它们当中最好的。用细细的吸管吸稠稠的奶昔要花很长时间，并且基本上能抵挡住一上午阵阵来袭的饥饿感。有个人脱口而出："这些奶昔真稠！我要花去 20 分钟才能把奶昔从那细细的吸管里吸干净。谁会在乎里面的成分呢？我就不在乎。我就知道整个上午都饱了，而且奶昔杯子刚好能与我的茶杯座配套。"他一边举着空空的左手一边说着。

在了解了上面的信息以后，到底如何改进奶昔变得显而易见了。让奶昔再稠一些，让顾客吸得时间更长，帮顾客更好地打发无聊的通勤时间。此外，还可以加上一点点果肉，并不是让顾客觉得更健康，而是给顾客一些无聊旅程的小惊喜；把奶昔的机器搬到柜台前，让顾客不用排队，刷卡自助取用等。这些举措大大提高了奶昔的销售量。

任何一个企业总是在特定的环境中经营发展的，市场调查与预测的目标就在于准确把握来自政治、法律、经济、社会、文化、科学技术、行业及竞争等的机会和挑战，从而为企业确定目标市场、产品组合、定价、分销、促销等提供依据。

第一节　市场调查

信息是决策的基础，如果企业对市场信息掌握不全、不准，判断就会失误，就无法制订出正确的经营战略和策略。所以，企业必须全面、准确、及时地掌握市场信息。

例如，当年宝洁在中国内地正式推出润妍时把目标群体定为 18～35 岁、被称为“新新人类”的年轻女性，促销也围绕这部分女性进行，产品的定位是“东方女性的黑发美”。但是，由于忽视对中国市场的调研，仅仅两年，润妍就因销量不佳而销声匿迹。究其原因，是宝洁相中的“新新女性”根本不买润妍的账，她们正孜孜以求地企图改变着自己的发色！而中国市场对于黑发这一概念有兴趣并打算购买的人多为购买力不强的家庭妇女，而她们却被宝洁抛到了脑后。

一、市场调查的类型

（一）探测性调查

探测性调查是指当市场情况不十分明了时，为了明确进一步深入调查的具体内容和重点而进行的非正式的调查。探测性调查一般不如正式调查严密，一般不制订详细的调查方案。它主要利用现成的历史资料、业务资料和核算资料，或政府公布的统计数据、长远规划和学术机构的研究报告等现有的第二手资料进行研究，或邀请熟悉业务活动的专家、学者和专业人员，对市场有关问题做初步的研究。探测性调查可以灵活采用观察法、访问法、问卷调查等。

（二）描述性调查

描述性调查是指对需要调查的现象进行事实资料的收集、整理和分析的正式调查，主要描述调查现象的各种数量表现和有关情况，它要解决“是什么”的问题，为市场研究提供基本资料。例如，消费者需求描述调查，主要是收集有关消费者收入、支出、产品需求量、需求倾向等方面的基本信息。

（三）因果关系调查

因果关系调查又称相关性调查，指为了探测有关现象或市场变量之间的因果关系而进行的市场调查，它所回答的问题是“为什么”，其目的在于找出事物变化的原因和现象间的相互关系，找出影响事物变化的关键因素。因果性调查既可运用描述性调查资料进行因果关系分析，也可收集各种变量的现成资料，并运用一定的方法进行综合分析、推理判断，在诸多的联系中揭示市场现象之间的因果关系。因果性调查一般能够建立数学模型，如回归方程模型、结构方程模型（SEM）等。

（四）预测性调查

预测性调查是指为了预测市场供求变化趋势或企业生产经营前景而进行的具有推断性的调查。

它所回答的问题是“未来会怎么样”，其目的在于掌握未来市场的发展趋势，为市场营销决策提供依据。预测性调查可以充分利用描述性调查和因果性调查的现成资料，但预测性调查要求收集的信息要符合预测市场发展趋势的要求。

二、市场调查的基本方法

（一）访问法

访问法是由调查者先拟订出调查提纲，然后用提问的方式请被调查者回答，以便收集信息和资料的方法。访问法还可细分为以下几种。

1. 面谈访问法

调查者采用这种方法时，可以一个人面谈，也可以几个人集体面谈；可以一次面谈，也可以多次面谈。这种方法能使调查者直接与被调查者见面而听取意见并观察其反应，可以挖掘出重要信息。面谈调查能互相启发，得到的资料也比较真实。但是，这种调查方式的成本高，调查结果受调查人员的水平影响较大。

2. 电话访问法

电话访问法是由调查人员用电话向被调查者提出询问，听取意见。这种调查方式收集的资料快，成本低，并能以统一格式进行询问，所得资料便于统一处理。但是这种方法只能对掌握了其电话号码的用户进行询问，不易取得与被调查者的合作，也不能询问较为复杂的问题。

3. 邮寄访问法

这种方法又称通信调查，就是将预先设计好的询问表格邮寄给被调查对象，请他们按表格要求填写后寄回。这种方式调查范围较广，被调查者有充裕的时间来考虑并回答问题，不受调查人的影响，通过这种方法收集的意见、情况较为真实。但问卷的回收率较低，时间往往拖延较长，被调查者还有可能误解问卷的含义。

4. 网络访问法

网络访问法又称在互联网上直接调查。根据采用的调查方法的不同，其可以分为网上问卷调查、网上实验法和网上观察法。

网络访问法的优点是：分发速度快、分发及处理成本较低、转交时间更短，如果要调查时间性很强的问题，电子邮件问卷的分发及回复速度就是其最主要的优势；可以构造按钮、选框和数据输入域，可以利用图表、图像、动画及与其他网页的链接。

（二）观察法

观察法是调查者到现场观察被调查者的行为来收集情报资料，或者通过安装仪器进行收录和拍摄（如使用照相机、摄影机、录音机或者某些特定的仪器）来获取信息的方法。

这种方法能客观地获得准确性较高的第一手资料，但调查面较窄，花费时间较长，对调查者的要求也较高。此外，在关注隐私的现代氛围中，摄影设备的使用场合应该有明确提示，并且要保护观察对象的个人权利。

（三）实验法

这种方法是在特定地区、特定时间向市场投放一部分产品进行试销，然后观察和收集用户反映来获得情报资料的方法。

实验法常用于新产品开发、价格制定、促销效果测量、广告效果研究等的调查。目前一些产品展销会、新产品试销门市部等都采用实验法。

三、市场调查的步骤

市场调查是一种科学的工作方法，必须尊重科学、尊重客观规律。为了使市场调查取得良好的预期效果，企业必须制订周密的调查计划，按步骤做好必要的准备工作。市场调查一般分为调查准备、调查设计、调查实施、调查资料处理四个阶段。

（一）调查准备阶段

首先，界定调查问题。界定调查问题主要是明确调查主题和调查范围。调查主题是市场调查所要说明或解决的问题，必须具体、明确，不能过于笼统。调查范围一般可以从地区上确定市场的区域范围，从产品使用上确定调查的群体范围。

其次，进行文案调查（文案调查又称二手资料调查），是指利用各种信息，如年鉴、报纸、杂志、报表等，对调查内容进行分析研究。

最后，编写市场调查方案。方案内容包括：调查主题、调查背景、调查目的；资料来源和评价：第二手资料，第一手资料，评价标准和原则；调查地点、调查时间进程安排、调查人员、调查对象、调查的具体内容；调查方法、样本设计、回访设计；调查的数据统计和分析方法；调查费用预算和责任等。

（二）调查设计阶段

首先，确定调查项目。调查项目包括调查对象的基本特征项目、调查主题的主体项目、调查问题的相关项目等。例如，对消费者的需求调查，既要有消费者的基本项目（年龄、性别、职业、文化程度、家庭人口等），又要有消费者需求量、购买动机、购买行为等主体项目，还应有消费者收入、消费结构、储蓄、就业、产品价格等引起需求变动的相关项目。

其次，设计调查方法。从样本角度来说，目前调查的方式有普查、重点调查、典型调查和抽样调查四种。调查方式的选择取决于调查的目的、内容以及时间、地点、费用等条件下市场的客观实际情况。采集资料的方法有询问法、观察法、实验法、网络调查等。

再次，调查问卷的设计。调查项目确定以后，就可以设计调查问卷。调查问卷既可作为书面调查的记载工具，也可作为口头询问的提纲。调查问卷设计应以调查项目为依据，能够确保调查数据和资料的有效收集，提高调查质量。问卷设计要考虑被调查者的能力和态度，要注意对隐私的保护。问卷界面要友好、简洁美观，具备人性化的版面设计。问卷的规模要根据调查目标来设计，也要考虑调查对象的具体情况，结合赠品和调查现场的实际情况，通盘考虑访员的行为和应答模式，还要考虑督导的管理方法，以及决定必要的回访比例和回访方式。

最后，非正式调查（预调查）。非正式调查是指对初步设计出来的问卷在小范围内进行试验性调查，以便弄清问卷在初稿中存在的问题，了解被调查者是否对所有问题都乐意回答或能够回答，哪些是多余的，还有哪些不完善或遗漏的地方。如果发现问题，设计人员应立即修改，使问卷更加完善。预调查是正式调查成功的重要前提和基础，经过一轮或者多轮的预调查和问卷修改，即可印制正式问卷。

（三）调查实施阶段

这个阶段主要由调查人员分头开展调查活动，全面广泛地收集有关的信息资料。

（四）调查资料处理阶段

首先，收集分析资料。收集整理调查资料一般由专人进行，对资料进行编号保存，问卷需要审核和编码，录入计算机形成数据库，然后制成相应的图表，以供统计分析使用。

其次，撰写调查报告。调查报告一般有两种类型：一种是专业性报告，其内容要求详尽，并介绍调查的全过程，说明采用何种调查方式、方法，对信息资料怎样进行取舍，怎样得到调查结果等；另一种是一般性调查报告，要求重点突出，介绍情况客观、准确、简明扼要，避免使用调查的专门性术语。

最后，追踪调查结果。即再次通过市场活动实践，检验报告所反映的问题是否准确，所提建议是否可行、效果如何，并总结市场调查的经验教训，以提高市场调查的能力和水平。

四、市场调查的主要内容

以市场营销为目的的市场调查的主要内容实际上就是前文所述的企业的宏观营销环境和微观营销环境，既包括对人口环境、政治和法律环境、经济环境、技术环境、自然资源环境、社会文化环境等的调查，也包括对企业本身、供应商、分销商、消费者、竞争者、社会公众等的调查。

第二节　市场预测

一、市场预测的含义

预测，就是根据过去和现在的实际资料，运用科学的理论和方法，分析研究对象在今后的可能发展趋势，并做出估计和评价，以减少对未来事件的不确定性。

市场预测是在调查研究的基础上，运用统计、定性分析等科学的预测方法，对影响市场供求变化的各因素进行分析研究，进而对产品生产、流通、销售的未来发展趋势进行科学推测与判断，从而为市场营销提供可靠决策依据的过程。

市场预测按时间跨度可以分为短期预测、中期预测和长期预测；按性质可以分为定量预测和定性预测；按地域可以分为国际市场预测和国内市场预测；按范围可以分为宏观预测和微观预测。

二、市场预测的方法

（一）德尔菲法

德尔菲法（Delphi method）又称专家意见法，是由美国兰德公司在20世纪40年代末创造的一种预测方法，是采用背对背的方式征询专家小组成员的预测意见，即任何专家之间都不发生直接联系，一切活动都由工作人员与专家单独打交道来进行，经过几轮征询，使专家小组的预测意见趋于集中，从而使预测具有很强的独立性和较高的准确性。

（二）集中意见法

集中意见法是将有关业务、销售、计划等相关人员集中起来交换意见，共同讨论市场变化趋势，提出预测方案的一种方法。例如，对销售量的预测，可组织企业的业务人员、企划人员、销售人员共同分析研究市场情况，提供销售量的预测方案。它的优点是，在市场的各种因素变动激烈时，能够考虑到各种定量因素的作用，从而使预测结果更接近现实。此方法要求选择人员时要慎重，一般要选择有独立见解的人，不要选没有主见的人，还要选择具有丰富经验、对市场情况相当熟悉并有一定专长的人员，如经济分析人员、会计人员、统计人员等。

（三）时间序列法

时间序列法是将过去的历史资料和数据，按时间顺序排列起来形成一组数字序列的方法。例如，按年度排列年产量，按季度或月份排列企业产品销售量等。

时间序列法的特点是，假定影响未来市场需求和销售量的各种因素与过去的影响因素大体相似，且产品的需求形态有一定的规律。那么，企业只要将时间序列的倾向性进行统计分析，加以延伸便可以推测出市场需求的变化趋势，从而做出预测。我们经常使用的时间序列法有简单平均法、加权平均法、指数平滑法、移动平均法和季节指数调整法等。这种方法简单易行，应用较为普遍。但经济事件的未来状态不可能是过去的简单重复，因此，这种方法适用于短期预测或中期预测。如果时间序列的数据随时间的变化波动很大或市场环境变化很大，或者国家的经济政策有重大变化，经济增长发生转折，则我们一般不采用这种方法。

（四）回归模型法

回归模型法又称计量经济模型法，是建立在大量实际数据的基础上，寻求随机性后面的统计规律性的一种方法。客观事物或经济活动中的许多因素是相互联系、相互制约的，也就是说，它们的变化在客观上存在着一定的关系。我们通过对所占有的大量实际数据进行分析，可以发现数据变化的规律性，找出其变量之间的关系。回归分析研究的内容是：从一组数据出发，确定变量间的定量关系；对这些关系式的可信程度进行统计检验；从影响某一个量的许多变量中，判断哪些变量的影响是显著的，哪些是不显著的；利用所得的关系式对设计、生产和市场需求进行预测。

（五）市场试销法

市场试销法又称销售实验法，指采用试销手段向某一特定的地区或对象，投放新产品或改进的老产品，取得销售资料后用其进行销售的预测。由于市场试销要求顾客和用户直接付款进行购买，所以能够真实地反映出市场需求情况，其结果比较准确。但是采用这种方法要花费较多的费用和时间。

三、市场预测的步骤

（一）确定预测目标

确定预测的目标要求、时效要求、精度要求、应用要求。

（二）收集、整理资料

资料是预测的基础，企业必须做好资料的收集工作。收集什么资料，是由预测的目标所决定的。企业对所收集到的资料要进行认真的审核，对不完整和不适用的资料要进行必要的推算和调整，以保证资料的准确性、系统性、完整性和可比性。

（三）选择预测方法

市场预测的各种方法都有自己的适应范围和局限性。选择正确的预测方法要考虑：预测的目的、预测时间的长短、占有历史统计资料的多少及完整程度、产品寿命周期和行业发展周期等。

（四）提出预测模型

预测模型是对预测对象发展规律的近似模拟。企业在资料的收集和处理阶段，应收集到足够多的可供建立模型的资料，并采用一定的方法加以处理，尽量使它们能够反映出预测对象未来发展的规律性，然后利用选定的预测技术确定或建立可用于预测的模型。例如，用数学模型法，则需确定模型的形式并求出模型的参数；用趋势外推法，则要确定反映发展趋势的公式；用概率分析法，则要确定预测对象发展的各种可能结果的概率分布；用类推法，则要找到可以应用于本预测的历史的或他人的经验规律等。

（五）评价和修正预测结果

市场预测毕竟只是对未来市场供需情况及变化趋势的一种估计和设想，由于市场需求变化的动态性和多变性，预测值同未来的实际值总是有差距的。每种预测方法算出的预测值的精确度是不相同的，如果预测结果的误差过大就应当放弃，企业需要重新进行预测；如果预测结果的误差是在可接受的范围之内，则企业可通过对预测误差的进一步分析，来修正预测结果。

（六）编写预测报告

经过预测之后，企业要及时写出预测结果报告。报告要把历史和现状结合起来进行比较，既要进行定性分析，又要进行定量分析，尽可能利用统计图表和统计方法来描述，做到数据真实准确，论证充分可靠。

四、市场预测的主要内容

（一）市场供给和需求的发展变化

市场供给是指一定时期内可以投放市场以供出售的产品。市场供给预测是指对投放市场的产品总量及其构成、各种产品市场可供量以及变化趋势的预测。市场供给预测主要包括生产能力预测以及产品竞争力预测。

市场需求预测是对本企业产品的销售变化趋势或销售量进行预测。由于影响市场需求变化的许多因素本身也是在不断发展变化的，因此，为了准确预测市场需求的变化，企业也要对一些影响因素的变化加以预测。

（二）产品生命周期发展阶段的变化与更新换代

产品生命周期可分为自然生命周期和经济生命周期。产品的生命周期预测有利于企业做出正确的经营决策和制订正确的经营计划，促进新产品的研制和开发，推动产品的更新换代，并促进产品的销售以减少产品积压。

（三）价格变动及其影响

对企业来说，价格变动会影响产品成本、销售量和经济收益，也是企业进行市场竞争的一种方法。因此，预测价格变动及其影响对企业进行市场决策同样是重要的。

（四）竞争发展趋势

企业预测竞争发展趋势必须同时考虑两方面的情况：一是本企业的竞争能力，包括产品的质量、价格、外观，也包括产品售前售后服务、推销措施所能收到的竞争效果、企业及产品在用户中的信誉等，同时也要考虑上述各种因素的变化情况；二是竞争企业的竞争能力，包括竞争企业数量与产量的变化，主要指产品质量、价格、外观以及服务、竞争策略的变化。

（五）消费者心理变化趋势预测

消费者的心理变化趋势一般包括消费者需求倾向与购买行为的变化。从某种程度上讲，消费者是由一个希望满足他们需求或欲望而驱动购买的潜在群体构成。消费者心理是产生或影响消费者行为的内在原因，而时代的飞速发展，又使得消费者理念发生显著的变化，从而影响消费者行为以及消费者的需求。

然而，企业通常习惯性地根据自己的主观意愿去判断消费者的心理变化和消费需求，由此导致市场决策的失误。运用科学的统计分析方法进行消费者心理变化预测，能够帮助企业掌握消费者心理变化的一般规律和发展趋势，为企业决策提供可靠的信息。

（六）意外突发事件的影响

意外事件是指企业在制订市场决策、计划过程中难以想到的事件。这些事件的发生会打乱正常的经济秩序，使市场的发展脱离原来所预测的轨道。企业要想应付意外事件的影响，就必须对它们的影响进行预测。

思考题：

1. 市场调查与预测的目标是什么？
2. 市场调查的类型有哪些？
3. 市场调查的基本方法有哪些？
4. 市场调查的步骤有哪些？
5. 市场调查的主要内容有哪些？
6. 市场预测的方法有哪些？
7. 市场预测的步骤有哪些？
8. 市场预测的主要内容有哪些？

第Ⅲ篇

营销战略

“战略”一词起源于军事领域，有为了与竞争对手抗衡而采取行动的意思。

与策略相比较，战略从宏观、长远、整体着眼，策略从微观、短期、局部着眼。

营销战略包括目标市场营销战略、市场竞争战略。

第六章 目标市场营销战略

引例：去头屑，用采乐

采乐“出山”之际，国内去屑洗发水市场已相当成熟，从产品的诉求点看，似乎已无缝隙可钻。以营养、柔顺、去屑为代表的“宝洁三剑客”——潘婷、飘柔、海飞丝几乎占据了中国洗发水市场的大部分份额。想在洗发水领域有所发展的企业无不被这“三座大山”压得喘不过气来，无不生存在“宝洁”的阴影里难见天日。另外，“舒蕾”“风影”“夏士莲”“力士”“花香”等也同样让诸多的洗发水品牌难以突破。

“头屑是由头皮上的真菌过度繁殖引起的，清除头屑应杀灭真菌；普通洗发只能洗掉头发上的头屑，我们的方法，杀灭头发上的真菌，使用 8 次，针对根本”——“采乐”独特的产品功能有力地抓住了目标消费者的心理需求，使消费者在解决头屑的根本问题时，忘记了其他去屑洗发水，只想到了“采乐”。

难怪“采乐”上市之初便顺利切入市场，销售量节节上升，一枝独秀。它把洗发水当药来卖，在药品行业里没有强大的竞争对手，在洗发水的领域里更是无人可挡！“采乐”找到了一个极好的市场空白地带，并以其独特的产品品质，成功地占领了市场。

企业试图“征服”所有的市场是不现实的，也是不明智的，所以企业应当选择适合自己的目标市场。

目标市场营销战略是指企业在细分市场的基础上，结合自身的资源与优势，选择其中最有吸引力和最有把握的细分市场作为目标市场，并且设计与目标市场需求特点相匹配的营销战略。

目标市场指企业要瞄准的那部分市场。

目标市场营销战略主要包含三个步骤：市场细分（segmenting）——目标市场选择（targeting）——市场定位（positioning），所以又被称为 STP 战略。

第一节　市场细分

一、市场细分的概念

美国市场营销学家温德尔·史密斯（Wendell R. Smith）在 20 世纪 50 年代提出了“市场细分（market segmentation）”概念。

市场细分是根据消费者的消费需求和购买习惯的差异，将整体市场划分为若干子市场群，被分隔的子市场便称为细分市场，每个细分市场内的消费者具有相对类同的消费需求。

二、市场细分的作用

首先，市场细分能够帮助企业认识市场，更好地理解和界定竞争对手，挖掘市场机会，扬长避短，获得比较优势。

其次，市场细分能够帮助企业发现和深入分析各细分市场的不同需求，掌握细分市场的变化及趋势，从而帮助企业选择合适的目标市场。

最后，市场细分能够帮助企业增强市场调研的针对性，为企业制订正确的营销战略和策略提供依据。

三、市场细分的原则

（一）可衡量性

可衡量性是指细分出来的市场不仅范围明确，而且企业对其规模、购买力和基本情况能大致做出判断。

（二）可获得性

可获得性是指企业能有效地进入和满足细分市场。

（三）可收益性

可收益性是指细分的市场不但要有一定的市场容量和发展潜力，而且能够使企业有利可图。

（四）可区分性

可区分性是指不同的细分市场的特征可以清楚地加以区分。

四、市场细分的方法

（一）单一变量因素法

根据影响消费者需求的某一个重要因素进行市场细分。

（二）多个变量因素组合法

根据影响消费者需求的两种或两种以上的因素进行市场细分。

（三）主导因素排列法

当细分一个市场存在诸多因素时，可以从中寻找和确定主导因素，然后与其他因素有机结合，再细分市场。

（四）系列变量因素法

细分市场所涉及的因素有多项，但各项因素之间先后有序。企业可以按照影响消费者需求的诸因素，由粗到细地进行市场细分。

五、消费者市场细分的标准

消费者市场可根据地理、人口、心理和行为等因素进行细分。

（一）地理细分

地理细分是根据国家、地区、城市的位置、气候等方面的差异把市场细分为不同的地理单位。

地理特征之所以作为市场细分的依据，首先是因为处在不同地理环境下的消费者对于同一类产品往往有不同的需求与偏好，他们对企业采取的营销策略也会有不同的反应。其次，地理特征易于识别，是企业进行市场细分时应考虑的重要因素。

但是，处于同一地理位置的消费者的需求仍会有很大差异。所以，企业不能简单地以某一地理特征区分市场，还需结合其他细分变量予以综合考虑。

（二）人口细分

人口细分是根据人口的各种变量，如年龄、性别、收入、职业、宗教、种族、国籍、教育程度等把市场分割成若干群体。

人口变量是细分消费者群体最常用的基本要素，同时，人口统计变量比较容易衡量，有关数据相对容易获取，因此企业经常以它作为市场细分的依据。

（三）心理细分

心理细分是根据消费者心理、个性特点等，把消费者分成不同的群体。

（四）行为细分

行为细分是指按照消费者对产品的了解程度、态度、购买及使用情况及反映等将他们划分成不同的群体。

行为变量能够更直接地反映消费者的需求差异，如以下几个变量。

（1）追求利益。如对购买手表的人群进行分析后发现，他们有的追求经济实惠、价格低廉，有的追求耐用可靠和使用维修的方便，还有的则偏向于使用时可显示出其社会地位。

（2）购买阶段。根据购买阶段细分市场，消费者可被分为：经常购买者、首次购买者、潜在购买者、非购买者。

（3）使用频率。根据使用频率，消费者可以被分为大量使用者、中度使用者和轻度使用者。

六、生产者市场细分的标准

生产者市场细分的主要依据有生产者市场中的用户类型、用户要求、用户规模和购买力以及用户地点等。

（一）用户类型

由于不同类型的用户对同种产品会有不同的购买需求，如有的重视质量，有的重视价格，有的重视服务。因此，企业可以把用户类型作为细分市场的标准，以投其所好，更好地满足不同类型用户的差异化需求。

（二）用户要求

由于用户购买生产资料的目的，一般是为了研发、生产、制造等需要，对所需的生产资料都有特殊的或不同的采购要求。因此，企业必须充分考虑买方的需求特点或追求的利益。

（三）用户规模和购买力

由于用户规模不同且用户的购买力高低存在很大差异，因而造成其购买行为也有很大差别。因此，企业可以从用户的规模和购买力等购买行为的角度，进一步细分生产者市场。

（四）用户地点

由于用户所在的地区特点不同，因而就有不同的市场特点。因此，企业可以把地点作为细分生产者市场的一个标准，以利于企业做好针对不同用户的产品供应工作。

第二节　目标市场选择

目标市场选择是指企业从潜在的几个目标市场中，根据一定的要求和标准，选择其中某个或某几个市场作为经营目标的决策过程。

一、为什么要选择目标市场

（一）并非所有的细分市场都有吸引力

由于并非所有的细分市场都有吸引力，有的细分市场购买者不足，有的细分市场购买力不足，有的细分市场购买欲望不足，有的细分市场盈利不足，有的细分市场竞争过于激烈……所以，企业必须根据自身的人、财、物、产、供、销的条件，选择有吸引力的目标市场。

例如，HIS 创业者泽田秀雄 1980 年在东京新宿车站附近的一幢大楼里租了一间屋子并雇了一名职员，他用自己留学归来所赚到的苦力钱再加上投资股票所得共 1000 万日元作为资本，办起了一家以供应廉价机票为特色的国际旅行社。日本到海外旅游的人每年不过三四百万，且以团体旅游为主，日本的大型旅行社经营的主要是团体旅游。HIS 看准了个人旅游尚未被重视的市场空隙，异军突起，打出了以接待散客尤其是青年学生为主的经营旗号，同时建立了一个比正规国际机票便宜的廉价机票销售机制，并以此为特色，跻身于竞争激烈的日本旅游业。由于市场定位准确，HIS 的业务蒸蒸日上，不出几年，便有了令人刮目相看的业绩。

（二）没有任何一家企业可以满足市场上的所有需求

一家企业，不论它的规模有多大，它所拥有的资源，无论是人力、财力、物力，还是生产能力、时间都是相对有限的，这就决定了没有哪家企业能提供市场上需要的所有产品，而只能满足市场中一部分特定的需求。此外，由于竞争者的客观存在，也决定了任何一家企业不可能“通吃”所有的购买者，不可能为所有购买者提供产品。

因此，企业必须选择属于自己的目标市场，主动选择市场实际上是企业化被动为主动的思维方式，体现了企业的个性，也体现了企业的尊严，更决定了企业的命运。

例如，南昌日用化工总厂在生产出“草珊瑚”产品的初期由于广告费用有限，面对强大的竞争对手，他们没有以卵击石，在认真进行分析和调查后，决定走“农村包围城市”的道路，把销售工作的重点放在竞争对手尚未涉足的农村和小城镇，结果取得了较大的成功。

二、选择什么样的目标市场

（一）选择与企业定位一致的细分市场

企业要根据自身的定位来选择目标市场。

例如，一家为专业人士或音乐发烧友生产高保真音响的小型专业企业如果出击“大众音响”的细分市场无疑是危险的，因为这样会破坏它生产高档音响的专家形象。同样，五星级酒店在为高消费的市场提供高档服务的同时，也为低消费的市场提供廉价的服务，就可能令人对这样的五星级酒店产生质疑。

高档产品如果为了增加销售量而进入中低档市场是十分错误的。例如，派克金笔是美国资历最老的金笔，在美国一直被认为是地位的象征。但是派克公司一度想扩大产品线，把产品打入中、低档市场，于是推出了中低档的派克笔，这大大损坏了其贵族形象，使其名声一落千丈。最后派克笔不得不回到高档市场来，提出“派克金笔，总统用的笔”的口号，才挽回了声誉。

案例

美国西南航空公司的目标市场

美国西南航空公司为了与其他航空公司进行差别化竞争，将目标市场定位在对航空票价敏感的低端市场上，提供经常性的、相对短途的美国国内航班。飞机上不设商务舱和头等舱，而且对航空服务进行了一系列的简化——乘客到了机场的候客厅后，不给安排座位，乘客要像坐公共汽车那样去排队，上了飞机后自己找座位，如果你到得很早，可能会找到一个好座位，如果你到得晚，就很可能坐在厕所旁。飞机上也不供应餐饮，但乘客一坐下就可以听非常幽默的笑话，直到飞机降落，一路上嘻嘻哈哈、热闹非凡。

西南航空公司的这种“节约”服务，对收入低、消费低的人士有很大的吸引力，因为他们可以用极低的价格乘坐飞机。但对于收入稍微高一些的白领人士来说，就不适合了——他们不太在手机票价格，但需要较好的航空服务，他们受不了要自己去“抢”座位，另外，他们上飞机后往往要想问题、做事情或者休息，不喜欢吵吵嚷嚷的环境……因此，中产阶级、官员、大亨很少愿意乘坐西南航空公司的班机。不过，这正是西南航空公司所追求的效果，它很清楚自己的服务对象。其总裁在电视上说：“如果你对我们提供的服务感到不满，那么非常抱歉地告诉你，你不是我们服务的目标对象，我们不会因为你的抱怨而改变我们的服务方式，如果你认为我们的服务令你感到不满的话，你可以去乘坐其他航空公司的飞机。当你感觉需要我们服务的时候，欢迎你再次乘坐西南航空的班机。”

（二）选择需求足够大的细分市场

目标市场必须具有一定规模才能保证企业获得利润。也就是说，企业要选择具有足够吸引力、较高综合价值的细分市场，因为这样的市场才能为企业带来大的收益。

例如，美国某化妆品企业生产了一种叫“嫩春”的面霜，其可以防治青春痘，并能够减少皱纹。该面霜上市后，调查人员发现，80% 的购买者是 20 岁左右的年轻女子，而其余 20%的购买者却是 35～50 岁的中老年妇女——她们认为该种产品能够减少皱纹。年轻女子关心防治青春痘，而中老年妇女关心减少皱纹，这样企业面临两种选择，是强调防治青春痘，还是强调减少皱纹？企业考虑到 80% 和 20% 的差距，决定放弃中老年妇女这个较小的市场（只占购买者的 20%），而强调“嫩春”面霜防治青春痘的功效，全力以赴抓住年轻女性市场，从而获得了成功。

当全球航空公司在热火朝天地进行价格倾轧时，斯堪的纳维亚联合航空公司（SAS）对目标市场进行了重新定义：集中发展欧洲民航运输产业中的一个特定市场即经理阶层。这一市场群体的特定需要是：在陆上和空中的准点、安全、个性化和舒适，为此，SAS 开发了许多服务项目来适应这种需求。例如，为实现在陆上提供舒适服务的目标，SAS 保证旅客在欧洲和美洲城市的 SAS 宾馆可以直接订座位；SAS 组建了一支供租用的车队，由豪华轿车、直升机和普通轿车组成，用于接送旅客；在一些城市 SAS 还提供一种将旅客的行李从办公室或 SAS 宾馆运送到机场的特殊服务；在机场备有适当装饰、供旅客使用的特殊房间；重视对服务人员的培训并且改进服务水平和提高处理突发事件的能力……这些优质的服务措施很好地满足了欧洲商务市场。

（三）选择有潜力的细分市场

企业选择目标市场不仅要考虑细分市场当前对企业赢利的贡献，而且要考虑细分市场的成长性及未来对企业的贡献。对于当前利润贡献低，但是有潜力的小市场，尽管满足这些小市场的需求可能会降低企业的当前利润，甚至可能为企业带来损失，但是企业应该而且必须接受眼前的暂时亏损，因为这是一只能够长成“大象”的“蚂蚁”！

例如，麦当劳通过调查发现，去哪个餐馆吃饭并不全是由父母决定的，他们往往会尊重孩子的意见，而只要吸引一名儿童，就等于吸引了两个大人。因此，麦当劳决定将目标市场主要定位在儿童上。为此，麦当劳在各个分店设置了游乐区及专门为儿童提供生日聚会的服务项目，同时，店内的食谱不断推陈出新，以满足小顾客们日益变化的口味。麦当劳还看到，二三十年后这些儿童长大了还会带着自己的下一代继续吃麦当劳——这就是麦当劳的眼光！

（四）选择具有竞争优势的细分市场

再好的市场，如果企业没有能力满足市场需求，那么企业也应当放弃这个细分市场。此外，某些细分市场尽管有相当规模也不应引起企业的兴趣，因为它们已经被竞争对手牢固地主宰控制着，企业无法在该市场获得竞争优势。

为此，企业可运用 SWOT 分析法来发现自身的优势（strength）、劣势（weakness）、机会（opportunity）、威胁（threat）——优势和劣势主要是指企业相对于竞争对手而言存在的长处和短处，机会是指营销环境中对企业有利的因素，威胁是指营销环境中对企业营销不利的因素，企业以此选择自身具有竞争优势的细分市场，选择自身拥有获得成功所需的技术、财力、物力、实力、管理能力的细分市场。

三、目标市场选择模式

（一）完全市场覆盖

完全市场覆盖即指企业不加选择地以所有的细分市场作为目标市场，力图用各种产品满足全市场用户的需求。一般来说，只有实力强大的大企业才能采用这种策略。

（二）市场多元化

市场多元化即指企业同时选择几个细分市场作为目标市场，这种策略能分散企业经营风险，即使其中某个细分市场失去了吸引力，企业还能在其他细分市场盈利。

（三）市场专门化

市场专门化即指企业选择一个细分市场，集中力量为之服务。

市场专门化有两种情形，一是产品专门化，二是用户专门化。

1. 产品专门化

产品专门化即指企业专门生产一种产品，并向所有顾客销售这种产品。其优点是企业专注于某种产品的生产，有利于形成和发展生产和技术上的优势，树立形象。但是当该领域被新技术或产品所代替时，企业原有的专一优势则不复存在。

2. 用户专门化

用户专门化即指企业专门为一个细分群体提供产品，并尽力满足他们的各种需求。例如，企业专门为老年消费者提供各种档次的服装；又如，工程机械公司专门向建筑用户提供推土机、打桩机、起重机、水泥搅拌机等机械设备。

应当注意的是，实施市场专门化的企业可能会面临“孤注一掷”的经营风险。

（四）产品-市场集中化

产品-市场集中化即指企业为单一细分市场提供单一产品，是一种专业化模式，可以帮助企业树立专家形象，同时，企业通过生产、销售的专业化可以实现规模效益。

但是，由于企业专做一个细分市场、专做一种产品，因而风险比较大。

第三节　市场定位

一、市场定位的概念

市场定位是企业根据竞争者现有产品在市场上所处的位置，以及顾客对该类产品某些特征或属性的重视程度，为本企业的产品塑造与众不同的形象，并将这种形象生动地传递给顾客，从而使该产品在市场上占有强有力的竞争地位的过程。

例如，永辉超市定位于“平民超市”，把“天天实惠，始终如一”作为企业的经营宗旨，坚持“大众化”路线，把家庭作为目标市场；坚持薄利多销，做大流量；努力营造良好的购物环境；为顾客提供价廉物美的产品和便捷的购物服务；提供和销售与百姓日常生活息息相关的产品。由于价格低等原因，永辉超市受到了一向“斤斤计较”的家庭主妇们的青睐。

又如，新加坡航空公司、汉莎航空公司定位在高端市场，以航线网络的全方位服务和品牌优势为商务乘客服务；而美国西南航空公司和西方喷气航空公司定位在低端市场，为价格敏感型旅客提供服务。

劳斯莱斯的市场定位是“最昂贵、最舒适和最豪华的高级汽车”，“林肯”汽车定位在高档市场，“雪佛莱”定位在中档汽车市场，而“斑马”则定位在低档汽车市场。

案例

马蜂窝专注于为旅游爱好者提供服务

马蜂窝是一个旅游社区网站，创办者将网站命名为马蜂窝，是希望人类能像蚂蚁、蜜蜂那样团结无私、相互协作与共同分享。在马蜂窝，旅游爱好者可以交换资讯，交流攻略、美食、摄影作品，分享旅行中的喜悦和感动。马蜂窝网站上出现的文章并没有专门的写手来撰写，每一条发起的话题都会出现在“我的马蜂窝”里，每一个成员都是马蜂窝的主人，马蜂窝的一切都由成员共同产生和决定。

马蜂窝的创办宗旨就是为所有旅游爱好者提供信息交流的平台。马蜂窝的创始人是两个自由行爱好者，他们是前新浪员工陈罡和前搜狐员工吕刚。马蜂窝创办之初并不是商业项目，而纯粹是出于创始人的喜好建立起的业余平台。从2006年开始，这个简单的旅游社区网站并没有进行特意的宣传推广，仅依靠口碑相传积累了最初的用户。

启示：马蜂窝的优势在于其对旅游市场进行细分，专注于针对旅游攻略市场和追求个性化旅游的需求群体。马蜂窝的核心产品是旅游攻略，攻略中的信息和感受都来自于真实旅行用户的反馈和评价。马蜂窝的旅游攻略覆盖了中国游客可能出行的全球90%以上的目的地，攻略内容涵盖了旅行中的吃、住、行等重要信息，以及旅行中的真实体验和评价。由于定位准确，马蜂窝在同类网站中占据了领先地位。

二、市场定位的方法

市场定位的关键在于形成差异化，使自己的产品有特色、有个性、有独特的元素，至少在某些方面应与众不同。企业开展市场定位的主要思维方式和常用的定位方法有以下四种。

（一）初次定位

新成立的企业初入市场、企业新产品投入市场或产品进入新市场时，企业必须从零开始，运用所有的市场营销组合，使产品特色确实符合所选择的目标市场。

（二）重新定位

重新定位是指企业变动产品特色，使目标市场对其产品新形象有一个重新的认识过程。市场重新定位对于企业适应市场环境、调整市场营销战略是必不可少的。企业产品在市场上的定位即使很恰当，但在出现下列情况时也需考虑重新定位其市场：竞争者推出的产品市场定位与本企业产品的定位接近；消费者偏好发生变化。

（三）对峙定位

对峙定位也称迎头定位，即与市场上最强有力的竞争对手“对着干”的定位方式，这是竞争性最强的定位方式，虽有一定的市场风险，但是也可以激励自己奋发向上。企业不一定要压垮对方，只要能够平分秋色就是巨大的成功，而如果能够战胜对手就可以获得巨大的市场优势。例如，百事可乐与可口可乐，肯德基与麦当劳等。

（四）回避定位

回避定位也称避强定位，指企业回避与目标市场上的竞争者直接对抗，将其定位在市场“空白点”，开发并销售目标市场上还没有的某种特色产品。其优点是能迅速立足于市场，在目标市场人群心目中树立良好的形象。由于其风险较小，成功率高，很多中小企业乐意采用。

例如，德国和日本避开美国生产宽体豪华轿车的市场，专注生产小型节油轿车从而获得成功。

三、市场定位的策略

（一）质量/价格定位

质量和价格通常是消费者最关注的要素，消费者都希望买到质量好、价格适中或便宜的物品。因而这种定位往往表现为宣传产品的价廉物美和物有所值。

例如，雕牌用“只选对的，不买贵的”暗示雕牌的实惠价格。

奥克斯空调告诉消费者“让你付出更少，得到更多”，也是既考虑质量又考虑价格的定位策略。

戴尔公司采用直销模式降低成本，并将降低的成本让给消费者，因而戴尔公司总是强调“物超所值，实惠之选”。

（二）功效定位

消费者购买产品主要是为了获得产品的使用价值，希望产品具有所期望的功能、效果和效益，因而强调产品的功效是定位的常见形式。

案例

“除菌”香皂“舒肤佳”

“舒肤佳”进入中国市场之前“力士”已经牢牢占据了中国香皂市场。然而后生“舒肤佳”却在短短几年时间里，硬生生地把“力士”从香皂霸主的宝座上拉了下来。舒肤佳的成功自然有很多因素，但关键的一点在于它找到了一个新颖而准确的“除菌”概念。

在中国人刚开始用香皂洗手的时候，舒肤佳就开始了它长达十几年的“教育工作”，要中国人把手真正洗干净——看得见的污渍洗掉了，看不见的细菌你洗掉了吗？舒肤佳的营销传播，以“除菌”为轴心概念，诉求“有效除菌护全家”，并在广告中通过踢球、挤车、扛煤气罐等场景告诉大家，我们生活中会感染很多细菌。然后，舒肤佳再通过内含抗菌成分“迪保肤”之理性诉求和实验来证明舒肤佳可以让你把手洗“干净”。

基本相同的产品可以有不同的用途，例如，茶叶公司开发出“保健茶”“减肥茶”等系列茶品，使许多不喜欢喝茶的人也爱喝茶，增加了销售量。

此外，不同品牌的相同产品也可以有不同的功效定位。例如，洗发水中飘柔的承诺是“柔顺”，海飞丝是“去头屑”，潘婷是“健康亮泽”。

案例

香皂的不同定位

品牌——LUX（力士）	舒肤佳	纳爱斯	两面针	索夫特	西亚斯
功效——美容	杀菌	营养	止痒	保湿	减肥

（三）特点定位

有些同类产品质量相当，对此企业要突出产品与众不同的特点。

例如，西班牙是世界旅游胜地，“阳光、海水、沙滩”是其最丰富的旅游资源，因而其宣传口号是“阳光普照西班牙”，并且用著名画家米罗的抽象画“太阳”作为旅游标志，使世界各国的游客一见到“太阳”就想到西班牙。

夏威夷也是著名的度假海岛，如果它推出的口号也是“阳光、海水、沙滩”，那效果未必有西班牙好，于是它别出心裁地提出“夏威夷是微笑的群岛”的广告口号，同时印刷了大量的招贴画，画面的背景是灿烂的阳光、连绵的沙滩、湛蓝的海水，而占据画面主旋律的是一位美丽、天真、笑容满面，脖子上戴着花环的夏威夷少女，如此画面，不能不令人神往。

维珍集团的经营“天马行空”，涵盖了生活的方方面面，但是所有产品和服务的目标市场群都锁定在了“不循规蹈矩的、反叛的年轻人”身上。维珍集团把握住了现代人注重享受生活、体验生活、追求个性的心理，赢得了年轻人的认同和信任，使他们成为了维珍集团源源不断的财富源泉。

（四）档次定位

不同的产品档次定位会带给消费者不同的心理感受和体验。

如美国的“林肯”牌汽车定位在高档市场，“雪佛兰”牌汽车定位在中档市场，而“斑马”牌汽车则定位在低档市场。

现实中，常见的是高档次定位方法，即通过高价位来传达产品高品质的信息。

如劳力士、浪琴和上百万元人民币一块的江诗丹顿表显示了“高贵、成就、完美、优雅”的形象和地位；奥迪 A4 上市时，宣称“撼动世界的豪华新定义”，显示出产品的尊贵和气派。

（五）产地定位

某些产品的质量和特点与产地有密切的关系，消费者相信原产地盛产此种优质原料，因此其生产出来的产品自然就品质不凡。例如，法国香水、青岛啤酒、泰国香米、哥伦比亚咖啡豆等。

如果某种产品的竞争力较强，但是其原产地却不受消费者的青睐，那么就可以与一家名声较好的外国公司进行合作生产。例如，美国香水制造商为了利用法国香水在消费者心目中的地位，干脆把法国香水厂家买了下来。

（六）类别定位

该定位是企业为了使自己的产品与某些知名而又属司空见惯类型的产品做出明显的区别，或给自己的产品定位为与之不同的另类。

例如，娃哈哈出品的“有机绿茶”与一般的绿茶有显著差异。

“奥尼皂角洗发浸膏”定位于发挥中草药的优势，打出“植物一派，重庆奥尼”的口号，告诉消费者洗发水有化学洗发和植物洗发之分，“洋”品牌走的是化学洗发的路线，而奥尼是运用传统的中医理论，延续国人用中草药洗发的传统，并因此获得了成功。

美国的七喜汽水之所以能成为美国第三大软性饮料，就是利用了人们惧怕咖啡因的心态，宣称自己是“非可乐”型饮料，宣传它是一种不含咖啡因的饮料，是代替可口可乐和百事可乐的消凉解渴饮料，突出其与两“乐”的区别。由于产品定位成功，七喜汽水抢占了部分市场，且拥有了一批爱好者。

（七）概念定位

概念定位就是使产品在消费者心智中占据一个新的位置，形成一个新的概念，甚至造成一种思维定式，以获得消费者的认同，使其产生购买欲望。

例如，当年商务通运用概念定位：“手机，CALL 机，商务通一个都不能少”，让市场误认为 PDA 即商务通，商务通即 PDA，商务通也从此坐上了 PDA 行业老大的宝座。

案例

脑白金的健康礼品定位

“今年过节不收礼，收礼只收脑白金”一句土得掉渣的大白话，竟传遍了大江南北，销售力极强。为什么脑白金会如此成功呢？原因是多方面的，但其中不可或缺的一点是其礼品定位与诉求。这一定位和诉求准确地击中了中国人的面子情节，这一情节深深根植于中国社会特定的文化背景之中，而礼品消费正是面子情结在消费领域的表现。

中国是礼仪之邦，“礼尚往来”“来而不往非礼也”是中国人内心深处面子情节最直白的表达。中国人送礼时对面子极其关注，有时礼品就是面子，礼品的轻重就是面子的大小，特别是过年，礼品则更加讲究。

脑白金虽为保健品，但它迎合了过上小康生活后中国老百姓心底对健康的深切关注，因此在国人的礼品清单里，脑白金还成为了烟、酒、钱等其他礼品的竞争品，已远远超出保健品的范围。加上“今年过节不收礼，收礼只收脑白金”字里行间的霸气及其表现出来的果断、舍我其谁的气势，使老百姓对脑白金产生了很强的信任感，因此“脑白金就是送礼的”这种观念慢慢深植人心，很多人提到礼品就想起脑白金。

（八）对比定位

对比定位是指通过与竞争对手的客观比较来确定自己的定位，也可被称为排挤竞争对手的定位。在该定位中，企业设法改变竞争者在消费者心目中的现有形象，找出其缺点或弱点，并用自己的品牌进行对比，从而确立自己的地位。

例如，在止痛药市场，美国的泰诺击败占“领导者”地位的阿司匹林，也是采用这一定位策略。由于阿司匹林有潜在的引发肠胃微量出血的可能，泰诺就宣传“为了千千万万不宜使用阿司匹林的人们，请大家选用泰诺”。

又如，农夫山泉通过天然水与纯净水的客观比较，确定天然水优于纯净水的事实，宣布停产纯净水，只出品天然水，鲜明地亮出自己的定位，从而树立了专业的健康形象。

案例

沃尔沃定位“安全”

1927年，第一辆沃尔沃汽车下线。面对奔驰、宝马和劳斯莱斯的竞争，沃尔沃宣称自己比它们更加豪华、更加舒适、更加尊贵。结果从1927年到1936年，沃尔沃连续十年亏损。1936年，针对奔驰的“乘坐舒适”、宝马的“驾驶乐趣”、劳斯莱斯的“手工打造”，沃尔沃确定了“安全”的定位。

沃尔沃为自己的品牌确立的定位是：给顾客最好“安全感”的汽车。

从此以后，沃尔沃在各个单项活动中做出持续的定位强化，从而使其定位得到不断加强。首先，沃尔沃作为豪华汽车，其外观没有以奔驰为标杆进行仿效，而是显得笨拙，甚至像一辆坦克，这样的设计给顾客带来了“安全感”。

其次，沃尔沃在安全技术上一直是豪华车的引领者，从其发明三点式安全带以来，先后开创了防侧撞钢板结构、一次性整体成型、侧翼安全气囊等领先技术。例如，当行车时打电话而导致车祸增加时，沃尔沃第一个采用电话免提功能，使得司机可以在双手开车的同时接听电话。近年来，该公司更是投资于一项让外人觉得不可思议的研发：汽车在500公里/小时的状态下行驶时，如何确保安全。

战略定位为沃尔沃企业运营的方方面面都提供了前进的方向，它在营销时做出这样的广告：好男人不会让心爱的女人受一点点伤；在公关方面，当戴安娜王妃乘坐奔驰出事后，沃尔沃总裁在媒体上沉痛无比地表示，“没有安全的豪华只是多余的奢侈，如果王妃乘坐的是沃尔沃汽车，我们就不会失去人间最美丽的玫瑰”，这在全球引起巨大反响；沃尔沃还成立了专门的“沃尔沃挽救我的生命俱乐部”。

甚至沃尔沃的企业文化，也是为了强化安全的定位——“为了生命”，企业认为来沃尔沃上班不能只是工作那么简单，而是捍卫生命的尊严，维护生命的价值。沃尔沃倡导，每多卖一辆汽车的同时，就多保护一个最能为社会创造财富的生命（其顾客属社会精英层），以此激励员工像义工一样充满激情地投入工作。

今天，沃尔沃汽车已被认为是豪华汽车中的“安全”代表，凭借其“安全”定位，沃尔沃在20世纪90年代一度超过奔驰、宝马成为全美最大的豪华车品牌。

第四节　目标市场营销战略的类型

目标市场营销战略的类型有三种，即无差异性营销战略、差异性营销战略、集中性营销战略。

一、无差异性营销战略

无差异性营销战略是指企业不考虑细分市场的差异性，对所有的市场只提供一种营销组合。

例如，1886年美国人班伯顿发明了可口可乐配方，并投入生产。100多年来，不论是在北美还是全球，可口可乐公司都奉行无差异化营销策略，保证了可口可乐的口感品质始终如一，使之成为一个全球的超级品牌。

又如，耐克公司的广告“JUST DO IT”通行全球，虽然只用英文，但耐克的全球消费者都明白这是什么意思。耐克公司抓住了全球新一代年轻人共同的文化——“尽管去做”，成功塑造了全球年轻人共同的品牌，甚至连广告语都不讲当地话。

（一）无差异性营销战略的优点

首先，通过大规模的生产和经营，产生规模经济，使成本保持在最低水平——大规模的生产销售，降低了单位成本；其次，单一产品线使得生产的成本低，存储和运输也相对方便，物流等资源配置都集中在一种产品上，效率高；最后，无差异的广告宣传，减少了促销费用；没有进行市场细分，也减少了市场调研、产品研制与开发、制订各种营销方案等费用。

（二）无差异性营销战略的缺点

首先，无差异性营销战略对市场上绝大多数产品都是不适合的，因为消费者的需求偏好具有极其复杂的层次，某种产品或品牌受到市场的普遍欢迎是很少的；其次，由于营销策略缺乏针对性，消费者的某些特殊要求可能得不到满足，这导致企业可能丧失许多市场机会。

（三）无差异性营销战略的适用性

首先，各细分市场之间的需求本身不存在实质性差别的基本生活资料和主要工业原料，如天然气、自来水、电、煤炭等，由于此类产品消费者挑选性不大，需求欲望、兴趣爱好也大致相同，为了减少经营成本和管理成本，企业可采取无差异性营销战略。其次，对于市场上竞争不激烈的同类产品或处在投入期和成长期的产品，为了减少经营成本和管理成本，企业可采取无差异性营销战略。

二、差异性营销战略

差异性营销战略是指企业决定以几个细分市场为目标，为每个目标市场分别设计产品及营销方案。

例如，沃尔玛针对不同的目标消费者，采取了不同的零售经营形式：针对中层及中下层消费者的沃尔玛平价购物广场；只针对会员提供各项优惠及服务的山姆会员商店；以及深受上层消费者欢迎的沃尔玛综合性百货商店等。通过这些不同的经营形式，沃尔玛分别吸引了零售的各档市场。

爱迪生兄弟公司经营了900多家鞋店，分为4种不同的连锁形式，每种面对不同的细分市场，如钱德勒连锁店专卖高价鞋，贝克连锁店专卖中等价格的鞋，勃特连锁店专卖廉价鞋，瓦尔德派尔连锁店专卖时装鞋。在芝加哥斯泰特大街3个街区的短短距离内就有不同定位的3家连锁店，虽然它们相互靠近，却不影响彼此的生意，因为它们是针对女鞋市场的不同细分市场，这种策略已经使爱迪生兄弟公司成为美国最大的女鞋零售商。

华龙公司根据行政区划推出不同产品，如在河南推出“六丁目”，在山东推出“金华龙”，在东北推出“可劲造”；根据地理属性推出不同档次的产品，如在城市和农村推出的产品有别；根据经济发达程度推出不同产品，如在经济发达的北京推广目前最高档的“今麦郎”桶面、碗面；此外，根据年龄因素推出适合少年儿童的A－干脆面系列，适合中老年人的“煮着吃”系列；为感谢消费者推出的“甲一麦”系列；为回报农民兄弟推出的“农家兄弟”系列。

又如，为适应各地消费群体的不同需求，海尔为北京市场提供了最新技术的昂贵的高档冰箱；为广西市场开发了有单列装水果用的保鲜室的“果蔬王”冰箱；海尔冰箱从“大王子”到“小王子”再到“双开门”，为的就是适应上海居民住房很小的现状，后来海尔又为上海家庭生产了瘦长体小、外观漂亮的“小小王子”冰箱。四川的消费者反映，海尔的洗衣机洗地瓜时，经常阻塞出水道；为满足四川农民轻松洗地瓜的要求，海尔又为四川市场开发了“地瓜洗衣机”，能洗土豆、地瓜。由于满足了不同消费群体的需求，消费者对海尔的美誉度和满意度有了大幅度提升，海尔也得到了丰厚的回报。

（一）差异性营销战略的优点

首先，有的放矢，针对性强，可以满足具有不同特点的消费群体的需求，能扩大企业的销售额。其次，可使企业在细分市场上占有优势，提高企业的市场竞争力。

（二）差异性营销战略的缺点

增加了企业的制造成本、经营成本和销售费用、管理费用、储存费用等。因此，企业在决定是否使用差异性营销策略之前，必须衡量增加的成本与销售额之间的关系。

（三）差异性营销战略的适用性

首先，市场需求差别大、消费者挑选性强、规模等级复杂的产品；其次，竞争对手实力大，并且实行无差异性目标市场策略时；最后，市场竞争激烈而又处在成长期和成熟期的产品。对于以上几种情况，企业适宜采用差异性营销战略。

延伸阅读

定制营销

定制营销是指企业为顾客提供量身定制的产品。定制营销体现了企业考虑到每个顾客的特殊性，时时处处站在顾客的位置上，针对不同顾客的不同需要，分别提供有针对性的产品。

在这个彰显和倡导个性的时代里，越来越多的顾客追求品质生活，不愿被动地接受企业抛售的大众化服务，而是搜寻着能够最大限度满足自己个性化需求的服务——一方面，不同的顾客有不同的需求；另一方面，顾客总是希望自己得到特殊的对待，希望在购买的服务中能融入自己的智慧、彰显自己的个性、充分体现自我价值。

因此，企业如果能够为顾客提供量身定制的产品来满足顾客的特殊要求，则可以打动顾客的心，提高顾客的满意度，从而达到增进顾客忠诚度的目的；相反，企业如果不能满足顾客的特殊要求，就始终无法成为顾客心目中最好的企业，也就无法成为顾客的唯一、持久的选择。

例如，美国汉堡王快餐店就提供“定做汉堡”服务，即先点再做，顾客可以按照自己的喜好决定汉堡包中的馅料，再交由快餐店现场制作，这使汉堡王快餐店将自己的服务与麦当劳标准化的备货服务模式区别开来。

定制营销可以满足顾客对产品的不同个性需求，能给顾客带来一种不可名状的尊贵感。随着人类社会的进步，人们生活水平的提高，人们对个性化的要求越来越高，定制理念已经深入人心。另外，定制营销实现了按需定产，避免了大众化生产带来的滞销，同时大大加快了企业资金的周转速度。所以，定制营销有利于促进企业的不断深化发展，成为未来企业的一个重要的经济增长点。

三、集中性营销战略

集中性营销是指企业集中所有力量，以一个或少数几个性质相似的子市场作为目标市场，试图在较少的子市场里取得较大的市场占有率。

实行这种战略的企业，它们期望的不是在较大的市场上拥有较小的份额，而是在较小的市场上拥有较大的份额。

（一）集中性营销战略的优点

首先，由于目标市场集中，企业可以大大节省营销费用和增加盈利；其次，由于目标市场集中，企业可以深入了解某一特定的细分市场，集中力量对某一特定市场提供最佳服务，容易在这一特定市场取得有利的市场地位。

（二）集中性营销战略的缺点

企业承担的风险较大，如果目标市场的需求突然变化，消费者兴趣突然转移，或市场上突然出现强有力的竞争者，企业就可能陷入困境。

（三）集中性营销战略的适用性

首先，高档产品，要求高、需求差别大的产品；其次，进入衰退期的产品，为了维持和延长产品的生命周期，减少损失；再次，资金薄弱、规模较小、资源有限的中小型企业；最后，竞争对手采用差异性营销策略时。对于以上几种情况，企业适宜采用集中性营销战略。

四、目标市场营销战略选择的影响因素

（一）企业资源

如果企业在人力、物力、财力及信息方面资源不足，无力把整个市场作为目标市场，可用市场集中模式，实行集中性营销战略。

（二）市场差异程度

如果所有消费者爱好相似，对市场营销刺激的反应也相同，企业可以采用无差异性营销战略；反之，如果各消费群体的需求、偏好相差甚远，则企业必须采用差异性营销战略、集中性营销战略，使不同消费群体的需求得到更好的满足。

（三）产品差异性

如果是标准化的产品，那么企业可以采取无差异性营销战略；如果产品之间的差异程度很高或者很难做到标准化，那么企业可以采取集中性营销战略或者差异性营销战略。

（四）产品生命周期

新产品上市往往以较单一的产品探测市场需求，产品价格和销售渠道基本上单一化，因此，在新产品引入阶段，企业可采取无差异性营销战略；而待产品进入成长期或成熟期，市场竞争加剧，同类产品增加时，再采用无差异性营销战略就难以奏效，所以，企业在产品成长阶段选用差异性或集中性营销战略效果更好。

（五）竞争对手的营销战略

如果竞争者采用的是无差异性营销战略，那么无论企业本身的实力大于还是小于对方，采用差异性营销战略，特别是采用集中性营销战略都是可以的。

思考题：

1. 什么是目标市场营销战略？
2. 市场细分的作用、原则与方法是什么？
3. 消费者市场细分的标准有哪些？生产者市场细分的标准有哪些？
4. 企业为什么要选择目标市场？应当选择什么样的目标市场？
5. 目标市场选择模式有哪些？
6. 什么是市场定位？市场定位的方法与策略是什么？
7. 目标市场营销战略有哪几种类型？
8. 无差异性营销战略的优缺点及适用性是什么？
9. 差异性营销战略的优缺点及适用性是什么？
10. 集中性营销战略的优缺点及适用性是什么？
11. 影响目标市场营销战略选择的因素有哪些？

第七章 市场竞争战略

引例：维珍——永远的“补缺者”

维珍集团（Virgin Group）是英国多家使用维珍作为品牌名称的企业所组成的集团，由著名的英国商人理查德·布兰森爵士创办，是英国最大的私人企业，拥有200多家公司，集团业务范围包括旅游、航空、娱乐、金融、铁路、唱片、婚纱、避孕套等。维珍产品在所处的每一个行业里都不是名列前茅的老大或老二，而是一只“跟在大企业屁股后面抢东西吃的小狗”。维珍是在金融服务业、航空业、铁路运输业、饮料业，被消费者公认代表了质量高、价格低廉，且时刻紧随时尚的消费趋势品牌。

布兰森曾经说过，如果有谁愿意的话，他可以这样度过一生：喝着维珍可乐长大，到维珍唱片大卖场买维珍电台上放过的唱片，去维珍院线看电影，通过virgin. net交上一个女朋友，和她坐维珍航空去度假，享受维珍假日酒店无微不至的服务，然后由维珍新娘安排一场盛大的婚礼，幸福地消费大量virgin避孕套，直到最后拿着维珍养老保险进坟墓。当然，如果不幸福的话，维珍还提供了大量的伏特加以供排遣。

法国市场营销学家雅克·朗德维说：“赢得顾客要比建造一座工厂更耗时也更艰难，因为建造一座工厂无须同任何人竞争，而赢得一个市场却要与行业中所有的厂商竞争。”

竞争是市场经济的基本特征，优胜劣汰是市场竞争的生存法则。企业在进行营销活动时，不可避免地会遇到竞争对手的挑战，同时其自身也可能试图改变市场地位而展开竞争攻势。如何参与竞争并使自己在市场竞争中获胜，对企业的营销活动和效果具有决定性的影响。

第一节 市场竞争的层次

任何一家企业一般都面临以下不同层次的竞争。

一、行业间的竞争

满足消费者的不同需要，提供不同品种的产品的企业被称为行业间的竞争者。

例如，消费者收入水平提高后，可以把钱用于旅游，也可用于购买汽车，或购置房产，那么旅游业、汽车业、房地产业之间就存在相互争夺消费者的竞争关系。

行业间的竞争，是不同行业之间的竞争，是争夺消费倾向的竞争。为此，同一行业的企业在自己的产品没有成为消费时尚之前，不能搞窝里斗，而应该同心同德、团结协作、一致对外，争取消费者对本行业的消费青睐。

二、行业内的竞争

满足消费者的相同需要，提供不同形式的产品的企业被称为行业内的竞争者。

例如，航空公司、铁路客运、长途客运汽车公司都可以满足消费者外出旅行的交通需要，但相互之间存在竞争关系。

又如，可口可乐公司遭遇生产带汽或不带汽的水果饮料、软饮料、低度啤酒企业的竞争。

三、产品间的竞争

满足消费者的相同需要，提供类似的产品，但其规格、等级、型号、质量、款式等不同的企业之间的竞争被称为产品间的竞争。

如生产分体空调与中央空调的厂家之间的竞争、生产高档汽车与中档汽车的厂家之间的竞争，生产液晶彩电、等离子彩电、背投彩电等厂家之间的竞争。

四、品牌间的竞争

满足消费者的相同需要，提供相同产品但品牌不同的企业之间的竞争被称为品牌间的竞争。

如生产休闲运动鞋的阿迪达斯、耐克、李宁、安踏、特步等厂家之间的竞争；可口可乐遭遇百事可乐、其他可乐的竞争；麦当劳和肯德基的同室操戈；格力空调、海尔空调、三菱空调等厂家之间的竞争。

在以上四个层次的竞争中，行业间的竞争是不同行业的竞争，其余三者是同行业竞争，竞争主体的相似点越多竞争越激烈。由于品牌间的产品相互替代性较强，因而品牌之间的竞争最严峻、最激烈，而大多数企业终将面对这一竞争。

知识扩展

竞争的五种力量

波特五力模型是迈克尔·波特（Michael Porter）于20世纪80年代初提出的。他认为，行业中存在着决定竞争规模和程度的五种力量，这五种力量综合起来影响着产业的吸引力以及现有企业的竞争战略决策。五种力量分别为同行业内现有竞争者的竞争能力、潜在竞争者进入的能力、替代品的替代能力、供应商的讨价还价能力、购买者的讨价还价能力。

第二节 市场竞争战略的类型

波特在其 1980 年出版的《竞争战略》一书中，提出三种基本竞争战略，即成本领先战略、差异化竞争战略和集中化竞争战略。

一、成本领先战略

成本领先战略又称低成本战略，是指企业通过努力，使企业的全部成本低于竞争对手的成本，甚至成为同行业最低的成本，从而获得竞争优势的一种战略。这一战略要求企业在提供相同的产品时，加强成本控制，在研发、生产、营销等领域使成本最小化，从而赢得竞争优势，争取最大的市场份额。

（一）成本领先战略的优点

首先，企业处于低成本地位上，可以抵挡现有竞争对手的对抗，也可使欲加入该行业的新进入者望而却步，形成进入障碍；其次，能以低于竞争对手的价格进行市场销售，从而赢得较大的市场份额，还可给顾客优惠，进行促销；再次，面对市场要求降低价格的压力，处于低成本地位的企业在进行交易时握有更大的主动权；最后，当供应商抬高企业所需资源的价格时，处于低成本地位的企业可以有更大的灵活性来解决困境。

（二）成本领先战略的缺点

首先，竞争者通过模仿、总结经验或购买更先进的生产设备，可能得以以更低的成本参与竞争，这时企业就会丧失成本领先地位；其次，企业由于集中于如何降低产品成本，可能丧失了预见市场变化的能力——虽然产品价格低廉，却不为顾客所欣赏和需要，这是成本领先战略的最危险之处。

二、差异化竞争战略

我们知道，竞争主体相似点越多竞争越激烈。差异化竞争战略就是企业通过在质量、性能、服务、款式、技术等方面中的一方面或几方面向顾客提供的产品与其他竞争者相比独具特色、别具一格，从而使企业在某些方面更胜竞争对手一筹的一种战略。

（一）差异化竞争战略的优点

首先，企业通过差异化竞争战略可不与对手正面冲突；其次，可使购买者无法“货比三家”，从而降低购买者对价格的敏感度。

延伸阅读

蓝海战略

蓝海战略是由欧洲工商管理学院教授 W. 钱·金（W. Chan Kim）和勒妮·莫博涅（Renée Mauborgne）于 2005 年 2 月在二人合著的《蓝海战略》一书中提出的。

W. 钱•金和勒妮•莫博涅认为，市场可分为“红海”和“蓝海”。“红海”代表已知的市场空间，局限在现有行业之内做残酷竞争，互相从对方手中抢夺顾客的战略，也被称为红海战略或血腥战略。“蓝海”代表未知的市场空间——蕴含庞大需求的新市场空间。换句话说，所谓的“蓝海战略”，就是企业从关注“红海”，转为向买方提供新价值飞跃，从而开启巨大的潜在需求。

（二）差异化竞争战略的缺点

一是成本可能很高，因为差异化可能要增加设计和研发费用，或者选用高档原材料等；二是可能被对手模仿而不得不持续推出新的差异化产品。

（三）差异化竞争战略的路径

一般来说，企业可从产品、服务、渠道、价格、推广、人员、形象、速度等方面实现差异化竞争战略。

1. 产品差异化

产品的差异化可以体现在设计、工艺、款式、性能、特色、质量、风格、耐用性等方面比竞争对手有明显的独到之处。例如，质量差异——企业向市场提供的产品在质量上优于竞争对手；创新差异——企业能够根据市场需求不断开发出适销对路的新产品，走在竞争对手的前面。

脑白金申报的功能是“改善睡眠、润肠通便”。但支撑脑白金的产品概念是“脑白金体”。其实这是为了制造壁垒、拦截竞争对手的跟进。因为，如果巨人在宣传中强调其促进睡眠的主要原料Melatonin，那么巨人开拓出来的市场，很快就会被跟进的竞争对手模仿跟进，再通过价格战，最终抢掉部分市场。巨人采取的对策是不宣传 Melatonin，而是为 Melatonin 起了个有意义、有吸引力的中国名字“脑白金”，并把“脑白金”注册为商标，所有的宣传也都围绕商标进行。那么，一旦竞争对手在宣传中提到脑白金，就会涉及侵权，可能会遭遇法律诉讼。

2. 服务差异化

竞争的激烈和技术的进步，使实体产品的建立和保持差异化越来越困难，于是，竞争的关键点逐渐向服务转移，服务差异化日益重要。企业可以提供比竞争者更完善的售前、售中和售后服务，如体现在订货方便、交货及时和安全、安装以及提供培训与咨询、维修养护等方面。

例如，通用电气公司不仅向医院出售昂贵的设备并负责安装，而且还对设备的使用者进行认真培训，并提供长期服务支持。

3. 渠道差异化

企业拥有实力雄厚、辐射力强的分销网络，并且分销商的销售能力、服务能力都比竞争对手的分销网络强。

例如，“采乐”成功的原因之一就是把洗发水当药来卖，基于此，它别出心裁地选择在“各大药店有售”——药店销售渠道对其成功至关重要。

4. 价格差异化

企业对同类同档次产品的价格比竞争对手更便宜。

5. 推广差异化

企业运用广告、公共关系、人员推销和销售促进等不同于竞争者的方式大力宣传企业和品牌，提高知名度。

6. 人员差异化

例如，迪士尼乐园的雇员都精神饱满，麦当劳的人员都彬彬有礼，IBM的员工给人以专家的形象。

7. 形象差异化

企业的形象比竞争对手的好，形象差异化可以对目标市场产生强大的吸引力和感染力，促使消费者对企业形成独特的感受。

8. 速度差异化

企业以比竞争对手更快的速度推出新产品或新的营销策略。

案例

"白加黑"的震撼

一般而言，在同质化市场中很难发掘出"独特的销售主张"。市场上治疗感冒药的同类药品甚多，已呈高度同质化状态，而且无论中、西成药，都难以做出实质性的突破。康泰克、丽珠、三九等"大腕"凭借着强大的广告攻势，才各自占领一块地盘，而盖天力这家实力并不十分雄厚的药厂，竟在短短半年内销售额就突破1.6亿元，在拥挤的感冒药市场上分割了15%的份额，登上了行业第二品牌的地位，这在中国营销传播史上，堪称奇迹。

其"白加黑"是个了不起的创意。它看似简单，只是把感冒药分成白片和黑片，并把感冒药中的镇静剂"扑尔敏"放在黑片中，其他什么也没做。实则不简单，它不仅使品牌外观与竞争品牌有很大的差别，更重要的是它与消费者的生活形态相符合，达到了引发联想的强烈传播效果。在广告公司的协助下，"白加黑"确定了干脆简练的广告口号"治疗感冒，黑白分明"，所有的广告传播的核心信息是"白天服白片，不瞌睡；晚上服黑片，睡得香"。

三、集中化竞争战略

集中化竞争战略是指企业集中所有的资源和力量服务于一个特殊的市场，从而在这一特殊市场里比竞争对手更具有优势。

集中化竞争战略常见的形式有产品集中、服务集中、顾客集中、市场（区域）集中。

（一）集中化竞争战略的优点

首先，集中化竞争战略对于实力不很强大、资源有限的企业有着特别重要的意义——它使这些企业避开强大竞争对手的冲突，而集中资源于自己最具优势，或竞争对手最薄弱的部分，或竞争对手忽视的细分市场，从而营造自己的竞争优势。

其次，集中化竞争战略是企业集中了自己的优势力量来攻击对手弱点的策略，以强攻弱，成功的可能性更大。

（二）集中化竞争战略的缺点

由于企业全部力量和资源都“孤注一掷”投入到一种产品或一个特定的市场上，当顾客偏好发生变化，或者有新的替代品出现时，企业就可能受到很大的冲击。

第三节　不同市场地位的竞争战略

一般来说，市场上的竞争主体会分别处在不同的市场地位，即：市场领导者、市场挑战者、市场追随者、市场补缺者。

不同的竞争地位，对应的是不同的企业实力、资源整合能力、市场操控能力，并由此对应的是不同的竞争对手。所以，不同市场地位的主体应当采用不同的竞争战略。

一、市场领导者的竞争战略

市场领导者是指占有最大的市场份额，在新产品开发、价格变化、分销渠道建设和促销策略等方面对本行业起着领导作用的企业。

例如，电冰箱行业的海尔集团、个人计算机行业的联想集团、洗衣机行业的小天鹅集团、微波炉行业的格兰仕集团等。

（一）市场领导者的优点

首先，市场领导者由于占据了市场的主导，形成了“规模经济”，在生产、传播、分销方面能够节约成本，成本往往较低；其次，市场领导者在消费者、推荐者和经销商那里有着比竞争者更高的名望和更强大的形象；再次，市场领导者面对供应商、公共权力，尤其是分销商的谈判能力更强——分销商显然很难拒绝销售一个领先的品牌，并因此对领先品牌比二流品牌给予了更多的关注；最后，市场领导者往往是整个行业技术革新的引导者和行业标准的制定者。

（二）市场领导者的缺点

首先，“木秀于林，风必摧之”，处于市场领导者地位的企业往往树大招风，常常成为众矢之的，会面临着众多对手的围攻；其次，市场领导者不仅在竞争者中，而且在公共权力甚至分销商中也可能会引发妒忌、敌对的感情；最后，市场领导者有犯“大企业病”的可能性，可能墨守成规、故步自封、沾沾自喜。

因此，市场领导者必须保持着高度警惕，居安思危，并且采取适当的竞争战略，击退其他公司的挑战，以保持领导者地位。

（三）市场领导者竞争战略的要点

1. 保护现有市场份额

市场领导者可以通过以下两个途径达到保护市场份额的目的。

（1）防御

首先，市场领导者要不断努力在产品质量、性能、成本、分销渠道和顾客服务等方面争取能始终保持行业领先地位。其次，市场领导者要勇于挑战自己、突破自己，抢先推出新产品，不断地通过引领技术革新、推出新产品等途径来确保自己竞争的制高点。再次，市场领导者要根据竞争的实际情况，在企业现有阵地周围建立不同防线，如建立技术壁垒、强化对渠道的控制、提升品牌形象等以确保市场份额。最后，市场领导者不要锋芒太露，可实行比较温和的防御策略，以避免其主要竞争对手联合中小企业群起而攻之。

（2）进攻

最好的防御是有效的进攻，市场领导者要针对竞争对手的薄弱环节主动出击以确保市场份额。

例如，超级市场原先在食品和日用品的销售中占据统治地位，但如今在食品方面受到快捷、方便的快餐业的蚕食，在日用品方面受到以廉价为特征的折扣商店的攻击。为此，超级市场提供冷冻食品和速冻食品，让消费者一回家就可以方便地食用，以此抵御快餐业的蚕食。另外，其推广廉价的无品牌产品并在城郊和居民区开设新店以击退折扣商店的进攻。

2. 扩大市场份额

市场领导者在巩固自己的市场份额的基础上还要想办法稳中求进。一般来说，如果单位产品价格不降低且经营成本不增加，企业利润会随着市场份额的扩大而提高，所以进一步扩大市场份额是其应当努力实现的目标。

企业可通过不断开发新产品，改进生产技术，更新设备，降低经营成本，从而进一步扩大自己的市场份额。

3. 扩大总需求

市场领导者占有的市场份额最大，当产品的市场总需求是在扩大时，受益最大的往往是处于领导者地位的企业。所以市场领导者应该努力促进产品总需求量不断增长，扩大整个市场的容量，把“蛋糕”做大，这样自己将占得最大的好处。

市场领导者可以通过以下三个途径达到扩大市场总需求的目的。

（1）开发新用户

每类产品都有吸引新用户的潜能，这些潜在购买者可能因为目前不知道此种产品，或因产品的价格不当或因产品无法提供某种性能、型号而拒绝购买。

企业开发新用户时可以根据不同情况采取不同的措施。例如：

① 说服那些尚未使用产品的消费者开始使用，从而把潜在顾客转变为现实顾客；

② 进入新的细分市场，如青年服装制造公司可通过宣传说服中老年人购买年轻人的时装，实现心理上的年轻化，从而增加销售量；

③ 地理扩展，寻找尚未使用本产品的地区或尚未饱和的市场，如轿车进入发展中国家的市场。

（2）开发产品的新用途

开发产品的新用途即指发现并推广现有产品的新用途，设法找出产品的新用法和新用途以增加销售量。

例如，在食品包装上印制多种食用和烹调的方法，如冷食、热食、油炸、干食等，以增加消费量。

又如，杜邦公司就是通过不断开发尼龙的新用途而实现市场扩张的——首先用于制作降落伞的合成纤维；然后作为制作女袜的主要原料；后来又作为制作服装的原料；再后来又成为汽车轮胎、沙发椅套、地毯的原料。

（3）增加顾客使用量

① 增加使用频率——设法使顾客更加频繁地使用产品。例如，原来消费者仅在早晨饮用鲜

奶，奶企通过对其进行补钙宣传，引导人们开始在晚餐后和休闲时饮用鲜奶，从而扩大了鲜奶的销售量。

② 增加每次使用量——企业可通过宣传每次使用量过少起不到作用、使用量要充足才有功效，或者通过改变产品的形式来增加消费量，如把调味品的开口孔扩大，牙膏的开口加大等。

③ 增加使用场所——例如，电视生产企业宣传在家庭成员的卧室和客厅分别放置电视机，避免选择频道的冲突，从而增加家庭购买电视机的数量。又如，星巴克通过创造新的消费场景和鼓励在家享用来扩大星巴克产品的销售量。

二、市场挑战者的竞争战略

市场挑战者是指在行业中占据第二位方阵，有能力对市场领导者采取攻击行动，希望夺取市场领导者地位的企业。市场挑战者的目的就是要对市场领导者发起挑战、颠覆传统的竞争秩序，改变原有的竞争规则。

（一）正面进攻

正面进攻是指市场挑战者经过精心准备、寻找到突破口后向处于领导者地位的企业发动进攻，而不是盲目的进攻。正面进攻的对象是对手的强项而不是弱项，当然，挑战者要有“自知之明”，要有一定的取胜把握，而不能“以卵击石”。

（二）迂回进攻

首先，市场挑战者一般都具有相当的规模和实力，然而，作为市场挑战者，盲目的进攻是愚蠢甚至有害的，要使自己的挑战获得成功，必须选择恰当的进攻策略，如避实就虚、敌进我退、敌退我进，瞄准领先者的弱点、薄弱环节，集中优势力量，奋起而攻之，以己之长攻其之短，夺取局部胜利。

例如，20 世纪 60 年代，英国某公司生产一种“处方 409”的喷雾清洁剂，并获得了成功，这便使得“美国家用产品之王”宝洁公司十分眼红，于是宝洁公司开发了“新奇”清洁喷液，该产品无论质量，还是包装都优于“处方 409”。该英国公司没有采取直接对抗的方式，在宝洁公司进行声势浩大的开展试销宣传的丹佛市主动撤离，而待宝洁试销活动刚刚结束时，则立即采取行动，以新的包装和更低的价格重新占有了市场。

其次，市场挑战者要扬长避短，采取差异化的思路，避开市场领导者的现有业务领域或现有市场，进攻其尚未涉足的业务领域和市场，或通过准确的市场细分进入到尚未产生竞争的领域或市场领导者无暇顾及的市场，在进攻方式上要做到多元化，以有效分散市场领导者的注意力。

最后，如果市场领导者的实力很强，市场挑战者一方面可以进攻力量薄弱的小企业或进行兼并，以夺取其市场份额，扩充自身实力；另一方面可以向与自己实力相当的企业挑战，扩展自身的市场份额。集小胜为大胜，发展壮大自己。

（三）游击进攻

如果市场挑战者目前规模还较小，力量还较弱的话，可以采用游击进攻的策略——对竞争对手进行小规模的、时断时续的进攻。

在实施游击战的方式上，市场挑战者同样要注重多条腿走路，可以选择地理游击战、行业游击战、人口游击战、产品游击战、渠道游击战等多种方式，发挥其短、频、快的优势。

在进攻的线路上要机动、灵活，例如，市场挑战者要进行有选择的降价、促销，以及与分销商联合行动等；当无法取得成功或遇到太大的困难时，要做好时刻“望风而逃”的准备。

在实施游击战略时，企业要量力而行，无论已经取得了多大的成功，都不要试图像市场领导者那样去大规模、明目张胆地行动，也不要向自己没有实力战胜的竞争对手过早地展示自己的成果和实力。

三、市场追随者的竞争战略

市场追随者是指那些在产品、技术、价格、渠道和促销等方面模仿、跟随市场领导者或市场挑战者的企业。

对于相当一部分中小企业而言，在产品创新上所需的大量人力、财力、物力以及相应的市场风险，它们都无力承担，因此，中小企业往往扮演市场追随者的角色。在多数情况下，市场追随者可让市场领导者和挑战者承担新产品开发、信息收集和市场开发所需要的大量经费，自己坐享其成，避免了开发风险、节省了开发费用。也正因为如此，许多企业采用追随者战略，进行产品仿造或改良，在投资少、风险小的基础上，获取较高的利润。

市场追随者可采取紧密追随、距离追随、选择追随三种追随战略。

（一）紧密追随

市场追随者尽可能仿效市场领导者，以借助先行者的优势打开市场，并跟着获得一定的市场份额。但是要注意，如果直接侵犯市场领导者，市场追随者可能会遭到市场领导者的凶狠报复。

（二）距离追随

市场追随者在主要方面，如选择同样的目标市场、提供类似的产品、紧随其价格水平、模仿其分销渠道等方面紧跟市场领导者，但其他方面则发展自己的特色，争取和市场领导者保持一定的差异。

（三）选择追随

市场追随者根据自身的具体条件，部分地仿效市场领导者，同时在其他方面自行其是，坚持独创，在别的企业想不到或者做不到的地方去争取一席之地。

四、市场补缺者的竞争战略

市场补缺者是指不与主要的企业竞争，而精心服务于市场的某些细小部分，通过专业化经营来占据有利的市场位置的企业。

市场补缺者竞争的关键是实现专业化。

（一）最终用户专业化

最终用户专业化即专门为某一类型的最终用户，如专为儿童、女性、男性、警察或特殊人群等提供服务。例如，航空食品公司专门为飞机乘客提供航空食品。

（二）特殊顾客专业化

特殊顾客专业化即专门向一种或几种大顾客（政府单位、学校等）销售产品。

（三）产品专业化

产品专业化即专门经营某一种类型的产品。

例如，有的书店专门经营科教类图书，有的书店专门经营“古旧”图书，有的造纸厂专门生产水泥包装纸。

日本尼西奇公司专门生产尿布，成为全球最大的尿布生产企业。

法国有一家企业专门生产高科技的登山绳，全公司只有38人，每年生产250万米的绳子，是世界最大的登山绳生产企业。

又如，在上海餐饮业的激烈竞争形势下，“沈记靓汤”别出心裁，开出了上海首家“汤”的专营店，经营30多个品种，所有的汤都烧煲8个小时以上，保持原汁原味，并针对消费者的不同要求，对症下药，在每款汤料中辅以不同的滋补中药。

（四）服务专业化

服务专业化即向大众提供一种或数种市场上没有的服务。例如，某家庭服务公司专门提供疏通管道的服务。

（五）销售渠道专业化

销售渠道专业化即只为某类销售渠道提供服务。例如，饮料公司只生产大容器包装的饮料，并且只在加油站出售饮料。

（六）地理市场专业化

地理市场专业化即公司只在某一地点、地区或范围内经营业务。

总之，市场补缺者的作用是拾遗补阙、见缝插针。一般来说，市场细分程度越高，超级企业垄断市场的可能性就越小，小企业可以在某一细分市场里成为“市场的领导者”，它们信奉不以利小而不为，只要有机会，就乘虚而入——大公司不感兴趣的细分市场。

当然，市场补缺者战略也要冒一些比较大的风险。例如，补缺市场可能萎缩，或者成长到了能吸引更大竞争者的规模。对此，企业可以通过发展两个或更多的补缺市场，以确保企业的生存和发展。

第四节　提高市场竞争力的战略路线

一、一体化战略

如果企业所在行业有发展前途，可考虑采用一体化战略。

（一）后向一体化

后向一体化即企业收购、兼并原材料供应商，目的是拥有或控制其市场供应系统。

后向一体化战略一方面可避免原材料供应短缺、成本受制于供应商的危险；另一方面可争取更多的收益。

（二）前向一体化

前向一体化即企业收购或兼并批发商、零售商或自办商业贸易公司，或将自己的产品向前延伸。

前向一体化战略一方面可避免企业受制于销售商的危险，另一方面可争取更多的收益。

例如，木材公司生产家具或木材贸易，造纸厂经营印刷业务，批发商开办零售商店等。

（三）水平一体化

水平一体化即企业兼并同类企业或实行联合经营，扩大经营规模和实力，以争取更多的收益。

二、多角化战略

企业如果在原来的市场框架内发展受到一定的限制，可考虑多角化战略，同时生产经营两种以上基本经济用途不同的产品，多角化战略可细分为以下四种。

（一）同心多角化战略

同心多角化战略即企业以原有技术、特长和经验为基础增加新业务。

例如，汽车厂在原有生产汽车的基础上，又增加生产拖拉机、起重机等。

又如，拖拉机厂生产小货车，电视机厂生产其他家用电器。

同心多角化战略的特点是：新产品与原产品的基本用途不同，销售的关联性弱，但技术关联性强，因此，同心多角化战略可使企业发挥原有的优势、风险较小。

（二）水平多角化战略

水平多角化战略指企业生产新用途的产品销售给老顾客，以满足原市场的新需求。

例如，某厂原来生产插秧机卖给农民，后来增加生产农药、化肥等，仍然卖给农民。

水平多角化战略的特点是：原产品与新产品的基本用途不同，技术关联性弱，但销售的关联性强。由于跨行业进入新的领域，水平多角化战略风险较大。

（三）纵向多角化战略

纵向多角化战略也称垂直多角化战略，是企业以现有产品为基础，沿产品的加工工艺方向或产销方向扩大经营领域。

例如，炼钢厂或是投资于铁矿石采掘业，或是向机器设备的生产、销售方向扩展经营。

纵向多角化战略的特点是：原产品与新产品的基本用途不同，但产品的技术或生产或流通的关联性较强。

（四）横向多角化战略

横向多角化战略是指企业向着跨行业的经营范围扩展，如制药厂扩展经营旅馆业、零售业等。

多角化战略有其可取之处，但如果企业的资源有限、管理不善时，盲目地多角化扩展经营范围，就会使企业的经营战线拉得过长，造成企业的资源紧张，其重点产品或重点项目就得不到应有的保护，如此企业会陷入更大的风险之中。

三、集团化战略

集团化战略是大企业以自己的经济优势为引力，吸引多种类型的企业（包括大、中、小企业）共同组建企业集团的经营战略。

对于大企业而言，集团化战略具有以下三个方面的作用。

（一）增强大企业的整体经营实力

不同行业的企业联合在一起，可打破地区间、部门间、行业间的封锁和垄断，使分散在众多企业中的资源、技术、经营能力集中起来，并通过优化组合后获得巨大提高。

例如，某化学工业公司先后兼并承包 40 多家企业，做到了原材料生产、深加工、销售能力的优势互补，使原来分散在中、小企业低效运转的资产得到充分利用，这不仅节省了新项目的投资，而且提高了综合利用能力。

（二）增强大企业的竞争能力

在市场竞争日益激烈的今天，单个企业的力量往往有限，企业要在竞争中取胜，必须具有较强的综合竞争能力，组建集团可以发挥群体优势。

（三）增强大企业的应变能力

在宏观经济、政府政策、产业结构、市场需求、产品销售、原材料供应等方面发生不利变化时，即使再强大的单个企业也难以应付困难的局面。组建集团可以发挥多企业联合的威力，从而分散单个企业的风险。

当然，企业在实施集团化战略时应注意以下几点问题：首先，作为集团核心层的大企业要根据自身的经济实力，确定企业集团的规模；其次，要按经济技术联系的不同特点，组建类似的企业集团；最后，要有名优系列产品，具有不断开发新产品的能力。

思考题：

1. 市场竞争有哪几个层次？
2. 市场竞争战略有哪几种类型？
3. 成本领先战略的优缺点是什么？
4. 差异化竞争战略的优缺点是什么？
5. 集中化竞争战略的优缺点是什么？
6. 市场领导者的竞争战略是什么？
7. 市场挑战者的竞争战略是什么？
8. 市场追随者的竞争战略是什么？
9. 市场补缺者的竞争战略是什么？
10. 提高企业市场竞争力的战略路线有哪些？

第 IV 篇

营销组合策略

营销战略制订后就必须通过营销策略加以贯彻落实。营销策略由产品策略、定价策略、分销策略、促销策略组成，它们是相互影响、相互制约的关系，因此营销策略往往是营销组合策略。

第八章 产品策略

引例：燕舞的落幕

江苏燕舞电器集团有限公司（以下简称“燕舞公司”）始建于1968年，在20世纪80年代，燕舞公司抓住改革开放的机遇，从一个名不见经传的小厂迅速发展成为全国最大的收录机生产基地，燕舞音响曾以较高的质量畅销全国，销量连续8年在全国收录机行业领先。“燕舞，燕舞，一片歌来一片情”的广告词响彻大江南北，“燕舞”商标在中国首届驰名商标评选活动中获得提名奖。燕舞公司被吸收为中国驰名商标保护组织成员单位，跨入全国大型工业企业500强的行列。

1993年，燕舞公司在全国音响市场普遍萧条的情况下，实施了“创名牌、进名城、到名店”的战略，努力开拓国内外市场，从而再铸辉煌，全年共生产整机114万台，比上年增长23%；实现销售收入4.4亿元，比上年同期增长54%；利税2300万元，比上年增长52%，外贸供货额2500万元，比上年翻了一番。燕舞音响在全国获得了四个第一，即中外组合音响知名度第一；国内组合音响满意度第一；全国市场收录机产品竞争力调查评价项目第一；主要经济技术指标第一。

但是，当时燕舞公司的负责人没有把力量放在新产品开发和技术革新上，也没有把力量放在开拓市场上，而是把几千万元存在银行吃利息，以为这样就可以高枕无忧。不久，燕舞公司产品出现积压，销路不畅，很快被后起的音响制造厂家挤出了市场。几千万元存款不到几年就花光了。很快，燕舞公司垮台了，工人下岗了，燕舞音响从此销声匿迹。

录音机盛行时，燕舞是响当当的名牌，影碟机刚露头时，燕舞公司却觉得“没有前途”，依然陶醉于录音机。当影碟机迅速淘汰录音机时，燕舞公司这才明白：产品创新是如此厉害，但此时再上影碟机项目已是为时已晚。

市场的购买行为往往是为了满足某种需要，而“产品”事实上就是满足市场需要的“载体”。因此，产品策略是营销组合策略的首要策略——如果产品策略出现问题，那么其他策略基本上也就无用武之地了。

第一节 产品概论

一、产品的定义

（一）狭义的产品

产品是指由劳动创造，具有使用价值和用途的有形物品。

从功能、用途、性能、外观、包装的角度来理解产品是狭隘的，是营销近视症的表现。

延伸阅读

营销近视症

营销近视症是著名的市场营销专家、美国哈佛大学管理学院西奥多·莱维特（Theodore Levitt）教授在1960年提出的。他曾这样教导他的学生：人们其实不想买一个四分之一英寸的钻头。他们只想要一个四分之一英寸的洞！

所谓"营销近视症"，是指企业对于自己生产的产品和技术盲目乐观与自信，认为只要产品质量好、性能优越，就一定会有市场，一味执迷于现有产品的改进，而忽视消费者的需求及其变化，对替代品和潜在竞争者的威胁浑然不觉，而常常错失发展良机，最终使自己陷入困境。例如，曾经辉煌一时的录像机、传呼机、傻瓜照相机、VCD、DVD、大哥大等，如今已经消失得无影无踪，早已被取代，NOKIA、柯达……也已黯然退场。

营销近视症是生产导向、产品导向和推销导向，不是营销观念。大量事实证明，经久耐用、货真价实的产品并不会永远畅销。因为市场始终在选择更好的解决方案——没有最好，只有更好！一旦有更能充分满足消费需要的新产品出现，现有的产品就会被淘汰。例如，计算尺制造商以为工程人员需要的是计算尺而非计算工具，最终被淘汰出局，因为，再精确的计算尺也绝非电子计算器的对手！

营销近视症不仅存在于人们的思想观点之中，而且会渗透进组织的物质层面。例如，患有营销近视症的企业经营者几乎都会围绕生产活动、研发活动来设计组织结构，而使制造部门或者工艺技术部门成为组织的中心。

（二）广义的产品

从市场营销的角度出发，产品是一个整体概念，是指能够满足消费者需求和欲望的任何东西，包括实体产品，也包括非实体的服务、体验、时间、人物、地点、组织、资产、信息、创意、构思等。

实际上，消费者的购买行为是为了获得所需的"解决方案"。产品本身并不会使任何人感兴趣，它不过是满足、创造或引导市场消费需要的一种载体。

例如，消费者购买汽车不是为了观赏，而是因为它可以提供交通服务；购买推土机不是为摆设，而是出于对降低成本、提高生产率、增加施工面积、承包更多的工程，从而赚更多的钱的考虑；购买化妆品和洗发水是为带来美的形象，如果不能带来美感，再便宜都没有意义。

正如菲利普·利特勒所说，旅馆实际上卖给顾客的是“休息与睡眠”；对于唇膏，妇女们实际上购买的是“希望”；对于钻头，购买者实际上购买的是“孔”等。

“露华浓”品牌的创建者查尔斯·里夫逊也说：“在工厂，我们生产化妆品，在化妆品商店，我们出售梦想。”

因此，如果生产者过分钟爱自己的产品甚于关心所提供的利益，即忽略顾客购买产品是为了满足需要这样一个事实，就将导致“营销近视症”。

案例

黑莓手机的没落

2001年，美国“9·11事件”爆发。在这场灾难里，纽约的通信系统整个瘫痪，唯独黑莓手机依靠强大的BIS（黑莓网络服务）、BES邮件服务和BBM（类似于微信，可以实现黑莓手机之间的免费信息、图片等交流）大显神通，与往常一样畅通无阻。美国副总统切尼利用黑莓手机进行现场指挥，成功拯救无数人的生命，黑莓手机至此成为整个美国的英雄。事后，黑莓手机成为美国总统唯一指定手机，政府还为每位议员配备了一部黑莓手机。美国政治、金融、法律界人士纷纷效仿，黑莓手机一时间成为高端、商务的象征。

然而，2007年，iPhone来了。

黑莓手机创始人拉扎里迪斯第一时间拿到新机，他对该手机的使用感受是在玻璃上写字很困难。他的态度基本反映了整个黑莓公司高层对iPhone的集体忽视。的确，iPhone一开始并未威胁到黑莓手机盘踞的高端市场，黑莓手机仍是北美地区消费者的头号选择。

事实上，2008年的时候，拉扎里迪斯也推出了触屏版黑莓（Black Berry Storm）。但这款赶时间粗制滥造的产品，也成为黑莓手机由盛转衰的分界线。其发布的100万部Storm，触屏不灵，浏览器故障，全部需要回厂维修。一系列的事故彻底透支了消费者对黑莓手机的耐心，最后连最忠实的顾客——美国政府，也宣布停止采购黑莓手机，使黑莓手机摔下神坛万劫不复。

黑莓，这个名字曾经在手机行业举足轻重，是高端大气上档次的代名词，是欧美精英人手必备的硬件，更是美国总统的御用手机……可从iPhone铃声响起的那一刻，到全球手机市场被苹果和安卓瓜分，观众的兴奋点不再是黑莓手机什么时候崛起，而是黑莓手机什么时候破产、被收购。“美人迟暮，英雄末路”，黑莓手机最终同诺基亚、摩托罗拉一样，走下了不可一世的神坛。

二、产品的分类

（一）按产品的形态划分

1. 实体产品

实体产品即指呈现在市场上具有一定形态的物质，如面包、衣服、汽车、房屋等。

2. 非实体产品

非实体产品指各种服务、体验、时间、人物、地点、组织、资产、信息、创意、构思等，如送货服务、维修服务等。

消费者看病、美发、租用旅馆客房、乘飞机旅行、看电影等，均是在购买服务。

又如，体育赛事所体现和传达的是竞争和对抗，演唱会、酒吧表达的是心境，人们通过融入其中来感受和改变自己的状态。

（二）按产品的用途划分

1. 工业品

工业品是指用于生产的产品。

从参与生产过程的程度和价值大小角度进行划分，工业品可分为材料和部件、资本项目、供应品和服务三大类。

（1）材料和部件，指完全参与生产过程，其价值全部转移到最终产品的那些物品。

（2）资本项目，指辅助生产进行，其实体不形成最终产品，价值通过折旧、摊销的方式部分转移到最终产品之中的那些物品，包括装备和附属设备。

（3）供应品和服务，指不形成最终产品，价值较低、消耗较快的那类物品。

2. 消费品

消费品是指用于家庭和个人消费的产品。

根据消费者的购买习惯和特点，消费品一般可分为便利品、选购品、特殊品、非渴求品四种类型。

（1）便利品

便利品是指消费者频繁购买或者需要随时购买消费的产品，其可以进一步细分为常用品、冲动品和救急品。

常用品是消费者经常购买的产品，如牙膏、饮料、纸巾等。

冲动品是价格低、消费者往往没有经过计划或搜寻而即兴购买的产品，如常见的旅游产品、小饰品等。

急救品是消费者在需求十分紧迫时购买的产品，如药品等。

（2）选购品

选购品是指消费者在选购过程中需要对适用性、价格、质量、功能和式样等方面做全面权衡和比较的产品，如家具、服装、手机、笔记本电脑等产品。

（3）特殊品

特殊品是指具备独有特征或者品牌标记的产品，如经过球星签名的球衣、首次放映的电影、限量款式的化妆品或者女士拎包、专业发烧型号的立体声音响、高档专业的摄影设备等。

对这类产品，有相当多的消费者愿意做出特殊的购买努力，这表现在要多花时间、多花体力、多花钱等方面。

（4）非渴求品

非渴求品是指消费者不想主动了解或者即便了解也不想主动购买的产品。传统的非渴求品有人寿保险、百科全书、葬礼策划等。

（三）按产品的耐用性划分

1. 耐用品

耐用品是有形的实体物品，并且可以较长时间使用，如空调、机床、汽车等。

耐用品生产企业一般需要提供多种服务和保证，如维修、送货服务及分期付款等。

2. 消耗品

消耗品是通常只能使用一次或几次的实体物品，如肥皂、香烟、啤酒、糖果、牙膏等。

这类产品消耗速度快，购买频率高，因而企业必须广设零售网点，使消费者能很方便地购买到。

三、产品组合

（一）产品组合的相关概念

1. 产品组合概述

产品组合亦称产品搭配，是指一个企业提供给市场的全部产品线和产品项目。

2. 产品线

产品线是指密切相关的一组产品，这些产品能满足类似的需要或必须一起使用。

3. 产品项目

产品项目是指产品线内的一个特定产品单位，可以通过尺寸、价格、外观和其他特征来识别。

例如，希尔顿酒店根据提供服务价格的不同设置了五个不同的产品项目：中档的希尔顿酒店、中高档的峰冠酒店、高档的希尔顿饭店、豪华的希尔顿宾馆和高档豪华的维思特。

案例

支付宝的服务项目

支付宝是国内领先的独立第三方支付平台，由阿里巴巴集团创办。支付宝提出“生活因支付宝而简单”的口号，其提供的服务可分为支付宝提供的服务和支付宝合作伙伴提供的服务。

支付宝提供的服务有：信用卡还款、交通罚款代办、手机充值、还贷款、话费卡转让、爱心捐赠、转账到银行卡、买保险、转账付款、海外转运、水电煤缴费、交房租、教育缴费、为他人充值、固话宽带、账单管家、校园一卡通、阿里贷款、ＡＡ收款、找人代付、买彩票、物业交费、有线电视缴费、助学贷款还款、信用卡还款、交通罚款代办、送礼金、智能存款、团体收款、担保收款、收款主页、担保付款等。

支付宝合作伙伴提供的服务有：我要寄快递、医院挂号、游戏点卡、订酒店、淘宝网、买汽车票、网上营业厅、加油卡充值、买机票、电影票、淘宝贷款、淘宝贷款还款等。

从支付宝提供的服务可以看出，它确实涉及消费者生活的方方面面，给消费者带来了一站式的服务，消费者只要通过“点击”“输入”“确认”这三个操作便能在计算机上完成自己想要完成的交易项目，支付宝实现了“简单、安全、快速”的支付方案。

（二）产品组合的要素

产品组合的四个要素是：宽度、深度、长度和关联度。

1. 产品组合的宽度

产品组合的宽度指企业内拥有多少条不同的产品线。

2. 产品组合的深度

产品组合的深度指每一产品线上拥有的产品项目数。

3. 产品组合的长度

产品组合的长度指企业拥有的产品品种的平均数，即全部品种数除以全部产品线数所得的商。

4. 产品组合的关联度

产品组合的关联度指各条产品线在最终用途、需求、分销渠道，或者其他方面的关联程度。

以上产品组合的四个要素都与促进销售、增加利润有密切的关系——拓宽、增加产品线有利于发挥企业的潜力、开拓新的市场；延长或加深产品线可以使产品适合更多的特殊需要；加强产品线之间的关联度可以提升企业的市场地位，发挥和提高企业的专业能力。

（三）产品组合的策略

产品组合应遵循三个基本原则，即有利于促进销售、有利于竞争、有利于增加企业的总利润。企业在调整产品组合时，可以针对具体情况选用以下产品组合策略。

1. 扩大产品组合策略

扩大产品组合策略即开拓产品组合的宽度、加强产品组合的深度。

开拓产品组合宽度是指增添一条或几条产品线，扩展产品经营范围。

加强产品组合深度是指在原有的产品线内增加新的产品项目。

（1）扩大产品组合策略的优点

① 满足不同偏好的消费者的多方面需求，提高产品的市场占有率。

② 充分利用企业信誉和商标知名度，完善产品系列，扩大经营规模。

③ 充分利用企业资源和剩余生产能力，提高经济效益。

④ 减小市场需求变动性的影响，分散市场风险，降低损失程度。

（2）扩大产品组合的方式

① 在维持原产品品质和价格的前提下，增加同一产品的规格、型号和款式。

② 增加不同品质和不同价格的同一种产品。

③ 增加与原产品相类似的产品。

④ 增加与原产品毫不相关的产品。

例如，华龙公司目前拥有方便面、调味品、饼业、面粉、彩页、纸品六大产品线，其中方便面组合非常丰富，共有 17 种产品系列，十几种产品口味，上百种产品规格。其产品线的长度、深度都达到了比较合理的水平，使企业充分利用了现有资源，更广泛地满足了市场的各种需求。

2. 缩减产品组合策略

缩减产品组合策略即削减产品线或产品项目，特别是取消那些获利小的产品，以便集中力量经营获利大的产品线和产品项目。

（1）缩减产品组合策略的优点

① 集中资源和技术力量改进保留产品的品质，提高知名度。

② 生产经营专业化，提高生产效率，降低生产成本。

③ 有利于企业向市场纵深发展，寻求合适的目标市场。

④ 减少资金占用，加速资金周转。

（2）缩减产品组合的方式

① 减少产品线数量，实现专业化生产经营。

② 保留原产品线，削减产品项目，停止生产某类产品，外购同类产品继续销售。

3. 高档产品策略

高档产品策略即在原有的产品线内增加高档次、高价格的产品项目。

（1）高档产品策略的优点

① 高档产品的生产经营容易为企业带来丰厚的利润。

② 可以提高企业现有产品的声望，提高企业的市场地位。

③ 有利于带动企业生产技术水平和管理水平的提高。

（2）高档产品策略的风险

企业以往生产廉价产品的形象在消费者心目中不可能立即转变，使得高档产品不容易很快打开销路。

4. 低档产品策略

低档产品策略即在原有的产品线中增加低档次、低价格的产品项目。

（1）实行低档产品策略的优点

① 借高档名牌产品的声誉，吸引消费水平较低的顾客慕名购买该产品线中的低档廉价产品，能够迅速为企业寻求新的市场机会。

② 充分利用企业现有生产能力，补充产品项目空白，形成产品系列。

③ 增加销售总额，扩大市场占有率。

（2）低档产品策略的风险

如果处理不当，可能会影响企业原有产品的市场声誉和名牌产品的形象。

5. 产品线现代化策略

当产品线的生产方式已经落后，并且影响了企业生产和营销效率时，企业就必须实施产品线现代化策略，即应用现代化科学技术对现有的产品线的技术或设备进行更新或改造。

第二节 产品概念的层次

从市场营销的角度出发，产品是一个整体概念，是创造需求或满足需求的解决方案，可分为核心产品、形式产品、附加产品三类。

一、核心产品

核心产品是企业向消费者提供的基本效用或利益，代表了消费者购买产品时所追求的核心，是构成产品最本质、最主要的部分，包括产品的功能、质量等，是消费者选购产品的首要因素。

（一）功能

产品功能是吸引消费者最基本的立足点，功能越强、效用越大的产品对消费者的吸引力就越大。

例如，被称为“PC 机之父”的 Steven Jobs 在产品开发中，曾派工程师走访了三十多所大学，询问大学里需要什么样的机器。根据调查和咨询结果，他推出了存储量大、程序简单和兼容的分体式计算机，该计算机立即受到普遍的欢迎。

海尔在做市场调研时，一个消费者随意说到冰箱里的冻肉拿出来不好切，海尔立刻意识到这是一个未引起冰箱生产企业重视的共性问题。于是，根据食品在-7°C 时营养不易被破坏的原理，海尔很快研制出新产品“快乐王子 007”。这款冰箱的冷藏冻肉出箱后可即时切，于是这款冰箱很快走俏。可见，好东西自然有消费者愿意被“吸引”!

宝洁公司也设计出了满足不同消费者需求的产品系列，如洗发水，宝洁公司设计出了满足消费者营养头发需求的潘婷洗发水，满足消费者去头屑需求的海飞丝洗发水，满足消费者柔顺头发需求的飘柔洗发水，满足消费者保持发型需求的沙宣洗发水等。因此，宝洁公司的产品被消费者竞相追捧。

IBM 全球服务部不仅可为消费者提供基于软硬件维护和零配件更换的售后服务，更重要的是还能提供诸如独立咨询顾问、业务流程与技术流程整合服务、专业系统服务、网络综合布线系统集成、人力培训等信息技术和管理咨询服务，从而满足消费者日益复杂和个性化的需求。

（二）质量

质量在吸引消费者上起到了至关重要的作用，质量优异的产品总是受到消费者的青睐。因为质量往往代表着安全、可靠和值得信赖，人们之所以购买名牌产品，最主要的就是看中其过硬的质量。

一个质量有问题的产品即使非常便宜也没有人愿意购买，人们会唯恐避之不及；相反，对于高质量的产品，即使价格高些人们往往也愿意接受。

通用电气公司前总裁韦尔奇说：“质量是通用提升消费者忠诚度的最好保证，是通用对付竞争者的最有力武器，是通用保持增长和赢利的唯一途径。”

美国哈雷摩托车公司就始终坚持质量第一的信念，其对产品质量的要求是苛刻的，在工业化批量生产、追求规模效应的今天，哈雷公司仍然坚持手工工艺和限量生产，从而使每一辆哈雷车的品质都很过硬，使每一位车迷都获得对车坚固、耐用、物有所值的满足感。

劳斯莱斯的创始人亨利・莱斯曾说过：“车的价格会被人忘记，而车的质量却长久存在。”劳斯莱斯的成功得益于它一直秉承了英国传统的造车艺术：精练、恒久、巨细无遗。特别值得一提的，劳斯莱斯讲究豪华的车内装饰——车内的仪表板是由从意大利和美国进口的胡桃木制成的，其刻意选用的材质，连纹路的颜色都要一致，因此拼缝接口处几乎看不出接缝的痕迹，经过精心打磨的木料，表面光亮如镜；座椅及顶篷则选用丹麦和英国的上等牛皮，其下脚料为巴黎高级首饰店的皮包面料，经过多道工序加工的牛皮光滑柔软，表面涂有既耐磨又防水的涂料；车内地毯由威尔顿纯羊毛制成，连行李厢也铺满地毯……总之，车内宽敞舒适，颇有宫殿气派，因此，英国女王以此车为自己的"御驾"，该车于 1955 年就被授权使用皇室专用徽章，且一直沿用至今。

二、形式产品

形式产品是核心产品借以实现的形式，由特色、造型、款式、设计、品牌、商标以及包装等构成。以下重点讲述特色、品牌、商标、包装四个方面。

（一）特色

产品特色指企业向消费者提供的产品具有独特性。

如今市场上同类同质的产品越来越多，因此，企业要想在激烈的市场竞争中脱颖而出，必须有足够的特色才能吸引消费者的注意。

例如，浙江绍兴市鲁迅纪念馆附近有一家咸亨酒店，酒店古朴庄重，以经营名扬四海的绍兴加饭酒、鲁迅笔下的孔乙己爱吃的茴香豆、阿 Q 头上戴过的乌毡帽等特色产品吸引了众多中外游客。

中国台北有一家女性餐厅，老板和负责管理的经理都是女性，而店主、服务生、调酒员、厨师和歌手都是清一色的男士。这样做的目的是让那些做腻了家务活的女人们前来享受一下男人们提供的一流服务。

美国维多利亚饭店是一家主题餐厅，餐厅通过老式火车、瓦斯灯、行李袋、站牌等设计元素，为消费者提供一种全新的用餐体验。虽然其主餐都是牛排，却因为使消费者感受到别样的怀旧氛围，得到消费者的追捧。

法国有一家木偶餐厅特地制作了一批机器人，由专人操作让它们担任服务员。机器人服务员侍立桌边，用悦耳动听的声音向消费者问好。机器人服务员还善于察言观色，遇上心情不佳的消费者，会坐在旁边陪客人聊天解愁。

日本有一家餐馆的老板将鸡蛋敲在一个方形盒子里，加调料蒸煮，制成了一种风味怪异的方形蛋，并申报了专利。该蛋以其奇特的形状，引来了八方宾客，连外国旅游者也络绎不绝，要一睹怪味方蛋的风采。

日本航空公司曾一度为缺乏竞争特色而伤透脑筋，因为各航空公司在业务上的竞争大同小异，面对这样的情形，日航决定追求高雅服务——他们塑造了一连串身穿和服的日本女性表现出的种种优雅仪态的广告形象：笑盈盈地双手托盘捧茶；进餐时指导旅客如何用筷子时的表情和动作；注目微笑，纤手半掩樱嘴的低声答问；斟酒分菜时的细心姿态。这一组画面，充分表现了日本女性的柔美温情。自 1955 年以来，日航始终以这一形象出现在各种媒体上，使其优雅的服务深深地印在了各国消费者的心中。

总而言之，产品特色是企业与同行竞争的重要"武器"，企业如果能够不断地提供竞争对手难以模仿的特色产品，就能够形成不可替代的优势，成功地与竞争对手的产品相区分，从而有效地抵制竞争对手对消费者的诱惑，达到增进消费者忠诚度的目的。

案例

“肮脏牛排店”

在美国得克萨斯州有间“肮脏牛排店”，店堂里不用电灯，点的是煤油灯，天花板上全是脏的灰尘（人造的，不会往下掉）。墙上钉有数不清的纸片和布条，还挂着几件破旧的装饰品，如木犁、锄头、印第安人的毡帽和木雕等。桌椅则是木制的，做工粗糙，椅子坐上去还会“咯吱”响，厨师和侍者穿的是花格子衬衫和牛仔裤，其颜色使衣服看上去像从来没洗过似的。侍者端上来的牛排一块足有250克，血淋淋的，但味道很好，而且完全符合食品卫生要求，保证吃了不会闹肚子。

最有趣的是，“肮脏牛排店”有个怪规定：消费者光临不准戴领带，否则“格剪勿论”。如果一位戴领带的消费者进门，就会有两位笑容可掬的服务员小姐迎上前去。她俩一人持剪刀，一人拿铜锣，只见锣响刀落，消费者的领带已被剪下了约5寸长一段。站在一旁的当班经理马上给消费者递上一杯美酒，敬酒压惊，以表歉意。这杯酒不收费，其售价足以赔偿消费者领带被剪的损失。那被剪下一段的领带则随即连同消费者签了名的名片，被钉到墙上留念。这一招数，从未引起消费者的不快，反而使消费者感到颇有情趣。更有不少消费者为了一睹那满墙的领带残骸所构成的特殊景致，不远千里来品尝“肮脏牛排”。

（二）品牌

1. 品牌的概念

品牌是用来识别产品的制造商和销售商的名称、术语、标记、符号、图案或者是这些因素的组合。

品牌的英文单词是brand，源出古挪威文“Brandr”，意思是“打上烙印”。人们用这种方式来标记家畜等需要与其他人相区别的私有财产。

我国明朝嘉靖九年，即公元1530年，京城酱菜铺的老板请当朝宰相严嵩为其品牌“六必居”题名，以此防止自家酱菜被他人假冒，自此“六必居”扬名天下，至今昌盛不衰。虽然此时的题名还不是严格意义上的具有法律效应的注册，但是无论是从品牌保护意识还是市场竞争意识来看，“六必居”无疑是一个有明显品牌保护意识的注册防伪行为。稍后，还涌现了“全聚德”（1844）等百年老牌。明清时期的商人对品牌非常重视，他们将招牌和字号视为传家之宝，视为自己商业生涯的象征，对招牌的形式与制作都非常讲究，他们珍惜品牌的信誉，重视品牌的延伸和发展，对品牌危机的处理也有着丰富的经验。

20世纪50年代，美国的广告大师大卫·奥格威第一次提出品牌概念：“品牌是一种错综复杂的象征，它是产品的属性、名称、包装、价格、历史、声誉、广告风格、销售方式的无形组合。”

菲利普·科特勒（Philip Kotler）为品牌下的定义是：品牌就是一个名字、称谓、符号或设计，或是上述的总和，其目的是要使自己的产品有别于其他竞争者。

2. 品牌的内涵

菲利普·科特勒在其著作《市场营销管理》一书中谈到：品牌的内在本质代表着卖者对交付给买者的产品特征、利益和服务的一贯性承诺，广泛意义上的品牌包括以下六个层面的内涵。

（1）属性

品牌首先使人想到某种属性，即性能、质量、技术、定价等方面的独特之处，不同品牌的产品表现为不同的属性。例如，NESTLE（雀巢）意味着安全、放心、营养和健康；奔驰意味着昂贵、做工精湛、马力强大、高贵、转卖价值高、速度快等。

（2）利益

品牌利益是指品牌给用户带来的好处和消费者在使用产品过程中需求得到满足的感受。消费者购买的意图是获得真实的利益，而并非属性，属性需要转化成功能性或情感性的现实利益，如优良品质、上乘或是感情的寄托、释放等。例如，奔驰车价的“昂贵”和高贵转化为受尊重的情感利益，做工精湛转化为满足安全需求的利益。

（3）价值

品牌价值是指品牌生产者所追求和所评估的产品价值。例如，奔驰品牌代表着高绩效、安全、声望及其他。

（4）文化

品牌文化是指品牌的精神层面。例如，可口可乐就代表乐观、勇敢、刺激、创新。

（5）个性

品牌个性是指品牌形象人格化后所具有的个性。美国著名品牌学家阿科尔（D. Aaker）提出，人格化品牌的个性有五个维度，即真诚、刺激、可靠、老练和强悍。

（6）使用者

品牌应该活在消费者心中，不同的品牌个性区分不同的消费群体，即品牌个性一定程度上反映着品牌使用者的个性。

案例

中国快餐连锁市场消费者喜爱品牌——吉野家

有人曾这么评价吉野家：厅堂“干净明亮”，服务“快捷周到”，食物“原汁原味”“营养健康”，牛肉饭“最经典”，肉“又嫩又香”，米饭“粒粒分明”。此外，吉野家餐厅椅子的高度和硬度、座位之间的间隔都是经过科学测算的，其高度让客人用餐时胃部不感到受压迫，硬度不让客人身体感到劳累，间隔不因为节省空间而过于亲近和拥挤，同时也不浪费空间，让客人感到舒适。另外，吉野家橙色的标志很刺激人的胃口，器具用的是很有古韵的大花瓷碗，给人一种在家吃饭的模糊感觉……种种细微入心的考虑成就了吉野家“中国快餐连锁市场消费者喜爱品牌”的声誉。

（三）商标

1. 商标的概念

商标是产品的生产者、经营者在其生产、制造、加工或者经销的产品上采用的用于区别对手产品的、具有显著特征标志的文字、图形、字母、数字、三维标志、声音、颜色或上述要素的组合。经国家核准注册的商标为“注册商标”，其专用权受法律保护，他人不得侵犯。

2. 商标的认定

国际上对商标权的认定，有以下两个并行的原则。

（1）注册在先，指商标的专用权归属于依法首先申请注册并获准的企业，中国、日本、德国、法国等国家坚持这种原则。

（2）使用在先，指商标的专用权归属于该品牌的首先使用者，美国、加拿大、英国和澳大利亚采取这种原则。

3. 商标与品牌的联系与区别

商标与品牌既有联系又有区别。

商标与品牌的联系主要表现为：它们都是无形资产，都具有专有性，其目的都是为了使产品有别于竞争者。

商标与品牌的区别表现为：商标是一个法律概念，而品牌是市场概念；品牌与商标相比，具有丰富的内涵，并因为其某种特质而具有增值效应。

（四）包装

包装是指为产品设计并制作容器或进行包扎的一系列活动，是不属于产品本身的又与产品一起销售的物质因素。

按包装在产品流通过程中的作用，包装可被划分为运输包装和销售包装。

1. 包装的作用

（1）保护产品

包装可以保证产品从出厂到出售之前不被损坏、散失、变质，这是包装的基本功能。包装能够方便产品的保护、运输、储存、摆放上架，方便消费者携带和使用。

（2）促进销售

包装是“无声销售员”——产品给消费者的第一印象，不是来自产品的内在质量，而是来自外观包装。当产品被放到自选柜台或者自选超市时，好的包装能够吸引消费者的视线，引起或加强消费者的购买欲望。美国杜邦公司研究发现，63%的消费者是根据产品的包装来选择产品的。

例如，好的食品包装可以引起人们的食欲，并能够提示产品的口感和质量，令人垂涎欲滴。据英国市场调查公司报道，去超市购物的妇女，由于受精美包装等因素的吸引而购买物品的数量常常超出原来计划购买数量的45%。

此外，颜色、造型、风格、陈设、标签等，实际上也是“大包装”的范畴，它们可以为产品建立赏心悦目的形象，吸引消费者的光临。

例如，宝洁公司杏黄色的包装，给人以营养丰富的视觉效果；海蓝色的包装，让人联想到蔚蓝色的大海，给人带来清新凉爽的视觉效果；草绿色的包装给人以青春美的感受。

又如，基于外观、华贵和精致的考虑，雅芳选择了一种光滑饱满带金属光泽的蓝色为其外包装的底色，所有的包装色彩都将以这种核心蓝为底色，这带给消费者一种和谐高档的视觉感受。

2. 包装策略

（1）与产品要素相适应的包装策略

① 类似包装策略，是企业对生产的各种产品，在包装上采用相似的图案、颜色，以体现共同的特征。

② 差异包装策略，是指企业的各种产品均有自己独特的包装，在设计上采用不同的风格、色调和材料。这种策略能避免因个别产品销售失败而对其他产品的销售产生不利影响，但会相应地增加包装设计和新产品促销的费用。

③ 等级包装策略，是企业对同一种产品采用不同等级的包装，以适应不同的购买水平，如优质产品采用高档包装，一般产品采用普通包装。

④ 配套包装策略，是将多种相互关联的产品配套放在一个包装物内销售。

⑤ 改进包装策略，是指企业在改进产品质量的同时，改变包装的形式，使产品以新的形象出现在市场上。

⑥ 绿色包装策略，又叫生态包装策略，是指使用可再生、再循环的包装材料，使包装废物容易处理及对生态环境无害。采用这种包装策略易于被消费者认同，有利于环境保护。

（2）与促销要素相适应的包装策略

① 方便包装策略，指包装易携带、易开启。易携带的包装，如提袋式、拎包式、皮箱式、背包式；易开启和重新密封的包装，如拉环式、按钮式、卷开式、撕开式。

② 附赠品包装策略，指在包装内附赠奖券或实物，以吸引消费者购买。

③ 改变包装策略，指当某种产品销路不畅或长期使用一种包装时，企业可以改变包装设计、包装材料，通过使用新的包装，使消费者产生新鲜感，达到扩大销路的目的。

三、附加产品

附加产品是消费者购买产品时所能得到的附加利益的总和，包括服务、体验、保证与承诺、定制等。

（一）服务

服务是指伴随着产品的出售，企业向消费者提供产品介绍、送货、安装、调试、维修、技术培训、产品保证等。

服务是提升消费者感知价值的基本要素和提高产品价值不可缺少的部分，出色的售前、售中、售后服务对于增加消费者总价值和减少消费者的时间成本、体力成本、精神成本等方面的付出具有极其重要的作用。企业向消费者提供的各种服务越完备，产品的附加价值就越高，消费者从中获得的实际利益就越大，该产品也就越能够吸引消费者。

例如，商店为购买电冰箱、彩电、洗衣机、家具的消费者提供送货上门服务，镜屏厂为用户免费运输、安装大型镜屏，解决运输、安装两大困难，这些都降低了消费者的体力成本，从而提高了消费者的满意度。

有着台湾“经营之神”的台塑集团前总裁王永庆先生，年轻时曾经开过米店。那时还没有送货上门的服务，但是王永庆却主动给消费者送米，而且还帮消费者将米倒进米缸里。如果米缸里还有米，他就将旧米倒出来，将米缸刷干净，然后将新米倒进去，将旧米放在上层——这样米就不至于因陈放过久而变质。这样的举动让消费者感动不已，都铁了心要买他的米。

海尔集团是世界第四大白色家电制造商、中国最具价值品牌，海尔推行的“全程管家 365”服务为之立下了汗马功劳——在全年 365 天里，海尔“全程管家”星级服务人员全天候 24 小时等待海尔消费者的来电，无论一年中的哪一天，只要消费者打电话到海尔当地的服务热线，“全程管家”服务人员会随时按消费者下达的需求上门服务。“全程管家”服务内容包括：售前上门设计、售中咨询导购、售后安装调试、定期维护保养等，这些优质的服务使消费者购买海尔产品的信心大大提升。

IBM 曾经有过这样一件事情：一位消费者住在小镇的一个小岛上，一天其计算机出了故障，呼叫中心咨询后判断必须由服务人员现场解决，但当地没有服务网点，公司决定派工程师乘飞机到当地城市再坐出租车到小镇，然后租用快艇到小岛进行维修。碰巧当天下暴雨，工程师在深夜两点才赶到小岛，为了不打扰消费者，工程师露宿于小岛，第二天上门并很快排除了故障。这件事情不久后就得到了积极的市场响应，那就是小镇上几乎所有准备购买计算机的人全都选择了或者表示将选择 IBM——这就是优质服务的魅力。

南方一家钻探设备厂就为用户提供了全套的无风险服务——用户购买本厂的钻探设备后，厂方提供维修人员进行钻井全过程现场服务，提供备品备件和消耗材料，最后，由购买方参照国外进口设备的钻井进尺、质量标准、生产成本、维护费用进行考核，若达不到要求则退货赔款。这种全过程的服务从各个方面解除了用户的后顾之忧，结果使许多用户打消了原本想购买外国产品的念头，最终定购了该厂的国产钻探设备。

（二）体验

消费者在购买产品时，除了购买产品本身的使用价值外，还购买一种感觉、文化、面子、圈子、尊严、地位等象征性的意义，也就是体验或感受。

例如，星巴克没有把自己定位为单纯的咖啡厅，星巴克传奇 CEO Howard Schultz 早在 1995 年，就这样描述他的愿景：一种传达浓缩咖啡技艺的真实体验，一个思考和想象的地方，一个人们可以饮一杯绝佳的咖啡、聚会畅谈的休憩之所，一个有社区归属感的舒适港湾，一个除了工作和家里的第三空间，一个欢迎和鼓励人们再来的场所，一种能同时包容快速服务和内心平静的空间——这就是星巴克要带给消费者的体验。

（三）保证与承诺

由于消费者的购买行为总隐含着一定的风险，因此在一定程度上会限制其购买欲望，而卖方提供的承诺可以起到一种保险作用。如果企业对提供的产品做出承诺与担保，就可以降低消费者购买时的心理压力，就会引起消费者的好感和兴趣，从而促使消费者放心地购买和消费。实际上，企业敢于推出承诺和保证就已经体现了企业的一种气魄、一种精神，这有利于吸引消费者。

保证与承诺是企业以消费者满意为导向实行的承诺，确保产品能够给消费者带去某种利益，其目的是降低消费者的风险，引起消费者的好感和兴趣，从而促进消费者消费。

例如，医药公司推出“数错一粒药赔两万元”的承诺；学校推出“不合格毕业生可退回学校”的承诺；出租汽车公司承诺“凡是气温在 30 摄氏度以上时一律打开空调，如果没有打开，乘客可要求退回所有的车费，并获得面值 30 元的乘车证一张”；汽车销售公司承诺“永远公平对待每一位消费者，保证消费者在同一月份购买汽车，无论先后都是同一个价格”，这样今天购买的消费者就不用担心明天的价格会更便宜了；航空公司承诺保证航班准点，承诺当航班因非不可抗拒的因素延误、延期、取消、提前时，保证补偿乘客的损失，这样便可降低乘客的心理压力，增强其对航空服务安全感的信心。

京东商城上的手机销售也推出其独有的碎屏保险服务，只要消费者在京东商城上购买手机后又购买了碎屏保险，那么一旦消费者的手机屏幕碎掉，京东会免费为他更换原装的屏幕，并且由京东物流免费上门取件，在京东维修中心提供手机屏保和维修服务，而且是厂商授权的配件，有品质保证。手机维修完毕之后，再由京东物流配送到消费者家，消费者不用等待，不用亲自去 4S 店花更多的钱去维修。众所周知，苹果手机的屏幕极其易碎，而且换屏的成本大都在 200～500 元不等，但是京东手机碎屏保险根据客户的不同需求价格在 49～139 元不等，此成本远远低于碎屏之后去线下实体店换屏的成本，并且谁不想在家里等着手机“完璧归赵”呢。客户在京东购买手机时，可以免除碎屏的后顾之忧。这样的服务承诺与保证，让更多的消费者愿意选择在京东商城购买手机。

又如，宜家的《商场指南》里写到：“请放心，您有 14 天的时间可以考虑是否退换。”

香港最大的薄饼外卖店之一“多绵”之所以销量大增，其秘诀在于它的“30 分钟速递保证”——保证 30 分钟内将新鲜食品送到顾客手中，决不延搁，过时减收 10 港元。

美国肯德基公司的两条服务标准——“顾客在任何一家肯德基快餐店付款后必须在两分钟内得到其点的餐食”“炸鸡 15 分钟内没有售出，就不许再出售”。

西班牙高速铁路曾发生故障，延误了 7 个小时才恢复通车，铁路公司为此付出 500 万西元的赔款，因为他们曾保证：“误点不超过 5 分钟，否则退钱”，公司也因此成功地保持了顾客的忠诚度。

安全性、可靠性越重要的购买，其承诺就越重要。例如，美容业推出“美容承诺”，并在律师的确认下，与消费者签订美容服务责任书，以确保美容服务的安全性。

当然，承诺应该量力而行，企业一旦做出承诺就要不折不扣地兑现，切不可给消费者“开空头支票”，欺诈消费者，而一旦承诺得以实现，企业将在消费者心中建立起可靠的信誉。

案例

BBBK 公司的承诺营销

BBBK 灭虫公司生产的杀虫剂的价格是其他同类产品的 5 倍，它之所以能够获得溢价价格是因为它把销售中心放在一个对质量特别敏感的市场，即旅店和餐馆，并且向旅店和餐馆提供它们认为最有价值的东西：保证没有害虫而不只是控制害虫。

BBBK 灭虫公司承诺：在您那里的所有害虫被灭光之前，您不欠我们一分钱；如果您对我们的服务不满意，您将收到相当于 12 个月服务费的退款，外加第二年您选择新的灭虫公司的费用；如果您的客人在您房间里看到一只害虫，我们将支付客人本次和下次的全部费用，并送上一封道歉信；如果您的酒店因为害虫的存在而停业，我们将赔偿全部罚金和利润损失，并再加 5000 美元。

该公司为了提供如此高档的服务，在一年中花费了十多万美元的成本，但是赢来了 3300 万美元的服务销售——实际保证与承诺的费用是营业额的 0.36%。正是通过无条件的承诺与保证，BBBK 公司不但可以收取超过同行 600%的费用，而且受到许多大消费者的追捧。

（四）定制

定制是指根据每个消费者的不同需求来制造产品，其优越性是通过提供量身定做的产品来满足消费者的特殊需求。

例如，美国的戴尔公司按照消费者的订单进行生产，不仅满足了消费者对数量的要求，而且满足了消费者对质量、花色、式样或款式等方面的要求，真正做到了适销对路。

例如，曾经有一位左撇子顾客向联想公司反映使用鼠标不习惯，结果联想很快就为其特制了左撇子鼠标。

美国有一家专卖青少年T恤衫的商店，店内挂着几十种不同的T恤衫图案。当顾客选购T恤衫时，老板会说："请挑选一个您喜欢的花样吧。"随后，店员就用机器将顾客选中的图案印在T恤衫上。这样，在许多式样相同的T恤衫中，不同的图案就显示了不同的个人风格，这受到了顾客的欢迎。

大工业时代的生产，基于一个假设——所有人的需求都是相同的；互联网时代的生产，基于一个事实——每个人都有自己特异的需求。当产品被赋予了个性，购买行为被赋予了温度，竞争也从单一品类的红海竞争，变成了满足差异化需求的蓝海竞争。

延伸阅读

定制酒、定制家具、定制皮鞋

定制酒是指酒水企业根据消费者的特定需求，从品质和形象设计着手为消费者量身打造出具有浓郁个人专属风格的酒水。与一般酒水相比，定制酒打上了用户的风格烙印，具有更多的个性元素和纪念意义。就定制内容而言，有侧重于酒类包装的定制，有侧重于酒质的定制，或兼而有之。定制酒类包装的消费者可尊享个性化酒瓶外观、祝福语、刻字等个性化服务。定制酒质的消费者可尊享独特酒配方、制定年份等个性化服务。

定制家具是家具企业根据消费者的设计要求来制造的个人专属家具，如定制衣柜、定制沙发、定制榻榻米、定制木床、定制电视柜等。

定制皮鞋是根据消费者的需求，从售前、产品制作到售后服务的一条龙消费方式。皮鞋高级定制与工业化生产最本质的区别在于，前者出自设计师和科研团队之手，而后者是流水线生产。一双好的鞋子，不仅应该能够保护人们的双脚免受伤害，更应该体现穿着者的品位与个性。手工定制所展现的情感认同及个性彰显，正是其魅力所在。定制皮鞋为消费者带来最直接的享受就是穿着的舒适，而要保证皮鞋舒适，就要量脚制"鞋"。对尺码比例、色泽款式、场合需求及个人爱好，设计者都要全面考虑，这样才能体现个性与尊贵的体验。定制时，设计师会充分考虑到消费者每只脚的不同构造，精确计算消费者身体各部位的压力，并辅以最个性的款式设计。

定制可以满足顾客的不同个性需求，能给顾客带来一种不可名状的尊贵感。随着人类社会的进步，人们生活水平的提高，许多顾客希望在购买的产品中融入自己的智慧、彰显自己的个性、充分体现自我价值，定制正好顺应了这种潮流，进而成为了未来的发展趋势。

案例

博马舍手工皮鞋定制

博马舍手工皮鞋定制非常注重个性和文化，其目标消费人群是注重个人形象和穿着品位的政商界成功人士及社会名流。

设计师在为每位消费者制作鞋品时会了解消费者所处的环境，注重穿着的场合性，强调产品要体现和同时满足人的生理、心理、社会、精神等多个层面的需求。一双好的高级定制皮鞋，从里到外，无不蕴含着科技、工艺、文化的魅力。量脚、制楦、裁料、缝帮、缝底、配跟、修饰等 200 多道工序，每个环节都力求精益求精。

以高级会所的形式建立和存在的鞋履定制中心，是欧美等国际上高级定制皮鞋的“家”，类似于“设计师沙龙”。消费者通过预约后，首先是和设计师交流，内容包括爱好、个性、生活……消费者的消费观念和需求，都会被设计师记录和领会。在设计师一对一的全程陪同下，体验者完成产品的定制选择，哪怕是楦型、款式、工艺、材料、颜色、细节处理等其中的微小环节，都会由消费者亲自做出决定。

好皮鞋制作从测量开始，设计师通过高科技扫描技术展示出消费者的三维立体脚型动画，通过机器测量和手工测量的结合使用，取得最为精准的数据信息并建立数据库，为制楦做准备。这是制作舒适好皮鞋的关键。

为了体现穿着者的尊贵品位，定制皆选用上乘的牛皮革和稀缺的皮革。小牛皮革、鳄鱼皮革、鸵鸟皮革、珍珠鱼皮革、蟒蛇皮革、蜥蜴皮革是高级定制鞋较多选用的材质。高级定制的皮革选料，是从每一张皮革中精选裁剪出最合适的部位，以保证鞋子不仅外观精美、均一，而且经久耐穿。

全手工制作皮鞋，被誉为“手工雕琢出来的艺术品”。手工缝制是将鞋面、中底、沿条缝合在一起，然后将大底一针一线地同鞋身缝合在一起。每一道工序都需要富有经验和精湛技能的工匠精心制作，以保证所有的缝线都是相同的长度，每个针孔间的间距精确。

鞋底采用双层线缝牛皮大底，保证皮鞋的最大耐磨性和透气性。在中底和大底之间形成一个空腔，可以与潮气隔离，并在大底内部填充天然水松木，保证了彻底的排汗功能。这些软木在穿着一段时间后，会根据脚型产生凹凸变形，变成一副与脚型相符的“个人鞋底”，从而让皮鞋更加适应穿着者的脚型，在行走时达到更加贴合的效果。在大底缝制过程中所用的全天然麻线是经过松香等处理后的特殊材料制作而成的，具有牢固耐磨的特点，其工艺优点是，将鞋面与鞋底牢固夹结成一体，能承受撞击和扭折。

鞋用五金是定制皮鞋的点睛之笔，由于其特殊的性能，对其材质及电镀要求极高。为了避免出现掉色等现象，普遍采用铜、不锈钢、合金材质，通过真空蒸镀、溅射镀和离子镀几种类型着色。

根据初步方案做出的试穿鞋，消费者要穿着体验一段时间。定制体验中心会针对消费者的实际体验进行最后的修改、二次改良，直到消费者满意为止。这样，一双属于消费者自己的个性化鞋才算完成。定制过程结束之后，定制中心还会对消费者进行长期跟踪服务，对产品实行终身维护。

第三节　产品生命周期

一、产品生命周期的概念

产品生命周期是指一种产品从进入市场到被淘汰、退出市场的过程。

任何一种产品都不可能无止境地在市场上延续下去，因为消费者对产品的态度和需求都会发生变化，产品所处的行业技术也会发生变化。

产品生命周期实际上就是产品的市场寿命，是某种产品在市场上存在的时间，其长短受消费者需求变化、产品更新换代速度等多种市场因素的影响，它与产品的使用寿命（自然寿命）是不同的。一般产品生命周期可分为导入期、成长期、成熟期和衰退期几个阶段，但并非所有的产品都要经历这 4 个阶段。

二、产品生命周期各阶段的主要特征及相应的营销策略

产品生命周期的每一阶段都有各自的市场特征，企业应根据这些特征来制订相适应的营销策略。

（一）导入期

1. 导入期产品的主要特征

（1）生产批量小，制造成本高，销量少而销售成本高。

（2）产品的知名度和认知度低，经销商缺乏经销信心导致分销渠道不畅通，消费者对产品缺乏信心导致需求缓慢。

2. 导入期产品的营销策略

（1）快速撇脂策略

这种策略也称为快速掠取策略，是采用高价格和高促销的方式推出新产品，以求迅速扩大销售量，获得较高的市场占有率。高促销费用可以快速引起目标市场的注意，加快市场渗透，这样可以使企业赚取较多的利润，尽快收回新产品的开发费用。

实施该策略的市场条件是：市场有较大的需求，潜在消费者具有求新心理，急于购买新产品，并乐于付出高价；企业面临潜在竞争者的威胁，需要及早建立品牌。

（2）缓慢撇脂策略

这种策略是以高价格和低促销方式推出新产品，实行高价格是为了抓住时机尽量从每单位销售中获取更多的毛利，而低促销是为了降低营销费用，两方面相结合期望能够从市场上获取更大利润。

实施该策略的市场条件是：市场规模较小，竞争威胁不大，市场上大多数用户对该产品没有过多的疑虑；适当高价可以为市场所接受。

（3）快速渗透策略

这种策略是以低价格、高促销的方式推出新产品，以期迅速打入市场并取得最高的市场份额。

实施该策略的市场条件是：产品市场容量很大；潜在消费者对产品不了解，并且对价格敏感；潜在竞争比较激烈；产品的制造成本可以随产量的增加而快速下降。

（4）缓慢渗透策略

企业用低价格和低促销费用推出新产品。低价格有利于市场迅速接受新产品，低促销费用可以实现更多的净利。

实施该策略的基本条件是：市场容量较大；潜在消费者容易或者已经了解该新产品，并且对价格十分敏感；有相当的潜在竞争者准备加入竞争。

（二）成长期

1. 成长期产品的主要特征

（1）经过市场导入期以后，消费者对新产品逐渐熟悉，销售量迅速增长，企业开始批量生产，生产规模扩大导致产品成本降低，产品价格维持不变或略有下降。

（2）为维持市场的继续成长，企业需保持或稍微增加促销费用，但因销量大增，促销费用相对销售额的比率不断下降。

（3）销量激增和单位生产成本及促销费用的下降，使得利润迅速增长。

（4）市场竞争日益加剧，新的产品特性出现，市场开始细分。

2. 成长期产品的营销策略

（1）改进产品

企业要对产品进行改进，提高产品质量，增加新的功能，丰富产品式样，适当扩大产品组合，强化产品特色，努力树立起名牌产品形象，提高产品的竞争能力，满足消费者更高更广泛的需求，这样既扩大了销量又限制了竞争者加入。

（2）拓宽渠道

企业要通过市场细分，找到新的尚未被满足的细分市场并迅速占领这一市场；还要开辟新的分销渠道，增加销售网点，方便消费者购买。

（3）适时降价

企业在适当的时候，可以采取降价策略，以激发那些对价格比较敏感的潜在消费者产生购买欲望并实施购买；同时，低价格还能抑制竞争者的加入。

（4）促销重心的转移

以广告策略为例，企业要把广告宣传的重心从介绍产品、建立产品知名度转移到说服消费者接受产品和实施购买上来，以促进企业销售的增长。

（三）成熟期

1. 成熟期产品的主要特征

（1）产品的销售量增长缓慢，逐步达到最高峰，然后缓慢下降。

（2）生产批量很大，生产成本降到最低程度，价格开始有所下降。

（3）产品的服务、广告和推销工作十分重要，销售费用不断提高。

（4）利润已达到最高点，并开始下降。

（5）大多数消费者都加入购买队伍，包括理智型、经济型的购买者。

（6）同类产品逐步趋于同质化，竞争十分激烈，并出现价格竞争。

2. 成熟期产品的营销策略

在这一阶段，企业的营销目标是延长成熟期，巩固原有市场并使其进一步扩大，充分挖掘老产品的潜力，以便获取尽可能高的利润，为此企业要致力于改进产品、调整营销组合、改进市场，而不可畏惧竞争，轻易放弃成熟产品。

（1）改进产品

① 改善产品的功能特性，如耐用性、可靠性、速度等。例如，汽车制造商通过增强汽车的安全性能（安装安全气囊），或者降低油耗，或者提供自动驾驶功能等来延长产品的生命周期。

② 增加产品的新特点，如扩大产品的多功能性、安全性或便利性。例如，"万宝路"原来的焦油含量偏高，为了开拓和稳固市场，它破天荒地推出清淡型、焦油含量低的产品，从而延长了生命周期。

③ 改变产品款式、颜色、配料、包装等，以增强美感或者增加时尚特性。例如，面包从传统的面包到纤维面包，牙膏从普通牙膏到药物牙膏。

（2）调整营销组合

例如，增加产品概念和特征、降价或者设计特价、拓展营销渠道、改变广告媒体组合、变化广告时间和频率、增加人员推销、强化公共关系等，争取获得更多的消费者。

（3）改进市场

这种策略是在不改变产品本身的情况下，通过以下方式去扩大市场，增加销售。

① 发掘产品的新用途。例如，美国杜邦公司生产的尼龙，最初用户是军队，用于制造尼龙降落伞、尼龙绳；第二次世界大战后，转入民用市场，以尼龙针织品的形式进入服装、日用品市场，如尼龙衫、尼龙袜、尼龙毯子；还用于工业品市场，如尼龙轮胎、尼龙包装材料等。每次进入不同的市场，都使尼龙从成熟阶段退回成长阶段，焕发了新的生机。

② 寻找新的细分市场。例如，从城市到农村，从国内到国外；或者反过来，从农村到城市，从国外到国内。

③ 创造新的消费群体。例如，有一种巧克力饮料，原来其主要消费者是中老年消费者，后来以青少年为促销对象和目标进行广告宣传，从而进入了青少年市场。

④ 通过将非用户转变为用户，争取竞争对手的用户，以及鼓励用户更频繁地、更大量地使用产品。

（四）衰退期

导致产品衰退的原因有很多，如技术进步，消费者需求变化，竞争加剧，政策影响等。

1. 衰退期产品的主要特征

（1）产品销售量急剧下降，甚至出现积压。

（2）新产品开始进入市场，正逐渐替代老产品。

（3）市场竞争不激烈，许多竞争者已经退出，竞争突出表现为价格竞争，产品价格不断下降，消费者数量日益减少。

（4）企业利润日益下降甚至为零。

（5）消费者是落后于市场变化的保守型消费者，他们实行习惯性购买，而大多数消费者态度已发生转变。

2. 衰退期产品的营销策略

（1）维持策略

即继续沿用原有的策略，仍按照原来的细分市场，使用相同的分销渠道、定价及促销方式，直到这种产品完全退出市场为止。

（2）集中策略

即把企业能力和资源集中在最有利的细分市场和分销渠道上，从而为企业创造更多的利润，同时又有利于缩短产品退出市场的时间。

（3）收缩策略

即企业抛弃无希望的消费群体，大幅度降低促销水平，尽量减少销售和推销费用，以增加目前的利润。这样可能导致加速产品的衰亡，但也可能使企业从忠实的消费者那里获取利润。

（4）放弃策略

尽管在某一市场上坚持到底的企业可能因其他竞争者的退出而获利，但对于大多数企业来说，只能够当机立断地放弃经营疲软产品。

企业在淘汰疲软产品时，到底是采取立即放弃策略、逐步放弃策略、完全抛弃策略还是转让抛弃策略，要妥善抉择，力争将企业损失减小到最低限度。但是，不管怎样，企业要避免与市场潮流做无效的对抗。

第四节　新产品开发

一、新产品开发的重要性

首先，任何产品都有生命周期，今天，你的产品满足消费者的需要，而明天可能出现更能够满足消费者需要的其他产品，那么你的产品就落后了，你的产品就有可能被淘汰，消费者就会“移情别恋”“另觅新欢”。因此，为了满足消费者的要求，企业要不断地提供新产品，站在消费者的立场上去研究和设计产品。

其次，通过科技开发的新产品，不仅可以更好地满足消费者的需要，而且可以构筑竞争者进入的壁垒，有效地阻止竞争对手的进攻。

再次，新产品能够恢复利润——维持老产品的市场份额所花费的防卫性营销费用往往很高，但是这仍然难以改变老产品利润的持续下降，因为防卫性营销策略基本上是采取促销让利、广告和降低价格等手段；而开发新产品虽然费用高，但是初始利润一般也会很高。

最后，开发新产品还能够维护企业的声誉，树立企业不断进取的良好形象。

案例

SWATCH：唯一不变的是我们一直在改变

为了在手表市场上站稳脚跟，斯沃琪始终保持与时俱进的风格。最关键的是，斯沃琪的设计师并不是坐等灵感，跟随潮流，而是洞悉先机，预先估计即将出现的潮流。事实上，其整个创作过程于一年前已经开始：首先产生基本的意念，然后按照大家共识的工作原则加以发展。这种由生产上的要求主导的创作动力，是斯沃琪享有“潮流先锋”美誉的原因之一。正如斯沃琪一直强调的风格：“我们唯一不变的是，我们一直在改变。”公司每年都要向社会公开征集钟表设计图，根据选中的图案生产不同的手表系列，其中包括儿童表、少年表、少女表、男表、坤表、春天表、夏天表、秋天表、冬天表，后来又推出了每周套装，从星期一到星期天，每天一块，表面图案各不相同。由于公司的产品不断翻新，迎合了社会不同层次、不同年龄、不同爱好、不同品味的消费者的需要，因此深受广大消费者的欢迎和喜爱，销售量年年攀升，市场份额不断扩大，公司的效益自然也越来越好。

在新品推广上，斯沃琪同样显示了它的独到之处，其新产品发布会简直是一场无比精彩的“腕上时装秀”。优美的音乐、绚丽的灯光、美轮美奂的场面、千挑万选的模特、精心设计的时装……所有这一切都是为了衬托斯沃琪的风采——青春、时尚、与众不同。例如，1998 年 4 月，斯沃琪在上海几大著名商厦举行的“SWATCH 1998”春夏新款展示，就像一次艺术品的展览，其运用了高新科技成果，显示了丰富的艺术想象力。

台湾地区的一项消费者调查表明，在手表的满意度方面，劳力士是第一名，占 30%；斯沃琪是第二名，占 23%。撇开劳力士的高品质、高价位不谈，这份调查显示了斯沃琪品牌战略的成功。斯沃琪手表目前在 150 多个国家和地区销售。如今，斯沃琪手表已经成为世界各国青少年的腕上宠物，它早已不再是简单的计时工具，而是代表了一种观念、一种时尚、一种艺术和一种文化。正如赫雅克所说：“SWATCH 最叫人心悦诚服的，是它使瑞士的制表工业一直凌驾于先进的欧洲及北美洲等地，同时又保留了瑞士传统的制表技艺。凭借着想象力、创造力以及誓要成功的意志，斯沃琪制造出了优秀而实惠的产品，现在，斯沃琪肩负了明确的使命，将继续发展和推出更多有意思的产品。”

二、新产品的分类及来源

（一）新产品的分类

营销学里的新产品不一定是新发明的产品，只要是产品中任何一部分的创新和变革，而使产品有了新的功能，或者增加了新的品种，或者增加了新的内容、新的形态，并且能够为消费者带来新的利益，就是新产品。因此，新产品可分为全新的新产品、换代的新产品、改进的新产品、仿制的新产品四种。

1. 全新的新产品

全新的新产品即应用新原理、新技术、新材料和新结构等研制成功的前所未有的创新产品。这些产品的出现需要创意，还需要用技术来实现，相当不容易。谁率先把产品推向市场，谁就理所应当地成为新品类的开拓者和首席代表。

例如：

喜之郎果冻——第一种具有皮冻样的口感，晶莹剔透、口味清香的果冻；

旺旺雪饼——第一种由大米面做的饼干，有着爆米花的香味；

波力海苔——第一个把海藻做成零食；

露露杏仁露——第一个把原来只能嚼的苦涩杏仁，变成能喝的杏仁；

护舒宝女用卫生巾——第一个让妇女扔掉厚厚的并不卫生的卫生纸；

朗科 U 盘——第一个代替原来时刻担心读不出文件的 3.5 寸软盘；

恋衣牌晾衣架——第一个晾衣不用竹杆挑，只需轻轻摇一摇的晾衣架。

随着互联网技术的发展和社交网络的兴起，移动互联网的应用层出不穷，如即时通信、移动搜索、手机支付、手机阅读、手机游戏、手机视频等。例如，“支付宝钱包”与银行卡绑定，便可以随时将卡中的钱任意转进转出。在现实中转账如此烦琐的事情，由于支付宝公司的服务创新，消费者通过手机操作就能全部完成，完全摆脱了空间距离。此外消费者还可以直接将钱转移到“支付宝钱包”中的“余额宝”里，这是支付宝公司和天弘基金合作的一款金融理财产品，收益率超过了活期存款的 10 多倍。天弘基金靠着“余额宝”一举成为中国最大的基金管理公司。

2. 换代的新产品

这种新产品是指在原有产品的基础上，采用或部分采用新技术、新材料、新结构制造出来的产品。例如，计算机，从电子管、晶体管、集成电路，发展为大规模或超大规模集成电路和具有人工智能的计算机。

3. 改进的新产品

在原有产品基础上适当加以改进，使得产品在质量、性能、结构、造型等方面有所改善，或者配合更新后重新定位新的细分市场，或者开发出原有产品线增补产品。

（1）改进质量

改进质量即在产品的使用性能、耐用程度、可靠性、方便性、功能等方面进行改进。例如，许多企业向市场推出的“改进型”“第二代”等改进产品，并加上“更佳”“更强”“更大”等说法予以促销。

例如，“鸳鸯火锅”就是重庆“小天鹅”的创新——“小天鹅”请人在锅的中间焊了一块钢板，将锅一分为二，这样喜欢辣的就吃红汤，怕辣的就吃清汤。“鸳鸯火锅”的发明，被一位记者评价为“最简单的创意、最赚钱的革命”。

（2）改进特性

考虑在产品的大小、重量、材料或附加物等方面增加新的特性，以扩大产品多方面的适用性。

当年日本丰田公司为了改变自己只生产低档车的形象，推出了“凌志”牌轿车，这种车线条流畅，造型优美，内饰豪华，乘坐舒适、平稳。为了证明车的平稳性能，丰田公司曾经做了一个实验——分别将一杯水放在“凌志”和“奔驰”车上，放在“奔驰”车上的水晃动不已，而“凌志”车上的水则波澜不惊。此外，“凌志”车的方向盘可以根据需要自由升降，适合消费者的不同要求；更为绝妙的是，当手机铃声响起时，车内的音响会自动调低。由于“凌志”的优异性能，世界首富比尔·盖茨先生坐的就是“凌志”牌轿车。

（3）改进款式

改进款式即通过改变产品款式，增加美感来提高产品的竞争力。

（4）改进服务

对于许多耐用消费品和工业用品来说，服务是产品构成很重要的内容之一，提供新的服务方式、增加新的服务内容，对扩大企业产品销量、延长成熟期有重大促进作用。

4. 仿制的新产品

仿制的新产品即通过模仿其他企业的产品使企业获得新产品。但这种新产品只是对企业自己来说是“新”，而对市场来说并不“新”。仿制的好处是研制周期缩短，研制费用降低。

20 世纪 60 年代，每当通用汽车公司的新型车上市，福特汽车公司便立即采购，并且在 10 天内把新车解体，对其零件逐个清洗称重，按功能分别排列在固定的展览板上，然后与自己的产品对照，分别进行工艺成本分析，从而找出应变的对策。

（二）新产品的来源

企业开发新产品的途径首先来源于企业内部的新产品，其次来源于企业外部的新产品。例如，直接从企业外部购买专利、新技术、新工艺的使用权或新产品的生产权；通过兼并其他公司来获得新产品。

三、新产品开发的程序

（一）识别机会：从企业角度定义产品概念

该阶段是新产品开发的开始，主要分为产生创意段和评估创意两个方面。

1. 产生创意

新产品的开发过程是从寻求创意开始的，在该阶段企业主要的目标是提出各种创意，并明确阐述与这些创意相关的市场机会，也就是明确新产品所能提供的核心利益。虽然并不是所有的设想或创意都可以变成产品，但寻求尽可能多的创意却可以为开发新产品提供较多的机会。

新产品创意的主要来源有：消费者、科学家、竞争对手、市场营销研究公司、广告代理商，以及企业的推销员、经销商、高层管理人员等。

2. 评估创意

取得足够创意后，企业要对这些创意加以评估，研究其可行性，并挑选出可行性较强的创意，这就是评估创意。评估创意的目的在于淘汰那些不可行或可行性较低的创意，使公司有限的资源集中于成功机会较大的创意上。

企业在评估创意时，一般会考虑两方面的准则因素：①企业目标准则，也就是该创意是否与企业的利润目标、销售目标、销售增长目标、形象目标等方面相适应；②企业实力准则，也就是企业有无足够的能力实现这种创意，这些能力表现为资金能力、技术能力、销售能力和协同作用能力等。

（二）形成概念：从消费者角度定义产品概念

该阶段的主要任务可以归纳为以下三个方面。

1. 产品设计

产品设计也就是企业通过赋予某种创意以形式、属性和意义，将创意更好地转化为物质实体或概念实体。其最重要的目标是找出符合消费者偏好及使用习惯的产品形态、属性、水平，如高性能化、多功能化、微型化、转型化、方便化、简便化、节能化、多样化、系列化、知识化、智慧化。

2. 探究市场细分与定位

探究新产品的市场细分及定位就是为了验证消费者是否认同新产品带来的核心利益、哪些消费者对新产品提供的核心利益有最强的需求，以及如何进行市场定位才能更好地吸引消费者。

3. 销售预测分析

在这一阶段还要完成对新产品市场销售的初步预测，销售预测可以帮助企业更好地理解市场，了解目标市场的规模、结构、行为及可能的利润情况。

（三）开发测试：实物产品测试和定型生产

1. 产品开发

通过企业及消费者两方面的筛选后，研究与开发部门及工程部门就可以把这种新产品概念转变为实物产品，进入试制阶段。只有在这一阶段，用文字、图标及模型等描述的产品设计才转变为实体产品。

2. 市场测试

如果实体产品能顺利开发出来，下一步企业就应着手制订营销组合策略，把产品试验性地推向小范围的市场，其目的在于了解消费者和经销商对于购买、经营这种新产品的实际情况以及真实市场大小。此外，测试情况还能为企业提供一些诊断信息，例如，对产品或营销策略进行怎样的改动能提高新产品成功的可能性。如果测试表明产品是成功的，企业就有理由将产品引入市场。

（四）市场导入：新产品商业化运作

产品的市场导入也就是产品的商业化过程，企业管理层仍需要进行许多决策，如协调生产计划和营销计划，对产品设计进行微调以适合大规模生产及分销渠道管理等。此外，引入新产品还要求企业对市场业绩进行持续监测以制订改进新产品的营销策略。

思考题：

1. 什么是产品？
2. 如何对产品进行分类？
3. 什么是产品组合？产品组合有哪几个要素？产品组合的策略是什么？
4. 产品概念有几个层次？分别包含什么内容？
5. 产品生命周期分为哪几个阶段？各个阶段有什么特点？应当采取什么样的营销策略？
6. 新产品的分类及来源是什么？
7. 新产品开发的程序是什么？

第九章 定价策略

引例：COSTA 的会员打折卡

当你走进 COSTA 点了一杯 36 元的拿铁咖啡，准备掏出钱包付款时，服务员告诉你："先生，这杯价格 36 元的咖啡，你今天可以免费得到。"

此时你一定会问："怎么得到？"

服务员接着说："很简单，你办理一张 88 元的打折卡，这杯咖啡今天就是免费的了。并且这张卡全国通用，你在任何时候到 COSTA 消费，都可以享受 9 折优惠。"

调查表明，有 70% 左右的消费者都会购买这张打折卡。此策略可谓是一箭双雕之计。

一是扩大消费者第一次消费单价。对于消费者来说咖啡的价值是 36 元，办一张打折卡 88 元，送一杯咖啡，然后这张卡以后还可以持续打折，乍听上去很划算。但是，真实的情况是消费者多花了 52 元。原因很简单，打折是建立在你消费的基础上，你不消费，这张卡对你没有任何用处，就算你消费那也是给它持续贡献利润。

二是锁住消费者。当你响应了 COSTA 的主张之后，你获得了一张打折卡，就在你办卡的一瞬间，其实他们已经锁定了你的消费。由于 COSTA 咖啡与星巴克咖啡定价接近，所以当你下一次要喝咖啡的时候，因为有了这张打折卡，所以你基本不会考虑星巴克了。

价格是指企业出售产品所追求的经济回报，当企业不是免费提供产品时，就要面对怎么定价的问题。所以说，定价策略是营销组合中唯一能给企业创造收益的因素。

第一节　定价概述

一、定价策略的重要性

价格对消费者而言，不是利益的载体，而是代表一种牺牲，是消费者为获得某项产品而付出的经济代价。因此，价格既可能表达企业对消费者的关心，也可能给消费者以利欲熏心的感觉。

消费者总是将价格与其对该项产品的认知价值进行比较，然后决定是否进行购买。另外，消费者购买产品时一般都有一个期望价格，当市场价格高于期望价格时，就会有消费者放弃购买这个产品或减少购买量；而当市场价格低于期望价格时，消费者又可能产生怀疑，而不购买——认为“便宜没好货”，特别是当消费者不能客观地鉴别产品质量时，会把价格当作一个质量标准，认定只有贵的产品才会是好的产品。

总之，价格太高、太低都不行，企业要认真研究定价策略，不仅要科学定价，还要艺术定价。

企业的定价策略包含目录价格、支付方式、信用条件、付款期限等多个维度。

二、影响定价的主要因素

影响定价的因素主要有七个，即经营目标、经营成本、市场需求、消费心理、竞争状况、产品的需求弹性、政府管制等。

（一）经营目标对企业定价的影响

1. 维持生存

当企业把生存作为主要目标时，那么只要价格能够补偿成本，能使企业继续留在行业中，企业就会定低价，不会考虑过多的利润。

2. 市场占有率最大化

如果企业想通过定价来使市场占有率最大化，那么，也会尽可能定低的价格。

3. 当期利润最大化

如果企业的目标是力图短期内尽快收回成本，或把当期利润最大化作为目标时，就会采用高价策略。

4. 定位高端

当企业的经营目标是走高端路线，或要塑造高质量的形象时，企业就会采取高价策略。

（二）经营成本对企业定价的影响

经营成本可分为固定成本、变动成本。固定成本是指不随产出多少而变化的成本，例如，建筑物折旧、租金、公用事业费、保险费、管理人员工资、利息、维修成本等；变动成本则是随着产出的变化而变化的成本。

经营成本决定着价格的最低限，因为如果价格低于经营成本，企业便无利可图，甚至亏损。从长远看，任何产品的销售价格都必须高于成本，只有这样，企业才能以销售收入来抵偿生产成本和经营费用，否则就要亏损。因此，企业确定产品价格时必须估算所有的研发、生产和分销该产品等成本。

为此，医院、律师事务所、管理咨询机构等向消费者提供服务之前，一般都不会预先估价，原因是这些机构要在服务进程展开后，才能根据实际发生的成本来收费。

（三）市场需求对企业定价的影响

需求对定价的影响非常显著，企业可按需求及其变化决定价格。当需求旺盛时，企业可以定高价；当需求萎靡时，企业只能定低价。

例如，处于需求的高峰时，航空公司都会执行高价格；而在需求低谷，航空公司为了争抢客源都会执行折扣价格，不仅争抢其他航空公司的消费者，也包括争抢公路和铁路上的消费者。

（四）消费心理对企业定价的影响

由消费心理产生的折中效应、锚定效应、对比效应都会对企业定价产生影响。

1. 折中效应

折中效应即当人们在偏好不确定的情况下做选择，往往更喜欢中间的选项，因为中间的选项能让人感到安全，不至于犯下严重的决策错误。

而企业因势利导把主销品种设定为中间选项就可以左右消费者的选择。

2. 锚定效应

锚定效应即指人们对事物的判断容易依赖最初的参考点，而且无法充分调整。虽然，我们都知道对事物的判断依赖第一印象并不科学和准确，但还是无法摆脱第一印象的影响。例如，你喜欢的某品牌牛仔裤原本 50 美元一条，现在以 35 美元一条的折扣价出售，一定会让你很动心，那是因为最初的 50 美元起到“锚”的作用。因此，企业对产品进行促销时，千万别忘了把原价写在折扣价的旁边。

3. 对比效应

对比效应即人们会对几个购买价格进行对比，从中选择自己认为最合算的。

对此，企业可以把不是主销产品的高端产品的价格定得略高，这样在客户的心中就有了一个参考对比价格，在这个高价产品的对比下，主销产品就显得性价比高，对客户便有吸引力。

案例

《经济学人》的定价

通过 Dan Airley's 著名的“我们能掌控自己的决策吗？”(Are we in control of our own decisions？) TED 演讲，我们知道《经济学人》杂志有一个有趣而有效的定价策略：《经济学人》为杂志的年度订阅打出了这样一个广告——电子版《经济学人》定价$59，纸质版《经济学人》定价$125，电子版+纸质版《经济学人》定价$125——也就是说，纸质版和“电子版+纸质版”的价格居然是一样的！Dan 想知道定价的原因，但没有人告诉他。于是，他在麻省理工学院对 100 个学生进行试验，自己找到了答案。当他将包含了 3 个价格的广告给学生进行选择时，学生们都选了“电子版+纸质版”的组合价；而当他将看上去“毫无用处”的第二个价格（纸质版$125）删掉时，学生们都倾向于选择价格最低的电子版订购——也就是说，第二个价格并非真的“毫无用处”，它会让第三个价格看上去非常合算，从而诱使人们选择它。

（五）竞争状况对企业定价的影响

在日益激烈的竞争环境中，价格不仅成为消费者与企业关系紧张的关键点，也是竞争对手夺取市场份额的利器。企业应当根据产品的特点，以及市场状况和竞争状况，为自己的产品确定一个对消费者有吸引力的价格。

企业能把价格定得多高，取决于竞争者同类产品的价格水平。如果两者大体一致则两者价格也应大体一样，否则本企业产品可能卖不出去；如果本企业产品表现较好，那么产品价格也可以定得较高；如果本企业产品表现较差，那么，产品价格就应定得低一些。

（六）产品的需求弹性对企业定价的影响

产品的需求弹性是指产品的需求量对价格变动的敏感程度。

需求弹性大的产品——价格的变动引起对这种产品需求的较大变动。

需求弹性小的产品——价格的变动不会引起对这种产品需求的较大变动。

为此，对于需求弹性大的产品，企业可以通过降价来提高销售量，而对于需求弹性小的产品则不能通过降价来提高销售量。

一般来说，影响需求弹性的因素如下。

1. 产品是必需品还是奢侈品

一种产品如果是人们生活的基本必需品，其需求弹性就小或缺乏弹性，即使价格上涨，人们还得照样买，不会因为价格提高而大幅度减少需求。例如，粮食价格上涨，人们为了生存仍然得一往如故地购买，对粮食的需求不会大幅度下降。

而一些非必需的产品，像贵重首饰、高档服装等，其需求弹性就大，会因为价格提高而大幅度减少需求。例如，金银首饰这类非必需品，是可有可无的，人们对其需求的变化受价格影响较大，价格升高，买的人就减少，价格降低，买的人就增多（不考虑保值，只考虑消费）。

人们对一日三餐和夜宵零食的需求受价格波动就不同：三餐饭价格上涨，人们的需求一如既往，可吃得少一点，差一点，但基本每日三餐不误；但夜宵零食涨价，人们就不会购买或减少购买。

2. 产品是否容易被替代

一种产品若有许多相近的替代品，那么这种产品的需求价格弹性就大，反之则小。因为一旦这种产品价格上涨，消费者往往会舍弃这种产品，而去选购它的替代品。例如，毛织品价格提高后，对毛织品的需求可能被棉织品、丝织品、化纤品等替代。

3. 购买产品的支出占收入的比重

一般来说，购买产品的支出占人们收入中的比重大，弹性就大，这是因为这种产品价格的提高会消耗消费者较多的收入，所以可能引发人们对其需求量的减少；反之，如果价格支出占收入的比重小，弹性就小，就可以忽略不计。

4. 消费者因素

当消费者对价格不在意，如当不需要他付钱，或者他不缺钱时，需求弹性就小。

例如，自费旅游时，消费者一般会很在意机票的价格，贵了就不坐飞机，改坐火车；但如果是公务出差由公司出钱买机票，他可能就不会在意机票的价格了。

又如，当消费者投保了医疗保险，那么看病买药时，他可能就不会在意治疗费用和药品费用的价格了——因为这些开支大部分是由保险公司支付的。

（七）政府管制对企业定价的影响

有些产品的定价是受到政府管制的，例如，电信、医疗、供水、供电、供气等公共产品的价格，必须在政府的指导下来定价。

1. 政府定价的必要性

理论上说，与人们生活密切相关的产品，由于需求弹性很小，既然消费者对价格不敏感，从商业角度讲是可以定高价的，但现实是这类价格是受到政府控制的，如粮食、水、电、气等，为使消费者能够消费得起，而定价较低。

理论上说，奢侈品需求弹性很大，既然消费者对价格敏感，价格就不能涨，要定低价，如高档酒店的消费，游艇、珠宝、首饰，从商业角度来说应当定价低一些，以促进购买。但现实是政府往往通过税收等政策，使奢侈品都保持在高价上——这有利于调节贫富差距，提倡节约，反对浪费。

政府定价的必要性在于弥补市场机制的局限性，以避免低收入阶层被排除在某些公共产品之外，保证社会上大多数人都有能力享受一定的公共产品。所以说，政府定价不是替代价格机制，而是对市场失灵的弥补措施。

2. 政府定价的范围

政府定价的范围主要是一些缺乏竞争而对社会稳定和国计民生有重大影响的产品的价格，主要包括：自然垄断的产品，如原油、天然气、少数稀有金属的价格；不适于竞争性经营的产品，如城市交通、城市自来水、煤气供应，生产、生活用的电力供应；事业单位的重要收费，如各类社会公共保障、公办教育、公办医疗的收费。

3. 政府定价的原则

政府定价遵循经济效益和社会公正兼顾的原则，即一方面，要使公共事业单位在正常的生产经营情况下能够补偿成本并有适当盈利，使其有内在动力发展公共事业，同时使政府财政有适当的税收收入，以便有足够的资金来源进一步扩大投资公共事业；另一方面，要使绝大多数居民都有能力进行必要的消费，使公共事业真正具有公共性、公益性。

4. 政府关于价格的政策法规

在我国，规范企业定价行为的政策法规有《中华人民共和国价格法》《中华人民共和国反不正当竞争法》《制止牟取暴利的暂行规定》《价格违反行为行政处罚规定》《关于制止低价倾销行为的规定》等。

第二节　定价方法

由于经营成本、市场需求、竞争状况是影响和制约企业定价的最主要因素，因此企业在选择定价方法时，通常会充分考虑这些因素的影响，从而形成了成本导向定价法、需求导向定价法、竞争导向定价法三种定价导向。

一、成本导向定价法

成本导向定价法，顾名思义，是一种主要以成本为依据的定价方法，包括成本加成定价法、目标收益定价法、盈亏平衡定价法，其特点是简便、易用。

（一）成本加成定价法

成本加成定价是指按照单位成本加上一定百分比的加成来确定产品的销售价格。加成的含义就是一定比率的利润。

成本加成定价公式为：$P=C(1+R)$

其中：P 为单位产品售价；C 为单位产品成本；R 为成本加成率。

1. 成本加成定价法的优点

（1）成本的不确定性一般比需求少，主要参考单位成本进行定价，可以大大简化企业定价程序，而不必根据需求情况做调整；

（2）只要行业中所有企业都采取这种定价方法，则价格在成本与加成相似的情况下也大致相似，价格竞争也会因此减至最低限度；

（3）一般认为，成本加成法对买方和卖方来讲都比较公平，当买方需求强烈时，卖方不会利用这一有利条件谋取超额利润。

2. 成本加成定价法的缺点

（1）成本与价值可能不存在明显的对应关系，一方面，经营成本高，其所带来的产品价值未必高，另一方面，同样的成本也会产生不同的产品价值。

例如，咨询师为咨询方案所付出的时间和精力越多，但不能保证其提供的产品价值一定越高；师傅与徒弟一起为消费者提供维修产品，虽然徒弟所花费的时间和精力更多，但并不能确定徒弟的产品价值更高。

又如，对于通信公司来说，不同号码的成本都是一样的，但是，不同的号码带来的价值却是不一样的。例如，人们一般比较偏爱带“8”的号码，认为更吉祥、更体面、更有价值，那么，通信公司在出让带“8”的号码时完全可以制定相对较高的价格。

修理汽车，同样一个毛病，把新车（或豪华型轿车）和旧车（或经济型轿车）修好的产品成本是一样的，但是修好了的新车（或豪华型轿车）和修好了的旧车（或经济型轿车）所反映出来的产品价值是不一样的——作用在新车（或豪华型轿车）的产品带来的价值高于作用在旧车（或经济型轿车）的产品带来的价值，我们完全可以对新车（或豪华型轿车）的收费比旧车（或经济型轿车）高。

（2）成本导向定价法容易忽视市场需求、供求关系、市场竞争，从而不能很好地实现定价目标。

（二）目标收益定价法

目标收益定价法是指根据估计的销售额和销售量确定一个目标收益率，据此来制定价格的一种方法。具体来说其步骤如下。

首先，估计各种不同产出水平的总成本。总成本曲线按固定的速率上升，直到最大产能为止。

其次，估计未来一期的产量和销售量。假设企业预期产能为 100 万件，80%的产能能够运行，那么预期销售量为 80 万件，生产这一产量的总成本为 1000 万元。

再次，确定目标收益率和利润。假设企业希望利润为成本的 20%，则利润目标为 200 万元。因此，在产能为 80%时总收入必须是 1200 万元。

最后，计算单价。单价应该是 P=1200 ÷ 80=15（元）。

目标定价法有一个严重的缺陷，即企业制定的价格是以估计的销售量求出的，而价格又恰恰是影响销售量的重要因素。

（三）盈亏平衡定价法

盈亏平衡定价法也叫保本定价法或收支平衡定价法，是运用盈亏平衡原理来确定产品价格的方法，指在销量既定的条件下，企业产品的价格必须达到一定的水平才能做到盈亏平衡、收支相抵。

盈亏平衡分析的核心是确定盈亏平衡点，即企业收支相抵、利润为零时的状态。科学地预测销量和已知固定成本、变动成本是盈亏平衡定价的前提。

二、需求导向定价法

需求导向定价法是一种以市场需求强度及消费者感受为主要依据的定价方法，包括认知价值定价法、反向定价法、需求差异定价法。

（一）认知价值定价法

认知价值定价法是指企业根据消费者对产品价值的认知来确定价格的方法。因为消费者总是将价格与其对该项产品的认知价值进行比较，然后决定是否进行购买。

认知价值定价法的关键在于提供并向消费者展示比竞争对手更高的价值，所以，企业必须准确地掌握消费者的价值取向、对产品的认知价值以及决策的过程，这就要求企业必须进行科学的市场调研，当然，企业也可以通过策略改变消费者对产品价值的认知。

此外，消费者虽然关心产品的价格变动，但是还更为关心取得、使用和维修产品的总费用。因此，如果企业能使消费者相信某种产品取得、使用和维修的总费用较低，那么，企业就可以把这种产品的价格定得比竞争者稍高一些，以获得更多的利润。

（二）反向定价法

反向定价法是指企业依据终端消费者能够接受的最终销售价格，计算自己的经营成本和利润后，推算出产品的批发价和零售价。这种定价方法不以实际成本为主要依据，而是以市场需求为定价出发点，力求使价格为消费者所接受。

需求导向定价法的优点是考虑了消费者对价格的敏感性及消费者通过价格对质量的感知，从而使价格可以随市场需求的变化而变化。但是，需求导向定价法需要计算消费者的感知价值、消费者的心理感受等，而这些都很难量化。

（三）需求差异定价法

需求差异定价法又称差别定价法，是指根据销售的对象、时间、地点的不同而产生的需求差异，对相同的产品采用不同价格的定价方法。需求差异定价法的基础是：顾客需求、顾客的购买心理、产品样式、地区差别以及时间差别等。

需求差异定价法能考虑消费者的因素，体现企业以市场为中心的营销观念，可以使企业定价最大限度地符合市场需求，促进产品销售，有利于企业获取最佳的经济效益。

但是，需求差异定价法的应用较为复杂，需要进行深入的市场调研，而要准确地确定消费者对产品价格的认同情况是一件相当困难的工作。

三、竞争导向定价法

竞争导向定价法是企业在与竞争者各方面进行对比后，以竞争者的价格作为定价依据来制定价格的方法。

竞争导向定价法主要包括两种：随行就市定价法和投标定价法。

（一）随行就市定价法

随行就市定价法是指企业基于竞争对手的现行价格水平来定价。企业的价格可能与它主要的竞争对手的价格相同，也可能略高于或者略低于竞争对手的价格。

随行就市定价法是相当常见的方法，企业一般在以下情况下会采取这种定价方法：难以估算成本；企业打算与同行和平共处；如果另行定价，很难了解购买者和竞争者对本企业价格的反应。

采用随行就市定价法的优势主要表现在四个方面：通行价格易为人们所接受、避免与竞争者恶性竞争、能为企业带来合理的利润、有利于检验企业的经营管理水平。

（二）投标定价法

投标定价法即企业根据招标方的要求，在规定的期限内填写投标书，上面填明可供应产品的名称、品种、规格、价格、数量、交货日期等，密封送给招标人。

根据“最低价最优”的选择机制，企业如果想中标，就必须使自己的报价低于竞争对手。可见，这种价格是供货企业根据对竞争者报价的估计来制定的，而不是按照供货企业自己的成本费用或市场需求来制定的。

无论是随行就市定价法还是投标定价法，竞争导向定价法的缺点是容易忽视企业自身的成本和市场需求，从而影响企业的盈利水平；另外，竞争导向定价法很难反映产品质量的差异，对于一些专门产品或特殊产品的定价存在很大的限制，而且容易造成恶意的价格竞争，从而影响市场秩序。

第三节　主要定价策略

一、低价策略

低价策略就是企业对产品的定价偏低一些。

（一）低价策略的优点

首先，由于降低了消费门槛，因而有利于产品的销售，有利于提高市场占有率。

其次，低价薄利，竞争者可能望而却步。

（二）低价策略的缺点

首先，虽然能够获得一些竞争优势，但很容易被竞争对手模仿，一旦竞争对手也压低价格，企业便很快失去这种优势。

其次，由于采取低价策略，为了降低成本，企业往往不愿投入必要的人力、财力、物力来提高产品质量，如果消费者的消费方式、消费水平和消费观念发生变化，不再根据价格做出购买决策，或者竞争对手的产品在某些方面更具吸引力，那么低价策略就无立足之地。

（三）低价策略适用的条件

首先，目标消费者对价格高度敏感，低价能刺激需求的快速增长。

其次，生产与分销的单位成本会随着生产经验的积累而下降。

再次，低价能阻止现有的和潜在的竞争对手。

最后，在同质化程度高、市场竞争激烈的情况下适用。

二、高价策略

高价策略即企业把产品的价格定得偏高一些。

（一）高价策略的优点

首先，高价策略可帮助企业获得较高的单位利润。例如，1945 年美国雷诺公司最先制造出圆珠笔，并且将其作为圣诞礼物投放到市场上，使圆珠笔成为畅销货。虽然当时每支圆珠笔的成本只需 50 美分，但是公司以每支 10 美元的价格卖给零售商，零售商再以每支 20 美元卖出。尽管价格如此之高，但其仍然受到追时尚、赶潮流的消费者的追捧。

其次，高价策略可树立产品的高档形象，这是因为有些消费者以价格高低来判断产品的质量，认为高价位代表高质量。例如，高档的汽车、别墅、西服、香水，高级酒店、著名医院等。

（二）高价策略的缺点

首先，高价策略使购买门槛较高，会影响一部分对价格敏感的消费者的需求。

其次，由于定价高，可能招来竞争对手加入市场竞争。

（三）高价策略适用的条件

首先，目标市场规模足够大。

其次，高价不至于大大降低消费者的购买意愿，使产品销售量大大降低。

再次，高价格产品的质量和形象必须能够支持产品的高价格。

最后，一般来说，高技术产品、高附加价值产品、名牌产品、时尚类产品宜采用高价策略。

三、折扣定价策略

折扣定价策略是企业为了鼓励消费者提早付款、大量消费，或鼓励需求低谷时的消费，或鼓励承担相关功能而采取的酌情降低价格的策略。

常见的价格折扣形式有现金折扣、数量折扣、季节折扣、功能折扣、折让。

（一）现金折扣

现金折扣是对以现金付账即不拖欠的买主给予的价格减让。

例如，企业要求消费者在 30 天内必须付清货款，但如果 10 天内付清货款，则给予 2% 的折扣。

（二）数量折扣

数量折扣是给予大量消费的买主的价格减让，包括累计数量折扣和一次性数量折扣两种形式。

1. 累计数量折扣

累计数量折扣即规定消费者在一定时间内购买产品若达到一定数量或金额，则按其总量给予一定折扣，其目的是鼓励消费者经常向企业购买，成为长期消费者。

2. 一次性数量折扣

一次性数量折扣即规定一次购买某种产品达到一定数量或购买多种产品达到一定金额，则给予折扣优惠，其目的是鼓励消费者大批量购买，促进产品多销、快销。

例如，消费者购买某种产品 100 单位以下，每单位 10 元；购买 100 单位以上，每单位 9 元。

再如，足球赛的套票平均每场的价格低于单场票价，城市公园和博物馆推出的通用年票平均每次的价格低于单次进入的价格，公交月票平均每次的价格也大大低于单次乘坐的价格。

又如，迪士尼主题公园一天的价格为 79 美元，连续 10 个工作日内去迪士尼的价格为 243 美元。若没有批量折扣价，10 天的门票价格应为 790 美元，也就是说，较之 1 天的参观浏览价，10 天的门票约有 69% 的折扣。迪士尼相信，游客在园内时间越长，乐趣越少，因此需给消费者以批量购买的折扣。

又如，计算机硬件维护，不管一年中硬件出现多少次故障，企业都收取固定的包年费用。电信公司推出宽带包月收费，每月收取一定的固定费用，消费者就可以不限时上网，甚至不计流量。

（三）季节折扣

季节折扣是企业给那些购买过季产品的消费者的一种减价，目的是使企业的生产和销售在一年四季保持相对稳定。

例如，航空运输产品的总成本构成中变动成本比重低，而固定成本比重高，从而导致航空产品的边际成本很低，增加一位旅客带来的产品成本几乎可忽略，所以，航空公司在淡季大幅折扣是有利的选择。

类似地，如铁路运输、金融产品、宾馆和戏院等行业，固定成本在总成本中所占的比重高，变动成本在总成本中所占的比重往往很低，所以，在消费的低谷期可通过薄利多销来获取利润。

（四）功能折扣

功能折扣是厂商给某些批发商或零售商的一种额外折扣，促使他们愿意执行某种营销功能（如推销、储存产品）。

例如，移动通信产品公司通常会给予其指定代理商一定的功能折扣，因为这些代理商会帮助公司推销其业务，并向公司的消费者提供更多的产品。

（五）折让

折让是价目表价格的减价。其形式有：以旧换新折让、促销折让、推广折让、运费折让等。

以旧换新折让，例如，一台笔记本电脑标价为 4200 元，消费者以旧电器折价 400 元购买，只需支付 3800 元。

促销折让，如果经销商同意参加制造商的促销活动，则制造商卖给经销商的货物可以有折扣。

推广折让，指对于分销商为产品销售所做的各种促销工作，如刊登地方性广告、布置专门的橱窗等，制造商给予分销商的减价报酬。

运费折让，即对距离远的消费者减价以弥补其全部或部分运费，目的是吸引远方的消费者以扩大市场范围。

四、地区定价策略

地区定价策略就是企业销售同样的产品，对于不同地区的消费者分别确定不同的价格。地区定价的形式有以下几种。

（一）FOB 原产地定价

FOB 原产地定价是消费者按照出厂价购买某种产品，企业负责将这种产品运到产地某种运输工具（如卡车、火车、船舶、飞机等）上交货，交货后从产地到目的地的一切风险和费用概由购买者承担。

这种定价对企业的不利之处是远方的购买者可能不愿购买，而会购买其附近企业的产品。

（二）统一交货定价

统一交货定价就是企业送货上门，对于不同地区的消费者，不论远近，都实行统一定价。

（三）分区定价

分区定价是指企业把市场分为若干价格区，对于不同价格区的消费者分别制定不同的价格。距离企业远的价格区，价格定得较高；距离企业近的价格区，价格定得较低，而在各个价格区范围内实行一个价格。

企业采用分区定价也存在一定问题：第一，在同一价格区内，有些消费者距离企业较近，有些消费者距离企业较远，前者就不合算；第二，处在两个相邻价格区界两边的消费者，他们相距不远，但是要按高低不同的价格购买同一种产品，这可能会导致窜货现象的发生。

（四）基点定价

基点定价是指企业选定某个位置作为基点，然后按一定的出厂价加上从基点到消费者所在地的运费来定价。

（五）运费免收定价

运费免收定价是指企业负担全部或部分实际运费。例如，在淘宝网上，就有许多卖家会免掉买家的运费，从而吸引买家购买。如果通过免收运费而使销售量扩大，企业的平均成本就会降低，这样企业还是有利可图的。

五、心理定价策略

消费者在购买某种产品时，通常会受到其个性、价值观、认知等多种心理因素的影响，因此，企业可以根据目标消费者的心理特征确定产品的最终价格。

（一）整数定价

整数定价是高消费企业利用消费者仰慕名牌产品或名店声望的心理，将产品价格以整数定价，这样不仅满足消费者对消费高价产品的心理需求，吸引对质量敏感而对价格不敏感的消费者，也可提升企业的利润与形象。

例如，高档酒店推出一桌宴席的价格是 3000 元、5000 元，就是运用的这种方法。

对于那些质量、等级不易鉴别的产品，最适宜采用此种定价方法。

但这种价格也不能过高，还是要视消费者的心理状况而定。

（二）零头定价

零头定价是指利用消费者的特殊心理制定带有零头的价格，不仅能使消费者产生价格低廉、没有水分的感觉，还能使消费者产生卖主定价认真、作风严谨的印象——有尾数的价格是经过认真的成本核算得出的。这样，就容易使消费者对定价产生信任感，从而吸引消费者的购买。

例如，普通餐厅的菜单上列出 56 元、89 元的菜式价格，就是运用的这种方法。

（三）招徕定价

招徕定价是利用部分消费者求廉的心理，将某种产品的价格定得较低以吸引消费者，而消费者在采购了廉价品后，还往往会选购其他正常价格的产品，从而促进企业的销售。某些商家会随机推出降价产品，每天、每时都有一至二种产品降价出售，以吸引消费者经常来采购廉价产品，同时也促使其选购了其他正常价格的产品。

一般而言，企业会将那些消费者购买频率高、单价低的产品项目定成低价。

例如，超市为了吸引更多的消费者光顾，而把一些广大消费者熟悉的产品的价格定得很低。超市并没有打算从这些产品上赚钱，而是寄希望于消费者能够被吸引来，并且购买其他可为超市带来较多利润的产品。

又如，饭店通过价格相对较低的食品来吸引消费者前来用餐，而在酒水上获利。当然，也有的饭店会将酒水的价格压低来吸引爱喝酒的消费者，而将食品的价格提高，从中获利。

在宾馆业，客房的利润是最高的，客房消费的增加，成本增加很少，而相对来说，餐饮产品费用很高，利润低。有的酒店干脆牺牲餐饮的利润，以餐饮作为促销工具，实行低价或打折来吸引住客，这样就可以通过提高住房率来大大提高利润。

例如，汽车修理厂对一般性修理服务的收费较低，为的是可以吸引消费者光顾，从而招徕高价的特殊性修理服务。

又如，美容院对初次惠顾的消费者实行很低的体验价格，而以后的护理费用则较高。

（四）吉利数字定价

吉利数字定价即依据消费者对价格数字的敏感程度和不同联想而采取的定价技巧。

例如，某商业银行将推出一款理财产品，投资期限为 365 天，预期年化收益率为 5.8%，投资门槛为 11.88 万元。365 的意思是“天天”，5.8 谐音“我发”，11.88 谐音“要要发发”，连起来就是“天天我发，要要发发”。

像6、8、9这几个数字都比较吉利、招人喜欢，所以，有的酒店推出的宴席价格为：一路顺风666元/桌，恭喜发财888元/桌等。

六、差别定价策略

差别定价也叫价格歧视，就是企业按照不同价格销售产品。差别定价有以下六种形式。

（一）消费者差别定价

消费者差别定价即企业按照不同的价格把产品销售给不同的消费者。

例如，由于消费者情况不同，如年龄、健康、风险等的差别，几乎没有哪个消费者的成本是一样的，所以保险公司只能为不同消费者制定不同的价格。同样，银行贷款利率因消费者类型、风险、信誉的不同而不同。

汽车租赁公司可以对“生意人”和“旅游者”的租车制定不同的价格——“生意人”对价格不敏感，但很看重时间，而“旅游者”对价格敏感，但对时间并不太在乎。那么，对“生意人”的租车价格可以定得高一些，但是要给出“黄金时间”或灵活的时间，而对“旅游者”的租车价格则要尽可能低一些。

有的企业为了承担社会责任或树立公益形象，也会向某些特殊消费者提供优惠价格。

例如，航空公司每年寒暑假向教师和学生提供优惠票价；公交车对老年人不收费，而对学生收取半价，对其他人则收全价。

香港海洋公园为了突出本土企业的形象，特别为香港本地市民推出了不同的折扣和票种，如全年入场证，让本地市民一年内无限次享受园内设施，还有各种社会团体的特别票，希望以更优惠的价格和“人性的收费”来吸引本地市民多次游览。

案例

影城的差别定价

影城将消费群体分为学生、钻石卡会员、金卡会员、银卡会员、普通会员与非会员消费者（其中学生也可能成为会员），学生只需要出示学生证即可获得优惠价格，而会员需要申请，缴纳一定费用，与影城达成一定协议。除了非会员，其他消费者均分别可以在原来票价的基础上享受一定的折扣，不同类型的消费者获取的折扣不同，所以，虽然是在同一时间同一放映厅看同一场电影，但不同的消费者所付费用是不同的。例如，会员一次性充值200元即送200元代金券；钻石卡会员可享受全天5折优惠；金卡会员可享受日场5折、夜场6折的优惠；银卡会员可享受日场5折、夜场7折的优惠；普通会员卡会员可享受日场5折、夜场7.5折的优惠。这种价格差别会在一定程度上促使消费者加入会员从而引发更多消费，同时使消费群体巨大的学生也会因为打折原因而前来消费。

（二）产品形式差别定价

企业对不同型号或形式的产品分别制定不同的价格。

例如，一些产品既有散装，也有礼品包装，但是礼品包装的价格可能是散装价格的两倍，甚至更高。

又如，保险公司的保险种类繁多，有寿险、财险、终身保险、分期保险等，保险公司对不同的险种制定不同的价格。

（三）消费条件差别定价

消费条件差别定价即企业根据消费设施、消费环境等消费条件的不同制定不同的消费价格。

例如，在一些明星的演唱会上，虽然不同座位的成本费用都一样，但是不同座位的票价会相差很大，这是因为人们对不同座位的偏好有所不同。又如，商品房的地段、朝向、楼层、环境等也会影响其定价。

又如，飞机上头等舱的价格比经济舱的价格高，剧院前排座位的价格比后排的价格高，空调列车比普通列车票价高，列车硬卧、软卧比硬座、软座的票价高，卧铺的下铺票价高、上铺票价低。

（四）消费时间差别定价

消费者对消费时间的需求往往有所不同，这导致在消费时段有时车水马龙，有时门可罗雀。

为此，企业可以按照不同的时间，如不同的季节、不同的时期、不同的日期、不同的钟点来制定不同的价格。

实行消费时间差别定价有利于企业充分利用企业资源，使企业的设施和人员得以均衡使用，达到供求平衡。其主要做法是在消费需求较小的时段或季节采取增加优惠或降价的措施，而在消费需求较大的时段或季节减少优惠或适当调高消费价格。

例如，在旅游淡季时，将旅游景点的门票改为低价，或使用折扣价、优惠价等方式来吸引游客。

人们习惯于在晚上唱歌、跳舞、看电影，因此，企业可以把晚上的价格定得比白天高些。人们在平时和白天往往比节假日和晚上多打电话，为此，电信公司可以在节假日和晚上推出优惠价格，以促进节假日和晚上的消费。

北京音乐厅推出“开场打折”的措施，即无论什么音乐会，也无论日场还是夜场，只要一到开场时间，售票大厅的计算机便会自动以半价售票。这项措施吸引了大量对价格敏感的消费者（只要迟到、少看那么一小会儿，就可以打很低的折扣——合算），因此音乐厅的上座率大幅度增加。这种限时售票打折的做法，在国外是常有的事，一般当天购票可享受七八折，演出前一小时购票可享受五折，演出开始后购票享受的折扣更低。

乘坐飞机外出旅行的乘客可以被划分为两类，一类是商务旅行的乘客，他们对机票的价格不敏感，而对时间很在意；另一类是一般休闲旅游的乘客，他们对价格比较敏感，而对时间的要求具有一定的灵活性。航空公司可以在飞行淡季的时候大幅度降低机票价格，这对于商务旅行者可能没有什么吸引力，而对于休闲旅游者就很有吸引力，他们会考虑坐飞机，因为不必支付高峰季节那样昂贵的费用。

中国飞往欧洲的飞机票价一般有两种，淡季从 11 月 1 日至第二年的 3 月 31 日，市场需求比较小，而旺季从 4 月 1 日至 10 月 31 日，客流量始终都很大，因此淡季价格与旺季相比要低 10%左右。

（五）消费渠道差别定价

消费渠道差别定价即对不同渠道销售同样的产品制定不同的价格。

例如，矿泉水在餐厅、便利店、自动售货机、火车等不同渠道上销售时可以有不同的价格。

（六）消费技术差别定价

消费技术差别定价即企业将消费分成几个等级，分别给每个消费等级定价，其优点是同时将不同层次的消费需求考虑进来，消费者可以根据自己的需求购买。

例如，医院的专家门诊比普通门诊收费高，律师事务所的知名律师比普通律师收费高。

企业总店可以比分店制定较高的消费价格。例如，利用人们想品尝绝对正宗的北京全聚德烤鸭或天津狗不理包子的心理，全聚德、狗不理总店的消费价格比分店的价格高，但依然门庭若市，消费者络绎不绝。

（七）差别定价策略的适用条件

（1）细分市场有不同的需求，也就是说，该市场能够进行细分，而且各个细分市场之间有明显的需求差别，而且消费者认可这种差别，那么这种差别定价才是有意义、有市场需求的。

（2）以较低价格购买产品的消费者没有可能以较高价格将产品倒卖给别人。

（3）采取的价格歧视形式不违法。

（4）价格歧视不会引起消费者反感而使其放弃购买。

（5）差别定价要与差别产品同步，也就是说，产品的内容、水准、质量要与产品价格相匹配。

例如，剧院周一到周五的歌剧门票打折，但伴奏音乐改为录音（周末用乐队演奏），使产品感受和价格升降挂钩，减价与简化产品同步，保证了市场的公平。

宾馆可为支付高价的旅客提供开胃酒或免费早餐，由于得到额外产品和特别待遇，旅客心理会平衡许多。

航空公司在头等舱和商务舱推出了机上卧床、自选菜单、不停播放影视节目等项目，而对于经济舱的乘客，则没有提供这些服务。

七、固定价格策略

价格波动的风险在于对产品形象的影响，因为消费者会觉得产品水平同样不稳定、没保障。另外，一些消费者会考虑在降价面前推迟消费，以等候更大幅度的折扣或减价。

所以，有的企业干脆采用单一的固定价格制度，即无论何时都是一个价格，这在一定程度上有利于增强消费者对产品质量的信心，同时避免消费者持币观望，延迟消费。

但是，固定价格必须是有竞争力、有吸引力的，否则就不仅不能吸引新消费者，也会失去老消费者。

八、新产品定价策略

一般来讲，新产品定价有两种方式可供选择，即撇脂定价和渗透定价。

（一）撇脂定价

撇脂定价是指在产品生命周期的最初阶段，把产品的价格定得很高，以攫取最大利润，犹如从鲜奶中撇取奶油。

1. 撇脂定价的优点

（1）有利于生产者尽快收回成本，并获得高利润。

（2）假如高价格影响了销售量，企业可以再采取降价销售。

2. 撇脂定价的缺点

（1）由于定价过高，分销渠道成员可能不支持或得不到消费者的认可。

（2）高价厚利会吸引众多的生产者和经营者转向此产品的生产和经营，引起市场竞争。

3. 撇脂定价的适用条件

（1）无类似的替代品，新技术尚未公开，对手难以进入市场。

（2）市场有足够的购买者，他们的需求缺乏弹性，即使把价格定得很高，市场需求也不会大量减少。

（3）高价使需求减少一些，因而产销量减少一些，单位成本增加一些，但这不致抵销高价所带来的利益。

（4）高价格能给人以高质量的印象，能够刺激消费者的购买，而不至于引起消费者的反感。

（5）产品的质量和形象必须能够支持产品的高价格。

例如，苹果公司的 iPhone 以及 iPod 等一系列产品，都是采用的撇脂定价，第一款 iPod 零售价高达 399 美元，即使对于美国本土人来说，也是属于高价位产品，但是有很多“苹果迷”还是纷纷购买。

（二）渗透定价

渗透定价是指企业把新产品的价格定得相对较低，以吸引大量消费者，抢占市场占有率。

1. 渗透定价的优点

首先，企业能够迅速进入市场，打开销路，快速吸引大量的购买者，从而获得较高的销售量和市场占有率，增加产量，使成本随之降低。其次，低价薄利，使竞争者望而却步。

2. 渗透定价的缺点

首先，不利于企业尽快回收投资成本，甚至会使企业产生亏损。其次，可能引起消费者对产品质量的怀疑。

3. 渗透定价的适用条件

首先，市场需求对价格极为敏感，低价会刺激市场需求迅速增长。其次，企业的生产成本和经营费用会随着生产量、销售量的增加而下降。最后，低价不会引起实际和潜在的竞争。

九、产品组合定价策略

当某种产品成为产品组合中的一部分时，企业就需要研究出一系列价格，使整个产品组合的利润实现最大化。产品组合定价可分为六种形式，即产品线定价、选择品定价、补充品定价、分部定价、副产品定价和产品捆绑定价。

（一）产品线定价

首先，确定某种产品的最低价格，它在产品线中充当吸引消费者购买产品线中其他产品的角色；其次，确定产品线中某种产品的最高价格，它在产品线中充当品牌质量和收回投资的角色；最后，产品线中的其他产品也分别依据其在产品线中角色的不同而制定不同的价格。

例如，餐厅为了增加消费者惠顾而提供价廉物美的“特价菜”，但大多数客人一旦进入餐厅，最后还是会点其他比较高价的菜色。

（二）选择品定价

有些企业会提供各种可供消费者选择的产品。

例如，汽车用户可以选购倒车雷达、扫雾器和减光器等。选不选产品，选几种产品，都有不同的价格。

（三）补充品定价

有的企业会提供与其主要产品一起使用的产品，即附属产品或补充产品。

但需要注意的是，如果补充品的定价过高，可能会给“非法仿制者”带来机会，他们会仿制这些补充品。

例如，手机生产厂商提供的原配电池价格比较高，就为仿造者提供类似的假冒电池提供了机会。

（四）分部定价

服务型企业常常采用分部定价，也就是收取一笔固定费用，再加上一笔可变的使用费。

例如，电信公司让电话用户每月都要支付一笔固定的使用费（月租费），然后再根据日常使用量收费。一般来说，固定使用费较低可以吸引人们积极购买产品（安装电话），而利润可以从日常使用费中获取。

厦门鼓浪屿也是先收取一笔进岛的固定船票费用，如果游客想进入一些景点，需再另外购买门票。

（五）副产品定价

在生产加工肉类、石油产品和其他化工产品的过程中，经常有副产品。如果副产品价值很低，处理费用昂贵，就会影响到主产品的定价。企业确定的价格必须能够弥补副产品的处理费用。如果副产品对某一消费者群有价值，其定价就应以其价值为依据。

（六）产品捆绑定价

企业经常以某一价格出售一组产品，这一组产品的价格低于消费者单独购买其中每一产品的费用总和。这是因为消费者可能并不打算购买其中所有的产品，所以这一组合的价格必须有较大的降幅，以推动消费者购买。消费者可以单独购买或成组购买，但成组购买更便宜，即组合价低于分别购买每种产品的价格总和。

例如，业余培训学校规定：只报书法班 400 元，只报美术班 500 元，只报舞蹈班 600 元，但一次性支付 1200 元可以同时参加三项培训。

又如，足球赛的套票平均每场的价格低于单场票价，城市公园和博物馆推出的通用年票平均每场的价格也远低于单场票价，这吸引了频繁光顾的消费者的购买。

又如，如果消费者只进行营销管理咨询，咨询公司会按最高价位向消费者收费；如果消费者同时接受咨询公司提供的人力资源管理咨询、财务管理咨询等，咨询公司就会按组合价格来收费，组合定价会明显低于消费者分别购买单种咨询产品的价格总和，从而为公司争取到更多的服务业务。

十、结果定价策略

对消费者来说，产品的价值取决于产品的功效，因此，企业可以根据产品的结果进行定价，即保证消费者得到某种效用后再付款。

结果定价策略是企业向消费者提出的一种保证，它象征着企业有义务也有能力帮助消费者达到某种结果，这有利于消除消费者对产品的疑虑，增强消费者对产品的信心。

例如，广告公司的收费标准是：广告后销售额增长不低于10%，全价收费；广告后销售额增长低于10%和不低于5%，半价收费；广告后销售额增长低于5%，不收费。

职业介绍所推出“等到当事人获得了适当的工作职位后才收取费用”的政策，这样就可以吸引求职者放心、大胆地接受职业介绍所的服务。

律师和消费者约定，律师在案件审理结果出来之后才收费，并为各种可能的审理结果设定不同的收费标准，甚至约定如果发生最不利的审理结果不收任何费用。

有的学校承诺，如果学员在毕业三个月后未能找到3000元以上薪酬的工作，学校将返还学费的10%；毕业一年后未能找到4000元以上薪酬的工作，学校将返还学费的20%；毕业三年后未能找到5000元以上薪酬的工作，学校将返还学费的30%。

结果定价策略可以降低消费者的风险，对消费者有吸引力，尤其是当高质量的产品无法在削价竞争的环境中获取应有的竞争力时，以及企业对产品效果有把握实现的情况下，特别适合使用这种定价策略。

当然，结果定价策略要求企业确定自己是否能满足消费者的要求，没有把握的就不要轻易采用结果定价策略。

十一、关联定价策略

关联定价是指企业对相互关联的企业的消费者实行优惠价，当然，这种优惠是相互的，互惠互利的。

例如，商厦与邻近的酒店签订联合促销协议，即凡在酒店住宿、用餐的游客可享受商厦的购物优惠；在商厦购物满800元以上，可在酒店享受8折以下的住宿、用餐折扣。这种商厦与酒店的互惠互利，可以吸引和促进消费者在商厦进行更多的相关消费。

书店和快餐店联手，规定在书店一次性购买50元图书就可获得10元的餐饮代金券，而在快餐店一次消费满50元，就可以在书店购买任意图书享受75%的优惠。书店和快餐店相互借力、聚敛人气，乃“双赢”之举。

十二、关系定价策略

关系定价策略是企业给予关系消费者一定优惠的价格策略，其目的是发展和巩固消费者关系。

由于获得新消费者要比留住老消费者的成本大得多，因此，企业总是希望能够拥有越来越多的老消费者，并且通过老消费者的关系吸引更多的新消费者。为此，企业愿意给老消费者更多的优惠，从而发展长期的消费者关系，或者巩固现有的消费者关系，刺激消费者持续购买产品而间接抵制竞争对手提供的产品。

比较典型的关系定价形式是会员制，它给会员一定的优惠价格。消费者可以凭借其会员身份享受一定的价格折扣，它将一系列的交易转变为一种稳定的、可持续的交易，也使企业由于同消费者建立了长期的交易关系而获得稳定收入，降低经营风险。

例如，上海华联商厦对持有“会员卡”的消费者在商厦购物给予一定的折扣，并根据消费的金额自动累计积分，会员还可通过电话订购商厦的各种产品，不论大小，市区内商厦全部免费送货上门，对电视机、音响等产品免费上门进行调试，礼品实行免费包装。会员在生日时还能收到商厦的祝福贺卡及小礼物。

十三、认知价值定价策略

消费者对于特定的产品价值都有自己的判断，即大概“值多少钱”，那么，企业就可以根据消费者的认知价值进行定价。也就是说，当企业预判消费者对产品价值相当认可时就把价格定得高一些，反之则把价格定得低一些。

例如，同是对系统运营进行维护，如果是针对关键业务系统，那么消费者就肯花大价钱，这样的服务价格就可以定得高一些；如果只是边缘业务系统，如办公自动化等，消费者只会出一小笔钱，甚至是完全不需要，这样的服务价格只能定得低一些。

星巴克咖啡有中杯 30 元、大杯 33 元、特大杯 36 元的定价，它们之间的价格差只有 3 元。当你看到这样的价格牌时，你会对比，大杯比中杯只贵 3 元，当然选大杯了，因为大了那么多只贵了 3 元，可当你决心要购买大杯的时候，你兴奋地发现特大杯只要 36 元！星巴克这样做的目的只有一个，就是让客户在对比中自动前进，选择“大杯”或“特大杯”——多 3 元可以多那么多，似乎选择大杯、特大杯更划算，以免自己亏了。而消费者此举正中星巴克下怀！

又如，金融危机后，几乎所有的产品都在降价，按理说办学成本也应该是下降的，但是，EMBA（高级管理人员工商管理硕士）课程费用不降反升，如长江商学院、中欧商学院等就大幅度提高了 EMBA 学费。这是为什么？因为，学员们认为通过学习 EMBA，可以得到知识的升华、思想的飞跃、人脉的积累、机会的增加、薪酬的提升……由于对未来得到的价值和利益有这样的认知，消费者就觉得似乎“价有所值”了。

案例

一个杯子到底能卖多少钱？

第 1 种卖法：卖产品本身的使用价值，只能卖 3 元/个。

如果你将它仅当成一只普通的杯子，放在普通的商店，也许它最多只能卖 3 元钱，还可能遭遇邻家小店老板娘的降价招客暗招，这就是没有价值创新的悲惨结局。

第 2 种卖法：卖产品的文化价值，可以卖 5 元/个。

如果你将它设计成今年最流行款式的杯子，可以卖 5 元钱，因为你的杯子有文化，冲着这文化，消费者是愿意多掏钱的，这就是产品的文化价值创新。

第 3 种卖法：卖产品的品牌价值，就能卖 7 元/个。

如果你将它贴上著名品牌的标签，它就能卖 7 元钱，因为你的杯子是有品牌的产品，几乎所有人都愿意为品牌付钱，这就是产品的品牌价值创新。

第 4 种卖法：卖产品的组合价值，可以卖 50 元/组。

如果你将三个杯子全部做成卡通造型的套装杯并进行温馨、精美的包装，为其起名“我爱我家”，其中一个叫父爱杯，一个叫母爱杯，一个叫童心杯，卖 50 元一组也没问题，这就是产品组合的价值创新。

第 5 种卖法：卖产品的延伸功能价值，可以卖 80 元/个。

如果你猛然发现这只杯子竟然是由磁性材料做的，那我帮你挖掘出它的磁疗、保健功能，卖 80 元/个绝对可以，这就是产品的延伸价值创新。

第 6 种卖法：卖产品的细分市场价值，卖 188 元/对也不是不可以。

如果你将你的那个具有磁疗保健功能的杯子印上十二生肖，并且准备好时尚的情侣套装礼盒，取名“成双成对”或“天长地久”，可以卖 188 元/对，这就是产品的细分市场价值创新。

第 7 种卖法：卖产品的包装价值，卖 288 元/对可能会更火。

如果把具有保健功能的情侣生肖套装做成三种包装：一种是实惠装，可以卖 188 元/对；第二种是精美装，可以卖 238 元/对；第三种是豪华装，可以卖 288 元/对，这就是产品的包装价值创新。

第 8 种卖法：卖产品的纪念价值，可以卖 2000 元/个。

如果这个杯子被名人用过，或者有去遨游太空的经历，这样的杯子可以卖到 2000 元/个，这就是产品的纪念价值创新。

十四、消费者自主定价策略

既然消费者对产品价值都有自己的判断，那么，企业可以考虑让消费者自己对产品定价，也就是让消费者自愿付费。

可能会有人担心消费者自主定价策略不能确保企业的利益，虽然可能存在这种情况，但是消费者自主定价策略也可能给企业带来超额的利益——假如消费者在消费产品时意外得到了附加利益，如在接受产品的过程中得到了重要的信息，或者结识了重要的人物，或者谈成了一笔生意……那么，消费者很可能愿意为此次消费支付比平常要高的价格。

即使消费者在消费产品过程中没有附加利益、没有意外的惊喜，对素质较高的消费者来说，出于面子的考虑，他们一般也会支付比正常价格高的费用。所以，企业不妨试试消费者自主定价——先予后取。

例如，在打车需求的高峰期，出租车司机往往会将优先产品给予那些答应给小费的消费者。当然，给多少消费者自己定，接不接单则是司机定。消费者给够小费实际上是对出租车司机给予优先产品的奖赏。

案例

自愿付费

伦敦的一家叫作“Just Around the Corner”的餐厅执行着一种特别的定价法：它让消费者自己预估这顿饭值多少并支付其认定的价格来买单。这个办法自从1986年开始实施以来一直非常成功，大多数消费者付费都高出餐厅正常收取的费用。三道菜的正餐消费者平均付费25英镑（约41美元）；但是一些消费者会倍加小心付足费用。“一个晚上，四位美国政府官员用过一顿价值不到200美元的晚餐后，递过来1000美元。他们问这是否够了。”餐厅老板迈克尔·瓦萨斯（Michael Vasos）说，“我的这家餐厅要比其他四家店赚得多。”他认为他的餐厅和其定价策略的成功要归功于其消费者的慷慨大方，虽然有人认为这是英国人为避免尴尬而付费很多。

“随你所愿而食，以你感觉付费”是安娜拉克什特提出的概念，这是一家在新加坡、吉隆坡、槟城、钦奈、哥印拜陀等地的饭店集团。“我们相信你，我们信任你。”这家饭店如此主张。它的基本动机不仅是利润，还有产品。它由志愿者来运营，这些志愿者可以自己选择是做饭、清洁产品还是洗盘子；因为“他们能够从产品、爱心和奉献的哲学中得到快乐”。这家饭店让消费者先吃，然后随其心愿付账。正如他们所说“你在安娜拉克什特所享用饭菜的价格是没有对或者错的；不管你们付多少钱我们都乐意接受”。

第四节　价格变动策略

企业处在一个不断变化的环境中，为了生存和发展，有时候需主动降低价格或提价，有时候又需对竞争者的变价做出适当的反应。

一、企业降价与提价

（一）企业降价

1. 降价的适用条件

首先，当企业的生产能力过剩，市场供过于求，企业库存积压严重，需要扩大销售，但采用其他非价格竞争手段，如增加销售力度、改良产品、加强促销等都不能达到扩大销售的目的时，企业就要考虑降价促销。其次，企业的成本费用比竞争者低时，可以通过降低价格来进一步提高市场占有率，从而扩大生产和销售量，降低成本费用。再次，本企业或其他企业的新的同类产品上市，就要降价销售老产品。然后，在强大竞争者的压力下，企业的市场占有率下降时可适当采取降价措施。最后，当企业与其他竞争对手的产品无差异时，如果竞争者降价，企业必须随之降价，否则消费者就会购买竞争者的产品，而不购买本企业的产品。

2. 降价的缺点

首先，降价措施有时要企业付出很高的代价，损失一部分本来能够赚到的钱。因为，在降价时购买产品的消费者中，有相当大比例的人群即使没有降价优惠也照样会以正常价格去购买，这样，在无形当中，降价措施使企业损失了一部分本来可以获得的正常利润。其次，一项减价活动如果被消费者视为没有充分理由的行为，降价就可能反而有损产品的形象，尤其是过分频繁地使用降价的手段，更应当慎重。因为，人们往往都有一个心理定式：好货不便宜，便宜没好货。企业千万不能弄巧成拙，赔了夫人又折兵。

3. 降价的策略

（1）直接降价。

（2）价格不变，馈赠礼品。

（3）价格不变，加大各种折扣。

（4）价格不变，提高产品的质量或性能。

（5）价格不变，增加服务项目。在价格不变的情况下，企业增加运费支出，实行送货上门，或免费安装、调试、维修以及为消费者投保等。

（二）企业提价

1. 提价的原因

一般来说，企业主动提价可能是由于通货膨胀，也可能是因为产品供不应求。

通货膨胀时，企业的成本费用提高，因此许多企业不得不提高产品价格，这是企业提价的最主要原因。

此外，当企业的产品供不应求时，企业也会提高产品价格。

2. 提价的策略

（1）直接提价

直接提价即直接提高产品价格，企业采取直接提价策略时要注意以下一些技术性问题。

第一，掌握好适当的提价幅度，不危及已有的市场地位。

第二，根据各类产品的不同情况选择适当的提价时机，提高市场的接受能力。

第三，通过广告宣传向消费者说明原因，如原材料、人工等成本上升。

第四，宣传产品质量、性能等方面有进步，使消费者认为应该涨价。

（2）间接提价

间接提价即采取一些方法使产品价格保持不变，但实际价格却隐性上升，这些方法主要有以下几个。

第一，使用更为经济的材料或配件做代用品。

第二，改进包装材料，以降低包装的相对成本。

第三，缩小产品的尺寸、规格。

第四，采取延缓报价策略——企业暂时不规定价格，等到产品制成时或交货时才规定最后价格。在工业建筑和重型设备制造等行业中一般采取这种定价策略。

第五，减少价格折扣，即企业决定削减正常的现金和数量折扣，并限制销售人员以低于价目表的价格来扩大销售。

第六，创造新的更为经济的品牌或无品牌产品。

二、消费者对价格变动的反应

首先，消费者对于企业产品价格的变动会有想法。例如，他们对企业的降价行为可能会这样理解：这种产品的式样过时了，将被新型产品所代替；这种产品有某些缺点，销售不畅；企业财务困难，难以继续经营下去，价格还要进一步下跌，观望是划算的。而对于企业的提价行为，他们也有着自己的理解：这种产品很畅销，不赶快买就买不到了；这种产品很有价值；卖主想尽量取得更多的利润。正是由于消费者存在这样的心理，而会出现买涨不买跌、追涨杀跌的购买行为。

其次，消费者对不同产品的价格变动会有不同反应。消费者对价格高、经常购买的产品的价格变动较敏感；而对于那些价格低、不经常购买的产品的价格变动不敏感。

再次，消费者对产品价格变化的感受更多取决于变化的百分比而非绝对值。

最后，消费者的心理价格上下各有一个界限，将价格调整到界限外易被注意，在界限内往往被忽视，因此，企业在上限内一点点提价比一下子提较高价更易被消费者接受，一次降到下限之下比多次小幅降价效果好。但是，在价格谈判中，企业降价不能一下子让步太多，要一点点地降，让客户觉得这个价格谈判下来不容易。

三、企业对竞争者变价的反应

一般来说，如果某一个企业提价，且提价会对整个行业有利，则其他企业也会随之提价。

但是，当企业的产品与竞争对手的产品存在差异时，企业对竞争者变价的反应有更多的选择余地。因为消费者选择卖主时不仅会考虑产品的价格因素，而且会考虑产品的质量、性能、外观、可靠性等多方面的因素。

思考题：

1. 影响定价的因素有哪些？
2. 市场需求、产品的需求弹性对定价有什么影响？
3. 消费心理对定价有什么影响？
4. 政府管制对定价有什么影响？
5. 定价方法有哪几种？
6. 成本加成定价法的缺点是什么？
7. 什么是需求差异定价法、竞争导向定价法？
8. 主要定价策略有哪些？高价策略适用的条件是什么？
9. 心理定价策略、差别定价策略是什么？
10. 新产品定价策略、产品组合定价策略是什么？
11. 关系定价策略、消费者自主定价策略是什么？
12. 企业降价与提价的策略是什么？

第十章 分销策略

引例：医院的分销渠道

首先，医疗服务网点的布局。医院的位置、分院的选址要贴近患者，大型医疗机构可以考虑建立医疗服务网点，如开设分院、联系一些乡镇医疗机构等，使患者可以就近得到高质量的医疗服务。此外，要合理布局社区医院。社区是大型医院服务范围的延伸，医院要认真研究现有社区服务网点的人口、交通、需求等状况，并结合医院整体市场规划，进行合理的调整和取舍，并大力开展家庭病床、健康俱乐部等多种服务形式，充分发挥社区资源效率。

其次，加强医院之间多层次合作。除了患者本人的判断外，接诊医院的建议往往会对患者选择下一家医院产生重要影响，因此，医院之间应该加强合作，取长补短，扩大就医顾客群，合作既可采取松散型合作，也可采取紧密型合作。松散型合作即进行学术交流、资源互补、双向转诊，以及技术和设备的相互支持。紧密型合作即在时机成熟时，输出品牌、资本，控股或参股，进行连锁经营。

再次，加强与机关企事业单位的合作。机关企事业单位潜在市场大，医院可在此建立医疗合作及定点体检，这样既提升了机关企事业单位的医疗保障水平，又扩展了医院稳定的消费群体。

然后，开发第三方付费医疗市场。第三方付费医疗是指由医疗机构和就医顾客之外的政府（公费医疗、合作医疗及社会医保等）、保险公司或公益组织等机构全部或部分支付医疗费用。医院通过这个市场可以获得稳定的顾客。所以，医院应该注意维持与这些部门的良好关系，争取更多的第三方付费医疗市场。

最后，借助网络开展远程医疗。医院可以借助网络科技开展远程医疗，互联网的迅速普及可以使医疗机构大力运用网络进行医疗服务，如网上咨询、网上就医等，这样既可以减少患者的就医时间又可以更好地保护患者的隐私。

企业的好产品要通过一定的分销渠道或者分销商才能销售给市场，科学正确的分销策略、便捷高效的分销渠道将有力地推动企业的好产品进入、占据目标市场。

第一节 分销渠道概述

一、分销渠道的定义

生产者与消费者之间存在时间、地点等多方面的差异和矛盾。企业生产的产品只有通过一定的分销渠道，才能在适当的时间、地点，以适当的价格、数量、品种、信息和方式供应给消费者，从而克服生产者与消费者之间的矛盾。

分销渠道一般是指产品从生产者流向消费者或用户所经过的整个通道，也是指促使某种产品能够顺利地被使用或消费的组织，其成员包括商人分销商、代理分销商。

二、分销渠道的功能

分销的基本功能是将产品顺利地分销给消费者。其主要包括以下内容。

（一）调研

调研即收集、分析和传递有关顾客、行情、竞争者及其他市场营销环境的信息。

（二）寻求

寻求即解决买者与卖者“双寻”过程中的矛盾，寻找潜在顾客，为不同细分市场消费者提供便利的营销服务。

（三）分类

分类即协调专业化厂商产品（服务）、单一品类与消费者多样化需要之间的矛盾，按买方要求整理供应品，如按产品相关性分类组合，分级分等，改变包装大小等。

（四）促销

促销即传递与供应品相关的各类信息，与顾客充分沟通并吸引顾客。

（五）洽谈

洽谈即与供销双方达成产品价格和其他条件的协议，实现所有权或持有权的转移。

（六）物流

物流即组织供应品的运输和储存，保证正常供货。

（七）财务

财务即融资、收付货款，将信用延伸至消费者。

（八）风险

风险即在执行分销任务过程中承担相关风险。

（九）服务

服务即提供信用、交货、安装、维修等附加服务支持。

三、分销渠道的结构

分销渠道的结构指分销商的市场空间分布，包括渠道的长度和宽度两个方面。

（一）分销渠道的长度

分销渠道的长度指产品在流通过程中，所经历的中间环节或层次的多少。

根据渠道的长短，可以将分销渠道划分为长渠道和短渠道。

1. 长渠道

长渠道即企业使用的分销环节或层次比较多。长渠道可以使生产商充分利用分销商的资源及专业化优势和人员等方面的投入，获得广泛的市场覆盖面。但是，长渠道使生产商对渠道的控制减弱，获取市场信息更加困难。

2. 短渠道

短渠道即企业使用的分销环节或层次比较少。短渠道可以使生产商对渠道有较强的控制力，但市场覆盖面较小，要求企业自身实力雄厚，具有大规模存货和配送的能力，或者能有效利用第三方物流。

渠道的长短主要取决于用户规模、用户集中度、产品通用性、技术复杂性。当用户规模大、相对集中，产品专业性强，技术复杂时，生产商一般选择短渠道或者零阶渠道；相反，则选择长渠道。

（二）分销渠道的宽度

分销渠道的宽度是指渠道的每个层次使用同种类型分销商数目的多少。

根据渠道的宽窄，分销渠道可分为密集分销、选择分销、独家分销三种。

1. 密集分销

密集分销也称广泛分销，是指生产商通过发展尽量多的分销商，以促进产品销售，尽可能扩大市场覆盖面，方便顾客可以随时随地购买。这种分销策略能扩大市场覆盖面，或使某产品快速进入新市场，使众多的消费者和用户能随时随地买到这些产品。

2. 选择分销

选择分销指制造商在某一地区仅通过少数几个分销商推销其产品。选择分销介于独家分销与密集分销两者之间，吸取了独家分销与密集分销的优点，又避免了两者的缺点，这种方式能较有效地维护品牌信誉，建立稳定的市场和获得竞争优势。相对而言，消费品中的选购品和特殊品最适于采取选择分销策略。

3. 独家分销

独家分销指生产商在一个区域内只选择一家最适合的分销商销售其产品，适用于大型专用成套设备或者具有技术诀窍、专门用户的特殊产品。独家分销有利于厂商控制市场，降低渠道管理难度和费用。

四、分销渠道的类型

根据分销渠道的类型，可将分销渠道划分为直接渠道和间接渠道。

（一）直接分销渠道

直接分销渠道是指企业通过自有的渠道进行销售。

直接分销渠道是最短的分销渠道，或称零阶渠道。

（二）间接分销渠道

间接分销渠道是指企业经由分销商销售产品。

例如，旅行社、旅游承包人、观光旅游中心、旅馆或大饭店、航空公司、集中预订系统等渠道都是旅店的间接分销渠道，它们为旅客、游客提供住宿预订服务、接待服务等。当然，旅馆本身也可以作为分销商为游客提供其他服务，如汽车租赁、导游、剧院和演奏会入场券等。

间接分销渠道可分为一阶渠道、二阶渠道、三阶渠道等，即产品要经过1～3层的分销商才能到达终端消费者。

案例

让经销商成为配货中心

脑白金在启动初期，采用了一种非常独特的渠道策略。脑白金在省级区域内不设总经销商，在一个城市只设一家经销商，并只对终端覆盖率提出要求。因为不设总经销商，其渠道实现了“扁平化”，尽管公司内部办事处分为省级、地级，但各地方经销商相互间却没有等级之分。它将一个经销商的控制范围限制在一个地区、一个城市，防止了经销商势力过大对企业的掣肘；此外，一个城市只设一家经销商，保证了流通环节的利润，厂家与经销商之间的合作关系因此变得更加紧密。

在功能分配上，经销商只负责铺货、配货，其他终端包装、终端促销、广告投放等均由脑白金设在各地的办事处负责。在这种模式下，经销商的作用已经非常有限，实际上仅起到一个配货中心的作用。

脑白金在进入某一市场之初，还采用倒做渠道策略，即先在报纸上投放广告，让消费者到终端点名要货，这样就大大降低了渠道开拓和铺货的难度。脑白金的现款现货政策，也与倒做渠道策略有关。

第二节　直接分销渠道

一、直接分销的优缺点

（一）直接分销的优点

首先，对产品的供应与表现能保持较好的控制，对企业的策略、制度、规范、标准的执行和贯彻力度较强，有利于确保服务的总体水平。

其次，能够及时地从与顾客的接触中了解顾客的需要及其变化、顾客满意与否，从而适时做出调整，更好地适应市场的变化，更好地针对顾客提供个性化的服务。

（二）直接分销的缺点

首先，市场覆盖面有限，可能局限于某个地区，不利于业务的扩大。

其次，仓储运输费用、销售人员费用和管理费用较高。

二、直接分销的形式

企业直接分销的形式主要有连锁经营、机器自动化分销、呼叫中心分销等。

（一）连锁经营

1. 连锁经营的定义

连锁经营是经营同类产品的若干机构（分店），在同一核心机构的领导下，按照统一的经营理念和经营方针，采用规范化经营，进行集中管理和分散服务相结合的经营形式或组织方式。

2. 连锁经营的优点

（1）扩大销售规模，多地点的连锁经营可以有效解决地理限制问题，实现服务规模的扩大。

（2）节约费用，企业规模一旦扩大后，广告宣传费用会少于每家分店单独广告费用的总和，还可以降低采购费用等。

（3）标准化经营，在连锁经营中，总部负责分店地址的选择、人员的培训，并提供一揽子服务方案，自始至终地对分店进行监督与指导，从而保证了各分店在店名、店貌、价格、服务规范、广告宣传方面的统一，有利于扩大销售。

（二）机器自动化分销

机器自动化分销是指企业运用高新技术设备，如自动售货机、自助银行、自助缴费系统等先进的技术设备为顾客提供服务。

自动售货机业态发祥于美国，被日本引进后发扬光大。美国的售货机年销售额为 300 亿美元左右，日本的为 600 亿美元。美国平均每 40 人拥有 1 台售货机，而日本每 23 人就拥有 1 台售货机，平均每年每个日本人在售货机上购买近 500 美元的产品。日本售货机中香烟销售金额占日本香烟总零售额的 4 成多，售货机饮料的销售额占日本全部饮料零售额的 1/4，比便利店还多，仅少于量贩店的销售额。

自动售货机可以放在自办营业厅里，也可以设置在政府机构、大型企业、学校、居民小区等固定人口较多的地区，也可以设置在商业中心、车站和码头等流动人口密集的地段。自动售货机可以 24 小时昼夜服务，为当地市场提供便捷的购物服务，节省了企业的人力，弥补了企业网点的不足和死角。例如，航空企业可以在机场、银行、高级宾馆等地方放置自动售票机。

银行业在运用自助银行、自动柜员机（ATM）、销售点终端（POS）、手机银行方面也是佼佼者。自助银行使商业银行可以在不增加人力成本的前提下扩充营业网点，将 24 小时存取款服务延伸到社区。发达国家的自助银行已经基本替代了传统的银行网点。年营业额 40 亿美元以上的美国银行中，平均 22%的交易是在自助服务设备上完成的。ATM 深入大街小巷，可以 24 小时昼夜服务，顾客可以自由使用和操作自己所需要的服务，而不用在银行里排长队，同时这也可缓解银行的服务压力。

作为 ATM 的延续和发展的 POS 是直接安装在商店等消费场所里、与银行连接、供顾客购买产品时自动支付的设备。POS 系统扩大了 ATM 的功能，使持卡人享受到更为便利的消费服务。使用 POS 可以即时进行交易结算，做到银行、商家和顾客之间的三赢：银行可以节省人力和物力，增加业务量；商店等消费场所可以及时收回货款，增加营业额；顾客外出购物无须携带现金和支票，既简便又安全。

（三）呼叫中心分销

呼叫中心是综合利用先进的计算机及通信技术，对信息和物资流程进行优化处理和管理，集中实现沟通、服务和生产指挥的系统，是将企业的通信系统、计算机处理系统、人工业务代表、信息等资源整合成统一、高效的服务工作平台。当前，电话（呼叫中心）就是企业与顾客联络的主要方式，如 10086、10010、10000、95519 等都是呼叫号码。

例如，厦航开通了全国统一购票服务电话 95557，由于避开了层层环节，这无疑也是成本较低的直销方式。此外，通过自己的官方网站，厦航还向顾客提供网上机票销售业务。

第三节 间接分销渠道

一、间接分销的优缺点

（一）间接分销的优点

首先，间接分销市场覆盖面较广，可不局限于某个地区，有利于业务的扩大。

其次，分销商往往资源雄厚、经验丰富、神通广大，有利于提高分销的效率，可以为顾客提供更好的服务。

（二）间接分销的缺点

首先，较难控制中介机构的表现。分销商可能对企业的策略、制度、规范、标准的执行和贯彻力度较弱，不容易确保服务水平。除非分销商有意愿、有能力复制直接分销的服务品质，服务价值才不会降低。

其次，不能及时了解市场动态。由于企业没有直接为顾客提供服务，因此不能及时地从与顾客的接触中了解顾客的需要及其变化、顾客满意与否，从而无法适时做出调整，为顾客提供温馨服务。

二、间接分销的形式

企业间接分销的形式主要有代理分销、经销分销、特许经营等。

（一）代理分销

代理分销是指依据代理合同的规定，被授权委托从事某种产品的销售活动，代理商的利润来源于佣金。

代理分销的特点是：比直接分销投资少、风险小；通过人熟、地熟的代理，容易打开一个新市场。

例如，旅游代理人作为航空公司、饭店、景点的代理人，为旅游者提供旅游服务，包括交通工具、食宿、游览、办理护照和签证等，其收入主要来自航空公司、饭店、景点付给的佣金，在未收取佣金的情况下，也可收取一定的服务费。

（二）经销分销

经销分销是指将产品买进后再售出，其利润来源于进销差价。

（三）特许经营

1. 特许经营的定义

特许经营指特许者将自己所拥有的商标、商号、产品、专利和专有技术、经营模式等以合同的形式授予被特许者使用，被特许者按合同的规定，在特许者统一的业务模式下从事经营活动，并向特许者支付相应的费用。

特许经营是连锁经营的一种，是一种知识产权的授予，它不受资金、地域、时间等各方面的限制。正因为如此，特许经营成为企业扩张的一种重要方式。

2. 特许经营模式给特许人带来的利益

（1）通过控制店铺设计、管理模式、服务标准、服务品质、价格、促销、员工培训等因素，使所有店铺形象保持一致。

（2）特许经营模式可以降低企业扩展的财务风险和市场风险。

（3）从拥有特许经营权的特许人角度看，他们不用建立庞大的、多层次的管理组织，因为诸如人员招聘、信息收集和处理等很多管理工作是由特许经营店自己进行的，大部分运作成本也都是由特许经营权使用者负责，所以特许人的管理成本很低，在广告和促销上也可以利用规模经济优势。

3. 特许经营模式给特许人带来的风险

（1）特许经营模式中加盟商的服务品质的一致性难以保证，特许人的形象和声誉容易受损。

（2）加盟商更直接地控制顾客关系和顾客信息。

4. 特许经营模式给被特许人带来的利益

（1）获得成熟的盈利模式、服务标准和管理模式；获得品牌支撑和顾客的信心。

（2）降低开办企业的风险。

有研究表明，新开办企业的失败率是通过特许方式开办企业的失败率的 10 倍左右。特许加盟的魅力在于特许者会给予加盟方一个强大的运营体系，对于加盟方来说，做得好是自己的，做得不好或者遇到什么问题，可以马上向总部寻求支持。这种加盟形式，对于一些从未涉足过管理领域、缺乏相关管理经验的投资者而言，不失为一种好的选择。在可以标准化或实际上可以被复制的服务业中，特许经营模式被越来越多地采用。

5. 特许经营模式给被特许人带来的风险

（1）如果有少数，即使是一家被特许企业发生有损于品牌形象的经营行为，其他被特许的加盟商也会受到牵连。

（2）随着被特许的加盟商数量的不断增加，特许人的管理能力可能无法跟上，导致整个特许经营体系混乱，被特许的加盟商也会因此而受损。

案例

麦当劳与肯德基的分销

麦当劳餐厅至今已经在全世界的120个国家和地区开设了3万多家餐厅，是目前世界上规模最大的特许连锁企业。麦当劳把最佳的地点一次性长期买断，然后建成统一标准的餐厅。这样，当一个人获得麦当劳的特许经营权的时候，每年他都要支付两笔费用：一笔是特许加盟费，另一笔是租金。

加盟的分店必须严格按照总部规定的标准、规范的作业流程和服务规则进行经营，麦当劳坚持受许人必须遵守它的复杂的制度体系。麦当劳的操作手册重达2千克，极其详尽地描述了如何进行操作，包括以秒为时间单位计算烹饪和服务的时间，手册还对每个人员角色进行了详尽描述。经营者要在汉堡大学经过几个月的现场培训后方可结业。一旦投入运营，会有一批“地区顾问”来协助受许人。他们会对受许人的运行状况进行经常性的、仔细的检查。

加盟麦当劳至少要具备五个条件：一要具备企业家的精神和强烈的成功欲望；二要有较强的商业背景，尤其是要具有处理人际关系和财务管理的特殊技能；三要愿意参加培训项目，并全力以赴；四要具备相应的财务实力与资格；五要具备在麦当劳工作若干年以上的经历。

肯德基也以“特许经营”作为一种有效的方式在全世界拓展业务。与麦当劳不同，肯德基目前在中国发展加盟店的方式是让加盟者出资购买一间正在运营中并已赢利的连锁店。转让已经成熟的餐厅，对肯德基和加盟者来说是最稳健、最便捷的做法。加盟者不必由零开始，可以较快地融入肯德基的运作系统，进而极大地保障加盟者成功的机会。

肯德基要求加盟商有从业背景，能很快掌握该行业的基本知识。候选人将被要求参加一个内容广泛的20周的培训项目，项目包括以下内容：《餐厅经理》《餐厅副理》《如何管理加盟经营餐厅》等课程。肯德基只有在对加盟商的组织机构、金融状况和项目计划完全满意的情况下，才会开始合作。

第四节　分销渠道设计与管理

一、影响分销渠道设计的因素

（一）市场特性

目标市场顾客的规模、地理分布、需求特征、购买行为特点等要素对分销渠道类型的选择具有决定性的意义。

面对顾客人数多、分布范围广、要求多品种小批量购买的市场，企业通常需要选择能充分利用的长渠道；反之，则会倾向采用短渠道。

另外，消费者的心理、传统购买习惯或消费方式、消费兴趣的转移，都是企业设计分销渠道时要考虑的因素。

（二）产品特性

产品特性主要是指产品的物理化学性能、体积、重量、标准化程度、单位价值的高低等对渠道的选择和设计产生重大影响的诸因素。

一般而言，易损耗、个体庞大、不安全的产品最好选择直接渠道或短渠道，尽可能减少分销商的参与。例如，水泥、矿石、啤酒等笨拙沉重的产品，应尽量减少运输距离和重复搬运次数，所以应采用短渠道。蔬菜和鱼等生鲜食品也应尽可能地采取短渠道，以避免因重复搬运和耽误时间而造成的产品变质。价值高、技术性强和专用性突出的产品，也往往选择直接渠道或短渠道。

（三）企业特性

企业的总体规模、财务能力、产品组合、渠道经验、营销政策也是影响渠道决策的重要因素。例如，财务实力较差的公司最好多依靠间接分销，因为它无力承担广泛、直接的分销业务。

（四）竞争者特性

竞争者使用什么样的渠道策略也是厂商的参考依据。有的企业会直接照搬其他竞争者的分销策略，有的企业则需要采用不同的分销策略与竞争者展开竞争。

（五）分销商特性

一般来说，分销商在广告、产品运输储存、信用条件、退货特权、人员训练、送货频率等方面有不同的特点，因此，分销渠道的设计必须考虑分销商的特性。

二、分销渠道设计的基本原则

分销渠道设计的基本原则是畅通高效、设置合理、配合良好，使产品分销以最短的时间、最好的服务、最少的投入，实现最大的产出，完成产品从生产地点向消费者使用地点的安全转移。具体来讲，包括以下几个方面。

（一）畅通高效

建立畅通高效的分销渠道对于缩短产品流通时间、提高流通速度，将产品尽快、尽早送达目标市场，从而使消费的需求得到满足，具有重要意义。

（二）成本最小化

分销渠道的成本有两种：一是渠道开发的投资成本，二是保持渠道畅通的维护成本。其中维护渠道的成本是主要的、经常的，它包括维持销售力量的直接开支和给予分销商的利润、报酬或佣金，以及业务洽谈和通信的费用等。

（三）与企业目标相吻合

企业的目标主要包括企业的形象、产品的市场覆盖程度、产品的档次、市场占有率的计划、企业对分销渠道的控制意愿等。如果企业想较多地控制分销渠道，就必须设计较短的渠道。

三、分销渠道的管理

（一）选择分销渠道成员时应考虑的因素

1. 市场覆盖范围

市场是企业选择分销商最关键的因素。首先，企业要考虑所选分销商的经营范围所包括的地区与企业产品的预期销售地区是否一致。其次，分销商的销售对象是否是企业所希望的潜在顾客。最后，对零售商还要重点评估其店址位置、布局和发展潜力等。

2. 声誉

声誉不仅直接影响回款情况，还直接关系到市场的网络支持。

3. 分销商的历史经验

首先，具有丰富专业知识和经验的分销商会在行情变动中掌握经营主动权，保持销售稳定或乘机扩大销售量。其次，经营历史较长的分销商早已为周围的顾客所熟悉，拥有一定的市场影响力和一批忠实的顾客，大多成为周围顾客光顾购物的首选。

4. 合作意愿

合作意愿直接影响了双方合作的深度和成效。

5. 分销商的财务状况

企业倾向于选择资金雄厚、财务状况良好的分销商，因为这样的分销商能保证及时付款，还可能在财务上向企业提供一些帮助，如分担一些销售费用，提供部分预付款或者直接向顾客提供某些资金融通，如允许顾客分期付款等，从而有助于扩大产品销路和生产发展；反之，若分销商财务状况不佳，则往往会拖欠货款。

6. 分销商的促销能力

分销商推销产品的能力直接影响其销售规模。企业要考虑到分销商是否愿意承担一定的促销费用，有没有必要的物质、技术基础及相应的人才。

（二）培训分销渠道成员

为使渠道顺利运行和更有效率，企业需要为代理商或经销商提供训练方案并对其进行必要的培训。

（三）激励分销渠道成员

1. 物质激励

物质激励指企业用高利润、额外奖金、广告津贴、功能折扣、送货上门或分担运费、资助促销奖励计划、提供免费印刷品、赠送陈列品、提供促销产品、帮助融资等措施使渠道成员得到物质上的满足，从而进一步调动其积极主动性。

企业要制定便于量化管理的销量返利制度，在制定返利政策时要明确是现金返，还是以货物返，还是两者结合；明确货物返能否作为下月的任务数；明确返利的时间是月返、季返还是年返。

2. 精神激励

精神激励指企业用信息、知识、赞扬、关心等感染渠道成员，使其有所投入，并愿意与分销渠道成员建立伙伴关系，风险共担，利益共享。

3. 创新激励

首先，指企业不断开发新产品、差异化产品、高盈利产品，满足分销渠道成员的盈利要求，提高其赢利能力；其次，通过向分销渠道成员提供新的经营方式或营销模式，提升渠道成员乃至整个分销渠道在市场上的竞争力。

4. 提供帮助

企业提供帮助包括提供信贷援助、技术咨询、技术指导、技术培训，提供财务制度、销售技巧的培训，帮助分销渠道成员建立进销存报表，做安全库存数和先进先出库存管理等，帮助其提高销售能力、取得销售效果。

（四）约束分销渠道成员

企业通过合同或协议来明确分销渠道成员的责任义务，必要时采取处罚手段，如减少利润、停止供货、推迟交货、终止关系等。

延伸阅读

窜货现象及其整治

窜货是指经销商置经销协议和长期利益于不顾，进行产品跨地区降价销售。产生这种现象的原因主要有：某些地区市场供应饱和，企业给予渠道的优惠政策各不相同，分销商利用地区差价窜货。

企业可以从以下几个方面整治窜货：首先，与分销渠道成员签订不窜货乱价协议；其次，实施外包装区域差异化，在产品的外包装上印刷“专供××地区销售”，在不同地区将产品标识用不同色彩加以区分；最后，经常性地开展调查跟踪，发现窜货及时处罚。

（五）评估分销渠道成员

企业对分销渠道成员的绩效需要定期评估，评估的标准主要有：销售计划指标完成情况、平均存货水平、货款返回情况、顾客服务等。

通过评估，企业要对那些忠实履行协议、绩效优良的分销渠道成员给予奖励，对于未达绩效的给予忠告、培训、处罚或终止合作关系。

第五节 批发与零售

一、批发

批发是指企业将产品销售给为了转卖而进行购买的批发商的活动。

（一）批发商的职能

批发商是把产品出售给零售商和其他批发商的机构或个人。

批发商从事的是大宗的产品买卖活动，每次的交易量比较大，特别是购进产品的批量比较大。批发商在销售渠道中居于起点阶段和中间阶段，它从生产企业购进产品，向零售商批销产品。

1. 沟通产销信息

批发商处于生产企业和零售商之间的中介地位，既可以了解产品的生产情况，又可以了解产品的市场销售动态。因此它可利用这种便利条件，向生产型企业提供市场需求信息和消费者反馈意见，向零售商进行产品情况的介绍和宣传。

2. 集散产品

批发商通过采购业务，将各个地区、各个不同的生产企业分散生产的产品集中起来，进行必要的初步加工、整理、包装等处理，再通过产品交易活动，将产品分散供应给零售企业和生产用户。

3. 调节供求

一方面，批发商集中、大批量地从生产企业购进产品，使生产企业及时实现产品的价值，提高资金周转率，加速再生产过程；另一方面，批发商还小批量地将产品批售给零售商，减少零售储存产品的负担。批发商实际上承担了产品“蓄水池”的功能，把市场上一时多余的产品收购储存起来，当市场供应不足时再投放出去。

4. 承担市场风险

批发商在多数情况下是大批量地购进和储存产品，分批少量地销售产品，在这个过程中为生产企业和零售商承担了一定的市场风险。

（二）批发商对制造商的服务

首先，优秀的批发商有较大而较稳定的市场覆盖率，以满足制造商对其产品市场覆盖的要求。其次，批发商具有在一定市场范围内联系大量消费者的能力。制造商通过他们接触消费者，可以降低成本。再次，批发商通常要储备其代表的制造商的产品，以减轻制造商的融资负担和存货风险。然后，批发商往往同时经营多家同类企业的产品，他们的订单处理成本可以被多项产品分摊，而不是只限于一家制造商，可减轻制造商处理大量小订单的压力。复次，批发商可以通过零售商和消费者了解消费者对产品和服务的要求，并将这些信息传递给制造商，以便其改善生产和经营管理。最后，制造商依靠批发商向消费者提供全面的服务，包括维修、安装等售后服务。

（三）批发商对零售商的服务

首先，批发商随时供应适合零售商需要的产品；其次，提供多种直接的销售帮助，如广告、现场促销材料；再次，为零售商在策划店面陈列、设计、库存管理方面提供帮助；最后，对零售商在公共关系、日常管理、信息系统等方面给予指导与建议。

二、零售

零售是指所有面向最终消费者直接销售产品的活动。

零售商是把产品出售给终端消费者的机构或个人。

零售商从生产者或批发商那里小批量购进产品，再直接向消费者零星销售产品，每次的销售量小、交易频繁。零售商的对象是众多的消费者，在分销渠道中，零售商居于终点阶段。

（一）零售商的职能

1. 承担风险，促进销售，提供信息

零售商为生产商或批发商减轻了流通过程中的负担，如储存、运输等方面的费用和风险等。零售商利用人员推销、广告宣传以及促销活动等各种营销手段来促进产品销售，扩大产品市场占有率，还提供有关零售市场上消费者、竞争者和市场状况等有价值的信息。

2. 以多种方式为消费者服务

零售商的这种职能表现为：将不同生产者的产品汇集在一起供消费者挑选；通过广告和推销员等促销手段向消费者传播产品信息；向消费者提供赊购和分期付款等信用条件；在适当条件下还送货上门。

（二）零售商的类型

1. 商店零售商

商店零售商指设店经营的零售商。商店零售商一般分为八类：百货店、超级市场、大型综合超市、便利店、仓储式商场、专业店、专卖店、购物中心。

2. 非商店零售商

非商店零售商指不设店面的零售经营者，又称无门市部零售商。非商店零售商包括直复零售（邮购，电话购物，电视购物，网络购物等）、直接销售（上门推销，传销等）、自动销售、互联网销售。

（三）零售点位置的重要性

古语“一步差三市”，说的是两家店面的开店地址差一步就有可能差三成的买卖；还有人说，正确的选址是成功的一半。如果顾客不能方便地得到服务，那么再好的服务对顾客来说都毫无意义，也不会产生任何价值。

因此，世界知名品牌麦当劳、肯德基每开设一家分店都要事先进行深入的调查研究和论证，并逐步形成了一套科学化的选址程序，其对店址潜在商业价值的判断力，是保证开连锁店成功率较高的重要原因。

店面位置是否便利顾客，是否有足够大的停车场所，是否有便利的公共交通路线……都是影响顾客光顾与否的重要因素，如商店、餐馆等地段的好坏、便利程度都会影响顾客是否光顾。

例如，沃尔玛在美国选址于郊区，符合美国社会居住分散，普遍以车代步的现实。但在中国，城市人口居住集中，汽车还未进入大多数家庭，人们的购物消费多数还集中在步行范围内或公共交通便利的地方。可沃尔玛最初在中国开店也多选择城郊结合部，这些地方往往不靠近大的居民区，公共交通还不够方便，限制了来店的客流量。相比之下，家乐福在中国的开店选址较适应当前中国城市居民的购物活动规律，它一进入中国就抢先在市中心的繁华商圈布点。

此外，位置、地段不但关系到客流量，而且会影响零售企业的形象。例如，坐落在繁华闹市区与坐落在偏僻小巷的企业在顾客心目中的形象自然会有不同，处在繁华地段的企业会使顾客感到服务档次较高。

所以说，店面的地理位置不仅影响顾客接受服务的便利程度，还可以表现出企业的市场定位和

形象，因此，选址对企业来说尤为重要。

（四）零售点布局的思路

1. 抢先占位

抢先占位指企业优先将网点开设在对手较少的区域。抢先占位的优点是：抢先进入竞争阻力小的地方，容易建立优势；满足当地顾客的需求，可避免过度竞争；先入为主，锁定顾客偏好，增大后来者的进入成本。

2. 集中性布局

集中性布局是指同一家企业在一定区域内相对集中地开出足够多的网点，待这一区域的网点达到一定数量后，再逐步扩展到其他地区。集中性布局的优点是：方便顾客购买；提高地区的知名度，提高宣传效果，增加顾客的亲切感；获得规模效应，节省人力、物力、财力，降低物流成本，降低管理成本，提高效率。

3. 聚集性布局

聚集性布局是指企业之间相互依托、共同在同一区域布点。聚集性布局的优点是：相互陪衬、相互烘托，有“众人拾柴火焰高”的功效，可以共同打造出一个成熟的专业市场，如上海的金融业都向黄浦区和浦东陆家嘴聚集，零售业向南京路、淮海路聚集；通过聚集性布局获取聚集效益，方便顾客选购，顾客一般喜欢到聚集性的区域选择服务——可以“货比三家”。也正因为如此，越来越多的金融街、小食街、建材街、数码城、家具城等开始出现。另外，企业不在已经成熟的商圈里布点是不行的，因为这里是窗口，是顾客习惯、熟悉、乐意光顾之地。

4. 竞争性布局

竞争性布局即哪里的市场成熟，哪里的竞争激烈，企业就往哪里布点，与竞争对手相邻、相伴。这种网点布局方式是实力较大的企业采取的针锋相对的网点布局策略。竞争性布局的优点是：企业给自己压力，可以保持斗志、不松懈、不落伍，激励和鞭策自己；企业相互烘托，相互吸引对方的顾客；信息灵通、相互借鉴、相互促进。竞争性布局要求企业要有实力、有竞争力、有信心。竞争性布局最典型的例子就是“肯德基”和“麦当劳”的对峙性布局，基本上在有麦当劳的地方，不远处或者对面就会有一家肯德基餐厅，反之亦然。又如，上海最大也是全国“领头”的两家百货商店，即市百一店与华联商厦，在上海南京路、淮海路、浦东新区乃至江苏、浙江等地都进行了对峙性的网点布局。

（五）零售渠道发展趋势

首先，随着各类电商、微商等的迅猛发展，不管是新型企业，还是传统企业，几乎没有不开展电商的，而且开展的电商必须是线上线下的相互整合。

其次，各类社区门店、便利店业态不断壮大，主要是满足了新消费者的便利性购买，同时又能与目标顾客保持高频互动，所以“最后一公里”的社区门店在兴起，越来越多的企业从核心商圈的KA 卖场（指营业面积、客流量和发展潜力等方面都处于优势的大终端）转向了社区，以实现与消费者的零距离互动。

再次，“以服务取胜”的专卖店业态发展迅速，为提高销售中的产品性能体验和全程服务体验，很多厂家纷纷大力发展品牌专卖店，如厨房电器、建材橱柜和生鲜农副产品等。

最后，传统百货、大型商超等业态积极尝试转型为购物中心和综合体，即集休闲、娱乐、社交和购物等于一体的城市综合体。

思考题：

1. 分销渠道的功能与结构是什么？
2. 直接分销渠道的优缺点有哪些？直接分销的形式有哪几种？
3. 间接分销渠道的优缺点有哪些？间接分销的形式有哪几种？
4. 影响分销渠道设计的因素有哪些？
5. 分销渠道设计的基本原则是什么？
6. 选择分销渠道成员时应考虑哪些因素？
7. 如何激励分销渠道成员？
8. 批发商的职能是什么？零售商有哪些类型？

第十一章 促销策略

引例：从“新闻广告”到“礼品广告”

脑白金面世的时候，保健品行业刚刚遭遇“三株垮台”“巨人倒闭”的连环事件。整个舆论界、消费者对保健品行业的信心自“鳖精”之后，第二次陷入低谷。因为消费者对保健品信心不足，这时候传统的营销手段——报纸广告、电视广告的促销效果都非常差。

经过认真的分析研究，脑白金决定选择在报纸上做“软广告”，也就是新闻广告。脑白金早期的《98 年全球最关注的人》《人类可以长生不老》《两颗生物原子弹》等新闻炒作软文，信息量丰富、数字确切具体、文笔轻松夸张、可读性极强——在 1998 年的时候，读者还习惯看报纸上僵硬模式化的新闻报道，他们看不出那些软文是脑白金的广告，而错以为是科学普及性新闻报道，就连一些媒体编辑都上当了。

脑白金在南京刊登新闻广告时，没钱在大报上刊登，就先登在一家小报上，结果南京某大报竟然将脑白金的软文全文转载。脑白金软文的质量，由此可见一斑。也正是这种登峰造极的新闻手法，让消费者在毫无戒备的情况下，接受了脑白金的“高科技”“革命性产品”等概念。

将脑白金转变成礼品的概念是在一次偶然的机会中提出来的，脑白金当时资金不足，随便请了老头老太太花了 5 万元拍成了第一个送礼广告。播放后，其销量立即急速上涨。脑白金发现保健品作为礼品的市场机会后，立即调整枪口，从功效宣传为主转为礼品宣传为主。

为了能够成为第一，脑白金在送礼广告上投入了巨额广告费。所以每到过年、过节，脑白金的“收礼只收脑白金”的广告就会让电视观众看得直反胃。因为广告打得太多，又总是简单重复，连史玉柱自己都说老头老太太的送礼广告“对不起全国人民”。这种策略虽然为脑白金引来漫天非议，但实施的效果非常好。因为广告投放集中、诉求单一、强度非常大，脑白金占据的送礼市场份额远远超过了其他保健品的份额。

企业的好产品要想快速让市场接受，还需要通过信息传播、推广活动来引起市场注意，进而使消费者产生购买欲望。

第一节　促销概述

一、促销的含义

促销是指企业通过人员推销、广告、公共关系和销售促进等促销方式，向消费者传递产品的有关信息，引起他们的注意和兴趣，激发他们的购买欲望和购买行为，从而达到扩大销售目的的活动。

二、促销的分类

如果促销行动的受益者是消费者，这种促销就是“消费促销”。例如，“凡购买一箱某品牌的牛奶可获赠一张价值5元的优惠券”，这便是消费促销。

如果促销行动的受益者是经销商，则这种促销就是“经销促销”。例如，“凡将某品牌牛奶安排在商场的优越位置的经销商可获赠电冰箱一台”，这就是经销促销。

三、促销的作用

（一）传递信息

企业只有将产品信息传递给消费者，才能引起消费者的注意，才有可能使消费者产生购买的欲望。产品的知名度越高，消费者对企业的产品越了解，选择该产品的可能性越大。

（二）指导消费

在促销活动中，企业向消费者介绍产品知识，可一定程度上对消费者起到指导消费的作用，有利于把消费者的潜在需求变为现实需求，也可能使消费者对产品产生偏好。

（三）增加需求

由于市场竞争激烈，同类产品很多，有效的促销可以让消费者分辨出产品间细微的差别，以及突出本产品的特色，从而诱导和激发需求。

（四）稳定销售

在销售淡季和低谷期，企业开展促销活动可以减少因市场需求的周期性、季节性或不规则性导致的全年销售的波动，达到稳定销售的目的。

例如，随着医疗服务市场竞争的加剧，为了在竞争中脱颖而出，首先，医院可以进行专家促销，因为医疗专家的号召力与影响力大，医院应当积极向社会展示本院专家的医疗成果和高尚医德。其次，医院可以做有质量、有内涵的视听广告，通过电视、广播、报纸、互联网向社会宣传医院，让整个社会对医院的规模、专家、专科特色、技术水平及提供的优质服务有深入了解。最后，由于医院的社会知名度和公众美誉度直接关系到就医消费者的选择取向，因此医院需注重品牌推广和形象宣传，高度重视与新闻媒体、政府及社区的关系，以塑造医院良好的形象。

四、促销组合

促销组合由人员推销、广告、公共关系、销售促进组成。

人员推销多用于工业品的销售，因为工业品的购买者往往少而集中，产品的技术性强，需要内行人员促销；而对于绝大多数的消费品，由于标准化程度较高、价格低廉、市场范围广，通常采用销售促进和广告形式的促销。

促销组合因不同时期、不同地区或不同的经营目标而不同。假如目标是树立企业形象，提高知名度，则促销组合中广告是重点，同时辅以公共关系；假如目标是短期内迅速增加销售，则销售促进最易立竿见影，并辅以人员推销和适量的广告。

第二节 人员推销

一、人员推销的特点及基本形式

人员推销即由推销人员直接与消费者接触、洽谈、介绍产品，对其进行说服，促使其采取购买行动的活动。

（一）人员推销的特点

推销是一项综合艺术，需要推销人员融知识、天赋和才干于一身，需要推销人员在推销过程中根据不同的环境和不同的消费者灵活运用多种推销技巧。其主要特点如下。

1. 双向性

人员推销并非只是由推销员向推销对象传递信息的单向活动，而是信息传递与反馈的双向沟通过程。一方面，推销人员通过向消费者宣传介绍推销品的有关信息，以达到招徕消费者、促进产品销售之目的；另一方面，推销人员通过与消费者接触，及时了解消费者对本产品或推销品的评价。

2. 灵活性

由于市场环境和推销对象需求的不确定性因素很多，推销活动必须适应这种变化，灵活运用推销原理和技巧，恰当地调整策略和方法。

3. 说服性

为了争取消费者的信任，让消费者能接受产品，推销人员必须耐心地将产品的特点和优点向消费者进行宣传和介绍，争取消费者认可企业的产品和服务，并且愿意购买。

（二）人员推销的基本形式

1. 上门推销

上门推销是最常见的人员推销形式。它是由推销人员携带产品的样品、说明书和订单等走访消费者来推销产品。这种推销形式可以针对消费者的需要提供有效的服务，并方便消费者，得到消费者的广泛认可和接受。

2. 柜台推销

柜台推销又称门市推销，是指企业在适当地点设置固定的门市，由营业员接待进入门市的消费者，对其进行产品推销。由于门市里的产品种类齐全，能满足消费者多方面的购买需求，为消费者提供较多的购买方便，并且可以保证产品安全无损，因而消费者比较乐于接受这种方式。

3. 会议推销

它是指利用各种会议向与会人员宣传和介绍产品，开展会议推销。这种推销形式接触面广、推销集中，可以同时向多个推销对象推销产品，成交额较大，推销效果较好。

二、人员推销的优缺点

（一）人员推销的优点

1. 可与消费者直接对话，进行信息的双向沟通

一方面，人员推销可以向消费者介绍企业的现状，介绍产品的特点、价格等信息，增加透明度；另一方面，消费者也可以向推销人员反馈其对产品质量、价格、功效是否满意及要求等信息。

2. 针对性强、易促成购买

人员推销可使推销人员直接观察消费者的态度和反应，及时调整推销策略，可以根据消费者的特点和反应调整自己的工作方法，及时答复和解决消费者提出的问题，消除消费者的疑虑和不满意感，从而促成消费者的购买。

3. 有利于建立良好的合作关系

面对面的接触容易使双方从单纯的买卖关系发展到建立个人友谊，进而保持长期的业务关系。

例如，北京市王府井百货大楼优秀营业员张秉贵以“一团火”的精神热心为消费者服务，创立了闻名全国的“张秉贵品牌”。张秉贵大大提高了王府井百货大楼的知名度和美誉度，给百货大楼创造了巨大的经济效益和社会效益。张秉贵在企业内部也起到了很好的模范带头作用，推动了企业整体服务水平的提高。

上海华联商厦的“照相机状元”王震以“知识服务”著称，可以“百问不倒”，当消费者有疑问时，还可帮助消费者查阅历史资料、图片资料、技术资料，以便消费者获得他们所需要的信息。在照相机柜台的另一边，他开设了一个经典相机收藏阁。无论价格多么昂贵的照相机，无论购买与否，当消费者提出要求，王震就会从口袋里掏出白手套请消费者戴上，之后消费者便可自由操作那些昂贵的相机，白手套缩短了营业员与消费者之间的距离。

（二）人员推销的缺点

首先，对推销人员的要求较高。人员推销的效果直接取决于推销人员素质的高低，企业为了使员工胜任推销工作，所花费的相关培训成本比较高，要培养和选择出理想的能够胜任职务的推销人员比较困难；另外，为调动其积极性的激励成本也比较大。

其次，人员推销的成本较高。由于人员推销直接接触的消费者有限，而各种费用又高（差旅费、住宿费、交通费、补贴等），这就加大了产品销售的成本，削弱了产品的竞争力。

案例

星巴克的人员推销

在星巴克，员工被称作“合作伙伴”，他们是星巴克体验的核心所在。星巴克认为，站在咖啡店吧台后面直接与每一位消费者交流的“合作伙伴”在为消费者创造舒适、稳定和轻松的环境过程中起着关键的作用，决定了咖啡店的氛围。为此，在伙伴招募上，星巴克一贯坚持雇用对咖啡怀有热情和激情的人。当然，星巴克也为“合作伙伴”提供实现梦想的平台，坚持把伙伴利益放在第一位，尊重他们所做出的贡献，这些将会促使他们进一步带来一流的服务水平。

星巴克特别重视“合作伙伴”在提升消费者关系中的作用，将本来用于广告的支出用于员工的福利和培训，使员工的流动性很小。每个“合作伙伴”都要接受培训，培训内容包括消费者服务、零售基本技巧以及咖啡知识等。“合作伙伴”还要预测消费者的需求，并在解释不同的咖啡风味时与消费者进行目光交流，员工犹如咖啡迷一般，可以对消费者详细解说每一种咖啡产品的特性。

三、人员推销的基本流程

完整的推销过程，一般包括寻找消费者、访问准备、约见消费者、洽谈沟通、达成交易、售后服务、跟踪反馈七个阶段。

（一）寻找消费者

寻找消费者是指寻找有可能成为潜在购买者的消费者。寻找消费者的主要方法如下。

1. 逐户访问法

逐户访问法又被称为“地毯式寻找法”，指推销人员在所选择的目标客群活动区域内挨家挨户地访问，然后对其进行说服的方法。一般来说，推销人员采用此法成功开发消费者的数量与走访的人数成正比，要想获得更多的消费者，就得访问更多数量的人。

2. 会议寻找法

会议寻找法是指到目标消费者出席的各种会议中，如订货会、采购会、交易会、展览会和博览会，捕捉机会与目标消费者建立联系，从中寻找开发消费者的机会。例如，出版社利用“全国书市”聚集全国各地的大小书店、图书馆等的机会，与他们接触、交谈，争取把他们培养成为自己的消费者。

3. 俱乐部寻找法

物以类聚、人以群分，每个人都有自己的小圈子和自己特定的活动场所。因此，推销人员如果能够进入目标消费者的社交圈子，对其的开发工作也就容易进行了，胜算也大一些。

4. 在亲朋故旧中寻找

在亲朋故旧中寻找是指将自己接触过的亲戚、朋友罗列在清单上，然后一一拜访，争取在这些亲朋故旧中寻找自己的消费者。每个人都有一张关系网，如同学、同乡、同事等，推销人员可以依靠关系网进行消费者的开发。

5. 资料查询法

资料查询法是指通过查询目标消费者的资料来寻找目标消费者的方法。

可供查询的资料来源有：电话号码簿——记录了公司或机构的名称、地址和电话号码；团体会员名册——如刊物订阅者的名册、协会会员名册、股份公司的股东名册、行业的公司名册、工商企业名录等；证照核发机构——如企业经营许可证、烟酒专卖证、驾驶执照等；税收名册——如纳税记录、纳税排行榜等；报纸、杂志登载的信息——如新公司的成立、新商店的开业、新工程的修建等，他们往往需要多种产品，都可能会成为企业的消费者。

6. 介绍法

介绍法是指通过他人的介绍来寻找目标消费者的一种方法。

人与人之间有着普遍的交往与联系，消费需求和购买动机常常互相影响，同一个社交圈内的人可能具有某种共同的消费需求。推销人员只要取得现有消费者的信任，就可以通过现有消费者的自愿介绍，寻找到可能成为消费者的其他人，而且说服的可能性较大。另外，有的企业消费者很多，甚至没有时间招呼消费者，如果我们与这类企业搞好关系，就可能得到他们的帮助——请他们将自己来不及照顾、顾不上招呼的消费者介绍给我们。当然，这里的关键点在于处理好与这类企业的关系，这样他们才可能进行介绍。

（二）访问准备

访问准备是指为推销活动做好必要的准备。访问准备包括资料准备和策划准备两个方面，具体又包括了解消费者，了解产品，了解竞争者及其产品，确定推销目标，制订推销策略五个方面。

（三）约见消费者

当推销人员做好必要的准备和安排后，即可约见消费者。约见是推销接近的开始，约见能否成功是推销成功的一个先决条件。推销人员接近消费者应讲究时间、地点、方式、方法方面的策略，做到在恰当的时间、恰当的地点与恰当的对象做一笔适当的交易。

延伸阅读

接近消费者的方法

馈赠接近法，指推销人员通过赠送礼物来接近消费者的方法，此法比较容易博得消费者的欢心，取得他们的好感，从而拉近推销人员与消费者的关系，而且消费者也比较乐于合作。

赞美接近法，指推销人员利用消费者的虚荣心，以称赞的语言博得消费者的好感，从而接近消费者的方法。需要注意的是，推销人员称赞消费者时要真诚、要恰如其分，切忌虚情假意，否则会引起消费者的反感。

服务接近法，指推销人员通过为消费者提供有效的并符合其需要的服务，如维修服务、信息服务、免费试用服务、咨询服务等来博得消费者的好感，赢得消费者的信任，从而接近消费者的方法。

求教接近法，指推销人员利用对方好为人师的特点，通过请消费者帮忙解答疑难问题，从而接近消费者的方法。推销人员要提对方擅长的问题，而不要考问对方，如果让消费者下不了台，生意也就黄了；在求教后要注意及时、自然地将话题导入有利于促成交易的谈话中。

（四）洽谈沟通

推销洽谈是推销人员向消费者传递信息并进行双向沟通的过程，也是推销人员运用各种方式、方法、手段与策略去说服消费者购买的过程。

管理大师德鲁克曾经讲过一个故事：20 世纪 60 年代，美国一家润滑油企业的销售人员到南美洲一著名的矿厂推销润滑油，这里的机器设备很多，每年需要大量的润滑油，因此世界上许多润滑油生产厂家都把它作为重点的目标消费者。为了应对竞争，美国的这位销售人员不得不把价格压得很低，并许下很多承诺，但矿厂老板不为所动。在一次次的失败之后，这位销售人员苦思冥想，终于发现了真相——消费者根本不需要润滑油！消费者需要的是机器设备能够正常运转！在发现了消费者的根本需要之后，销售人员找到矿厂老板，对他说："我负责赔偿你的机器设备因出现故障停工而造成的各种损失。"矿厂老板颇感意外，这显然引起了矿厂老板的极大兴趣。销售人员接着说："条件是你要按照我提出的保养计划保养机器，并要使用我的润滑油……"不用说，这个销售人员成功了，他的成功归功于他将自己的身份由润滑油推销员转换成了机器设备的保养顾问。

延伸阅读

说服消费者的技巧

首先，介绍。推销人员要大大方方地介绍自己的公司，介绍自己的名字，自信地说出拜访理由，让消费者感觉你专业并可信赖；要向消费者介绍企业的情况和产品的优点、价格及服务方式等信息，及时解答和解决消费者提出的问题，消除消费者的疑虑，并且根据消费者的特点和反应，及时调整策略和方法；在介绍时还可以运用富兰克林式的表达，即向消费者说明，如果你买了我们的产品，能够得到的第一个好处是什么，第二个好处是什么，第三个好处是什么，第四个好处是什么……同时也向消费者说明不买我们的产品，你蒙受的第一个损失是什么，第二个损失是什么，第三个损失是什么，第四个损失是什么……这样，消费者权衡利弊得失之后，就会做出选择。日产汽车公司的首席推销员奥成良治，整整想了 100 条消费者买他的汽车能够得到的好处和消费者不买他的汽车会蒙受的损失。这么用心和富有技巧的推销员，他的销售业绩怎么会不高呢？！

其次，善于倾听。推销人员要想更多地鼓励消费者参与，了解更多的信息，那么在善于提问的同时，还要善于倾听。倾听不仅有助于推销人员了解消费者，而且也显示了对消费者的尊重。良好的倾听表现是：身体稍微前倾，保持虔诚的身体姿势，眼睛保持与消费者的目光接触（不时对视，但不是目不转睛)，经常点头，表示在听；认真听消费者讲的话，把消费者所说的每一句话、每一个字，都当作打开成功之门不可缺少的密码，当然也要留意消费者没有讲的话；适当地做笔记，适时地提问，确保理解消费者的意思，并且思考消费者为什么这么说，或为什么不这么说。如果推销人员能够有意识地提高这些方面的技巧，那么大多数消费者都会乐意讲话。毕竟，这个世界上愿意听别人讲话的人实在是太少了。

再次，换位思考。一般来说，消费者只关心自己的事，只关心自己能够从企业那里得到什么，因此，推销人员应当站在消费者的立场上去想问题。

然后，投其所好。每个人都有自己的爱好，而这种爱好往往又希望得到别人的赞赏和认同，因此，推销人员应当积极发现消费者的爱好和兴趣，迎合他、欣赏他，尽量满足对方的爱好和愿望，投其所好，这样消费者会把你当成“知音”，如此，双方之间的距离一下会拉近很多，甚至成为好朋友，那么，接下来的说服工作就容易得多了。

最后，说服消费者要有恒心。《荀子·劝学》告诫我们：“锲而舍之，朽木不折；锲而不舍，金石可镂”。有一个古老的故事，说的是一个人试图用锤子锤烂一块巨石，他锤了十几下，巨石纹丝不动，又锤了几十下，巨石依然如故，他又连续锤了两百下，还是没有任何结果。但是这个人毫不灰心，仍然接着锤啊锤……突然，一锤砸下后，巨石一下就裂开了，碎成了许多小块。这则故事启发我们：做事要持之以恒，“只要功夫深，铁杵磨成针”“滴水可以穿石”，说服消费者也是同样的道理。

(五) 达成交易

达成交易是指消费者同意接受推销人员的建议，做出购买行动的行为。

交易环节要注意明确以下几个方面的内容：产品的种类——名称、牌号、商标、型号、规格等；产品质量——品质要求、技术、卫生标准、产品等级等；产品数量——成交总量及计量单位等；产品价格——基本价格、价格折扣率等；期限与方式——何时付款、现金与结算等；运货方式——送货、提货方式等；保证措施——损坏产品的返赔、质量问题的承担、维修等；其他——违反合同的索赔与处罚等。

(六) 售后服务

达成交易并不意味着推销过程的结束，售后服务同样是推销工作的一项重要内容。对于很多产品，如计算机、电视、空调等，售后服务是成交后一项重要的工作。

(七) 跟踪反馈

推销人员每完成一项推销任务，还必须继续保持与消费者的联系，加强信息的收集与反馈。这样，既有利于企业修订和完善营销决策，改进产品和服务，也有利于更好地满足消费者需求，争取更多的回头客。

四、人员推销的策略

(一) 试探性策略

这种策略是指推销人员事先设计好能引起消费者兴趣、能刺激消费者购买欲望的推销语言，通过渗透性交谈进行刺激，在交谈中观察消费者的反应，以了解消费者的真实需要，诱发其购买动机，引导其产生购买行为。

（二）针对性策略

这种策略是指推销人员在基本了解消费者某些情况的前提下，有针对性地对消费者进行宣传、介绍，以引起消费者的兴趣和好感，从而达到成交的目的。

案例

投其所好促合作

某通信设备公司的产品在业内处于前列，产品性价比也不差。该公司的游经理一年来，多次拜访某集团单位的设备采购部王经理，但都未能获得对方对产品的认可和采购，每次都是不欢而散。该单位每年采购同类产品的花费高达几千万元，游经理尝试了很多方法但都未能如愿，难以同对方建立良好的消费者关系，不知如何是好。

一次偶然的拜访，恰好王经理外出不在，游经理发现对方办公桌上放了很多篆刻作品。经询问才知道，王经理喜欢篆刻到了如痴如醉的地步，这些作品也都是王经理个人的得意之作。面对此事，游经理心生一计，不由得心花怒放起来。

拜访归来，游经理赶紧收集相关的篆刻书籍资料，努力学习篆刻知识，待到积累了一定的基础知识后，又去拜访王经理。这次游经理闭口不谈产品，以篆刻为题谈古论今，并以篆刻爱好者的角色赞赏王经理的作品，不断请教王经理，高度赞赏王经理篆刻方面的造诣。对于王经理来说，多年来身边的朋友不少，但真正喜欢篆刻和懂得篆刻的人是少之又少，如今碰巧遇到一个，而且又特别欣赏其作品，真是心花怒放，心情与以前自然大不相同，两人关系升华到前所未有的地步。

此次过后，游经理又亲自陪同王经理观看了一次篆刻展览，于是，双方个人感情日益增进。没过多久，游经理轻易就获得了每年近3000万元的订单。

（三）诱导性策略

这种策略是指推销人员运用能激起消费者某种需求的说服方法，诱导消费者产生购买行为。

案例

庄永竞的巧销法

被誉为“洋参丸大王”的庄永竞，由一个穷光蛋变成全球闻名的企业家——香港一洲有限公司董事长兼总经理，其巧妙的促销术令人深思。

庄永竞在香港做药材生意，开始时十分艰难，甚至到了连房租都付不起的地步。1979年，他加工出2000盒洋参丸，取名“一洲洋参丸”，但销路不佳。后来他想出一条妙计——每天拿刊登“一洲洋参丸”广告的报纸，到港九各个药店走访：“老板，你这儿有一洲洋参丸吗？”他假扮成消费者拿广告给老板看，药店老板默默地记下电话说：“对不起，我们存货刚卖完，如果您想要，请留下电话，明天通知你。”庄永竞认为这老板很精明，是做生意的好手，笑着说：“不用打电话，过两天我来，先买一打，这是订金。”

就这样，他一连跑了十几家药店，进行强化宣传，效果很好。五天后，他派伙计将一洲洋参丸推销到这些地区和药店，伙计取回了一叠订单，并连夜去送货，以体现本公司办事的高效率。第二天，庄永竞又辛苦去把各药店铺的货统统买回来，这样由批发价送出去，又用零售价买回来，虽然白白损失了几块钱，但终于打开了洋参丸的销路，并使香港一洲有限公司一跃成为一洲洋参丸王国。

五、推销人员的素质

一名合格的推销人员主要应该具备以下基本素质。

（一）思想品德素质

推销工作是一种创造性的劳动，同时也是一种艰苦的脑力劳动和体力劳动。在推销活动中，如果推销人员遇到困难，就灰心丧气，则推销任务将永远不可能完成。因此，推销人员要拥有强烈的事业心、高度的责任感和使命感、坚强的意志和毅力，热爱推销工作，任劳任怨。

（二）科学文化素质

推销工作并不是一件简单的工作，而是一项极富创造性与挑战性的工作，因而推销人员除了要具备过硬的思想素质外，还要具有较高的文化素质。国外把推销人员称为“推销工程师”。一般来说，推销人员应具备以下几个方面的知识。

1. 企业方面的知识

推销人员要熟悉企业的历史及现状，包括企业的规模及在同行业中的地位、企业的有关规章制度、服务项目、交货方式、付款条件、营销战略与策略等，还应了解企业的发展方向。

2. 产品方面的知识

推销人员应熟悉产品的生产流程与方法，掌握产品的技术性能，了解产品的规格、型号、外观、特色等；了解产品的使用与维修方面的技术与知识。推销员要知识丰富、见多识广。

3. 市场方面的知识

推销人员应掌握必要的理论知识与实务技能，包括市场营销理论、市场调研的方法、推销方法与技巧等知识，熟悉或了解有关市场方面的政策、法令和法规。

4. 消费者方面的知识

推销人员还要懂得消费者心理与购买行为方面的知识，因此应掌握心理学、行为科学等学科方面的内容，以便分析消费者的购物心理，并据此运用合适的推销手段。

（三）良好的语言表达能力

推销人员要通过语言准确地表达所要推销产品的信息，如果推销人员语言贫乏，词不达意，逻辑性差，思路不清，是不可能被消费者接受的，其推销的产品也不可能被接受。推销人员还要文明礼貌，谈吐文雅，能够同消费者建立友谊。

（四）快速的应变能力

由于市场环境因素复杂多变，为实现促销目标，推销人员必须有娴熟的推销技巧，反应灵敏，面对困难与挫折不慌乱，善于随机应变。推销人员要技巧娴熟，掌握好成交机会，善于捕捉被忽视的市场机会。

六、推销人员的选拔与培训

（一）推销人员的选拔

推销人员的选拔途径主要有两个：一是从企业内部选拔业务能力强、素质高的人充实到销售部门；另一个是从企业外部招募，即企业从大专院校的应届毕业生、其他企业或单位等群体中物色合格人选。无论哪种途径，企业都应对相关人员进行严格的考核，择优录用。

（二）推销人员的培训

1. 课堂培训

这是一种正规的课堂教学培训方法，一般由销售专家或有丰富推销经验的销售人员采取讲授的形式将知识传授给受训人员。

2. 会议培训

这种方法一般是组织推销人员就某一专门议题进行讨论，会议由主讲老师或销售专家组织，此法为双向沟通，受训人有表达意见及交换思想、学识、经验的机会。

3. 模拟培训

这是一种由受训人员亲自参与并具有一定实战感的培训方法，为越来越多的企业所采用，其具体做法又可分为实例研究法、角色扮演法、业务模拟法等。例如，由受训人员扮演推销人员向由专家和优秀推销员扮演的消费者进行推销。

4. 实地培训

这是一种在工作岗位上练兵的培训方法，受训人员直接上岗，与有经验的推销人员建立师徒关系，通过师傅的传帮带熟悉推销业务，这种方法有利于受训者较快地熟悉业务。

七、推销人员的报酬

（一）薪金制

薪金制是指在一定时间内，无论推销员的业绩如何，均可以在一定的工作时间内获得一定额度的报酬。这种报酬形式主要以工作的时间为基础，与推销工作效率没有直接联系。

薪金制的优点是：推销人员具有安全感，有利于稳定企业的推销队伍，管理者能对推销人员进行最大限度的控制，在管理上有较大的灵活性。

薪金制的缺点是：缺乏弹性，缺少对推销人员的激励，较难刺激他们开展创造性的推销活动，容易产生平均主义，形成吃“大锅饭”的局面。

（二）佣金制

佣金制与薪金制不同，即企业根据推销人员在一定期间内的推销工作效率来支付报酬，它有较强的刺激性。

佣金制的优点是：能够把收入与推销工作效率结合起来，为了增加收入，推销人员就得努力工作，并不断提高自己的推销能力；简化了企业对推销人员的管理，有利于控制推销成本。

佣金制的缺点是：收入不稳定，推销人员缺乏安全感；企业对推销人员的控制程度低，因为推销人员的报酬是建立在推销额或利润额的基础上的，在企业业务低潮时，优秀的推销人员离职率高。

（三）薪金加奖励制

企业在给推销人员固定薪金的同时又给其不定额的奖金。这种形式实际是上述两种形式的结合，一般来讲，它兼有薪金制和佣金制的优点，既能保障管理部门对推销人员的有效控制，又能起到激励刺激的作用。目前越来越多的企业趋向于采用这种方式。但这种形式实行起来较为复杂，增加了管理部门的工作难度。

八、推销人员的考评

为了加强对推销人员的管理，企业必须对推销人员的工作业绩进行科学而合理的考评。推销人员业绩结果既可以作为分配报酬的依据，又可以作为企业人事决策的重要参考指标。

（一）考评资料的收集

资料的来源主要有推销人员的销售报告、企业销售记录、消费者意见及企业内其他职工的意见等。

1. 推销人员的销售报告

销售报告可分为销售活动计划报告和销售活动业绩报告两类。销售活动计划报告包括地区年度市场营销计划和日常工作计划，它可作为推销人员合理安排推销活动日程的指导，可展示推销人员的地区年度推销计划和日常工作计划的科学性、合理性；销售活动业绩报告主要包括已完成的工作业绩，从中可以了解销售的情况、费用开支情况、新业务拓展情况等多方面的推销业绩。

2. 企业销售记录

企业内的有关销售记录、消费者记录、区域的销售记录、销售费用的支出等都是评估推销人员的宝贵资料。企业利用这些资料可计算出某一推销人员所接订单的毛利，或某一规模订单的毛利，这对于评估其绩效有很大的帮助。

3. 消费者意见

评估推销人员应该听取消费者及社会公众的意见。有些推销人员业绩很好，但在消费者服务方面做得并不理想，特别是在产品紧俏的时候更是如此。企业通过对消费者投诉和定期消费者调查的结果分析，可以透视出不同的推销人员在完成推销产品这一工作任务的同时，其言行对企业整体形象的影响。

4. 企业内部职工的意见

这一资料主要来自经营经理、销售经理及其他有关人员的意见，销售人员之间的意见也可作为参考。这些资料可以提供一些有关推销人员的合作态度和领导才干方面的信息。

5. 推销总结报告

推销总结报告是推销人员对工作效率的自我诊断，也是企业销售主管检查、指导和帮助推销人员工作的重要依据。报告包括四方面内容：一是取得的成绩；二是存在的问题；三是原因分析；四是改进措施。

（二）建立考评标准

企业要评估推销人员的绩效，一定要有良好而合理的标准。绩效标准应与销售额、利润额和企业目标相一致。一般来说，考评标准有两种，即定量考评和定性考评。

1. 定量考评

定量考评的指标包括销售量、毛利、访问率、访问成功率、平均订单数目、销售费用、销售费用率、新消费者数量。

2. 定性考评

定性考评的指标包括推销技巧、与消费者的关系、自我管理能力、产品及营销方面的知识、合作精神与工作态度等。

企业对推销人员的考评应采用定量和定性考评相结合的方法，综合分析评价，使考评标准成为一种动力而不是束缚，避免推销人员产生不满、抵触等不良情绪，影响考评的效果。

考评标准不能一概而论，企业应充分了解整个市场的潜力和每一位销售人员在工作环境和销售能力上的差异。

案例

把梳子卖给和尚

有一个营销经理想考考他的手下，就给他们出了一道题：把梳子卖给和尚。

第一个人：出了门就骂，什么狗经理，和尚都没有头发，还卖什么梳子！于是他找个酒馆喝起了闷酒，又睡了一觉，然后回去告诉经理，和尚没有头发，梳子无法卖！经理微微一笑："和尚没有头发还需要你告诉我？"

第二个人：来到一座寺庙，找到了和尚，对和尚说，我想卖给你一把梳子。和尚说，梳子对我没用。那人就把经理的作业说了一遍，说如果卖不出去，就会失业，你要发发慈悲啊！于是和尚买了一把。

第三个人：也来到一座寺庙卖梳子，那人在庙里转了转，对和尚说："拜佛是不是要心诚？"和尚说："是的"。"心诚是不是需要心存敬意？"和尚说："要敬"。那人说："你看，很多香客从很远的地方来到这里，他们十分虔诚，但是却风尘仆仆，蓬头垢面，如何对佛敬？如果庙里买些梳子，让这些香客把头发梳整齐了，把脸洗干净了，不是对佛更尊敬？"和尚觉得有道理，就买了十把。

第四个人：也来到一座寺庙卖梳子，那人对和尚说："如果庙里备些梳子作为礼物送给香客，既实惠、又有意义，香火会更旺的。"和尚想了想说："有道理。"于是和尚就买了100把。

第五个人：也来到一座寺庙卖梳子，那人对和尚说："您是得道高僧，书法甚是有造诣，如果把您的字刻在梳子上，刻些'平安梳''积善梳'送给香客，是不是既弘扬了佛法，又弘扬了书法？"老和尚微微一笑："善哉！"就买了1000把梳子。

第六个人：也来到一座寺庙卖梳子，他告诉和尚："梳子是善男信女的必备之物，经常被女香客带在身上，如果大师能为梳子开光，让梳子成为她们的护身符，既能积善行善，又能保佑平安，很多香客还能为自己的亲朋好友请上一把，保佑平安，弘扬佛法，扬我寺院之名，岂不是天大的善事？大师岂有不做之理？""阿弥陀佛，善哉！善哉！"大师双手合十，"施主有这番美意，老衲岂能不从？"就这样，寺院买了一万把梳子，并为其取名"积善梳""平安梳"，由大师亲自为香客开光，其销量竟十分火爆。当然，开光所捐的善款也不菲啊！

第一个人受传统观念的束缚太厉害，用常理去考虑销售，是不适合做销售的。

第二个人是在卖同情心，这是最低级的销售方法，叫"叩头营销"，是不能长久的。

第三、四个人为客户着想，采用"顾客满意战略"，自然会有好的效果。

第五个人不仅能够让顾客满意，还能迎合顾客心理，自然其业绩不会差。

第六个人就已经不是在卖梳子，而是在卖护身符，把顾客的价值最大化，自然他的销量最好也就不足为奇了。

第三节　广告策略

一、广告的分类与特点

（一）广告的定义

广告一词源于拉丁语（adverture），有"注意""诱导""大喊大叫"的意思。

广义的广告，指向广大公众告知某种事物，如招聘求职、各种通知、布告等。

狭义的广告，指以促进销售为目的，以支出一定费用的方式，由广告承办单位通过广告媒体向大众传播产品或劳务等有关经济信息的大众传播活动。

（二）广告的分类

根据广告的内容和目的划分，可将广告分为告知性广告、劝说性广告、提醒式广告。

1. 告知性广告

告知性广告是将此信息告诉目标消费者，使之知晓并产生兴趣，促进初始需求。

2. 劝说性广告

当目标消费者已经产生购买某种产品的兴趣，但还没有形成对特定品牌的偏好时，劝说性广告的目的在于促其形成选择性的需求，即购买本企业的产品。

3. 提醒式广告

提醒式广告的目的是唤起消费者对产品的记忆，提醒消费者可能很快就会需要某种产品，并提醒消费者购买的地点，这种提醒可以促使消费者即使在淡季也能记住这些产品，使产品保持较高的知名度。

（三）广告的特点

首先，广告是单向沟通；其次，广告内容由于受企业控制而使公众信任度较低，理性消费者会认为广告是“王婆卖瓜自卖自夸”；再次，广告限于广告媒体、广告费用等而使传递的信息量有限；然后，广告效果往往受资金、策划、创意、设计、制作、发布时间的制约；最后，广告的效果往往不易测定。

二、广告的作用

（一）大范围地进行信息传播和造势

广告就是广而告之，是大众传播的一种形式，它可以大范围地进行信息传播，触及广泛的公众，并且传播迅速、影响力大、易于造势，而且发布的内容完全由出资人控制，能够准确无误地刊登或安排播放的时间。

西方商人认为，推销产品而不做广告，犹如在黑暗中向情人送秋波。

（二）创造知名度

广告最简单的作用机制是通过经常性地重复品牌的名称，使之成为消费者耳熟能详、铭记在心的品牌。

例如，在1915年的国际博览会上，各种名酒琳琅满目，美不胜收，茅台酒却被挤到一个角落，无人问津。有个工作人员不服气，提着一瓶茅台酒走到展厅最热闹的地方，故意不小心把酒摔倒，酒瓶落地，浓香四溢，人们顿时被茅台的奇香吸引——从此茅台酒闻名天下。

（三）激励消费，促进购买

即使是消费者经常购买的特定产品，也存在被消费者忘却的可能性，广告可以防止消费者忘却品牌，使消费者头脑里对品牌印象常新。

例如，当年广东太阳神集团有限公司生产的“太阳神”口服液与东北一家企业生产的“记忆神”口服液，是极相似的产品，不同的是，“太阳神”口服液一年用上千万元的巨款来做广告，而“记忆神”口服液，只有十几万元的广告费，结果伴随着广告语“当太阳升起的时候，我们的爱天长地久！”“太阳神”走进了寻常百姓家，而“记忆神”锁在深闺人未识。

（四）塑造和改进公司形象、促进公司的士气

国外研究表明，公司做不做广告对员工的士气有影响，公司做了广告，名气大了，员工会感觉自己在社会上有面子。

三、各种广告媒体的优缺点

媒体的类型有很多种，各种媒体都有其各自的特点、优势和缺陷，在时间性、灵活性、视觉效果、传播面及成本等方面有差异，且各有所长。

（一）报纸广告

优点：传播范围广，报纸作为传播新闻的重要工具，男女老少均能接触，它广泛联系着全国城乡各个角落的读者；传播速度快，可及时地传播信息；制作简单、灵活；传播信息比较详尽；对消费者地区的选择性强。

缺点：时效性短，形式相对单一，公众的注目率较低，感染力差。文盲或无读报习惯的消费者无法接受信息。

（二）杂志广告

优点：与报纸相比，杂志的专业性较强，一般有固定的读者群；对地区和消费者选择性较强；此外，杂志的保留时间相对较长；传阅率高；杂志的广告内容含量大，印刷精美。

缺点：杂志的受众范围有限，出版周期长，发布不及时；对于在时效上要求紧迫的一些产品宣传和短期促销活动不太适合。

（三）广播广告

优点：传播速度快，覆盖面广，只要电波涉及的地方都可以收到；具有较高的灵活性，内容可长可短，形式多样；制作简便，收费低廉；对消费者地区和群体选择性强；发布及时。

缺点：时间短暂，稍纵即逝，给人的印象不如视觉媒介深刻和容易理解；而且广播听众的注意力通常都比较低；没有形象效果，消费者对信息遗忘率高，需要反复提醒。

（四）电视广告

优点：电视有形、有声、有色，听视结合，是现代广告媒体中最有生命力的媒体；电视广告播放及时，覆盖面广，选择性强，收视率高，宣传范围广，影响面大；宣传手法灵活多样，艺术性强；使广告形象、生动、逼真、感染力强；传播迅速；覆盖范围广；地区选择性强；观众数量多，对消费者群体选择性强。

缺点：信息时效短，无法保存；信息量相对较小，广告费用较高。

（五）邮寄广告

邮寄广告的形式包括销售信、明信片、传单、宣传册、样本、订单、产品目录和企业专刊等。

优点：邮寄广告地区、消费者选择性强，市场针对性强；覆盖面广、速度快、形式灵活，提供信息全面，反馈快等。

缺点：可信度低，损耗率高；保留时间短；单位成本高，对邮件地址具有依赖性，且会遭到一些消费者的抵制。

(六)户外广告

户外广告主要包括路牌广告、招贴广告、条幅广告、霓虹灯广告、灯箱广告、空中广告、球场广告、公共场所广告、建筑物广告、农村地区墙体广告。

优点：展示寿命长；注目率高；费用较低。

缺点：信息量有限；表现形式单一。

(七)车身广告

优点：接触面广，消费者对象广泛；制作简单，成本低。

缺点：接触时间短；针对性不强。

(八)店头广告

优点：可造势，渲染气氛；所展示的信息对消费者的影响效果直接；总成本低。

缺点：传播范围有限；受到零售终端的制约。

(九)礼品广告

优点：吸引力强；可保存，寿命长；形式灵活多样。

缺点：单位成本较高；覆盖范围有限；信息量有限。

将公司名称及公司经营范围、产品项目打到赠品（台历、日历、挂历、办公日用品以至小玩具、家庭用品等）上，利用消费者每天都能看到赠品来提高知名度。

(十)电梯广告

优点：有效到达率高，少干扰；可与目标消费者进行高频率的沟通。

缺点：传播成本较高；传播内容有限。

(十一)手机短信广告

优点：成本低；发布及时；可用于消费者关系的维护。

缺点：可信度差；用户反感——90%以上的用户反感短信广告。

(十二)自制印刷品广告

有些企业选择通过自制印刷品进行宣传。例如，为了节省费用，麦德龙超市一般不通过大众媒体进行广告宣传，而是自己印刷广告册《麦德龙邮报》，利用直邮广告进行促销。《麦德龙邮报》每两周向所有会员邮递一份详尽的全彩页的产品目录，介绍半个月内产品的最新价格、新增产品以及近期开展促销的信息。进入该报的产品都是特卖产品，麦德龙事先与供货商定好推广计划，双方各让出一定的折扣，使特卖产品价格大大降低。《麦德龙邮报》不仅能使会员及时了解产品信息，而且帮助会员有效地降低采购成本。麦德龙就是通过这种形式不断地吸引专业消费者前来购买，同时也带动了其他产品的销售。

四、选择广告媒体应当考虑的因素

（一）产品性质

不同的产品对广告传播效果的要求是不一样的。

科技含量高的产品需要对产品进行专业化的说明，可以采用邮寄信函或在专业期刊上刊登广告的方式；一般生活用品适合选用能够直接传播到大众的媒体，如广播、电视等。例如，服装广告，其重点是显示衣服的式样、颜色，最好在电视或杂志等表现效果好的媒介上用彩色画面做广告，以增强美感。

（二）消费者接触媒体的习惯

企业选择媒体时要考虑消费者的生活习惯，要在消费者经常接触的媒体上做广告。

对儿童用品的宣传，宜选择电视做媒体；对妇女用品的宣传，选用妇女喜欢阅读的杂志或电视，也可在妇女用品商店布置橱窗或展销。

（三）媒体特性

企业选择媒体应该与企业的整体营销战略相一致，要在媒体覆盖区域、传播速度、影响力方面做出科学的抉择。

1. 媒体覆盖区域

企业选择媒体时要使媒体覆盖区域与企业的销售区域保持一致。如果前者大于后者，会浪费广告资源；如果后者大于前者，会影响产品销售，降低企业的市场发展速度。此外，适合全国各地使用的产品，以全国性发行的报纸、杂志、广播、电视等作为广告媒体；属地方性销售的产品，可通过地方性报刊、电台、电视台、霓虹灯传播信息。

2. 传播速度

传播速度快的媒体可以及时将企业要发布的信息传播到市场上。电视和报纸广告，以及新兴的网上广告就具有传播速度快的特点。

3. 影响力

媒体的影响力与许多因素有关。首先，与广告的展露次数有关，展露次数越多，影响力越大；其次，与媒体本身的特点有关，例如，集试听于一体、动静结合的电视广告就具有较强的影响力。印刷精美的期刊广告要比报纸广告更有影响力。

（四）媒体成本

不同的媒体有不同的广告受众、不同的广告效果和不同的媒体价格。一般来说，电视广告的费用最高，其次是报纸、广播和杂志，网络的广告费用相对较低；而电视和广播节目覆盖范围的大小、收视率的高低、报纸杂志发行量的大小，以及这些媒体的权威性、最佳播出时间和最佳版面等不同，其广告的价格费用也有明显的差别。

因此，企业在选择不同广告媒体时应该认真核算其成本，以获得尽可能大的效益。成本核算，最主要的是要核算预选的几种媒体的每千人成本。当然，仅依据每千人的广告成本还不够，企业还要综合考虑广告媒体的类型、媒体的声望和质量等因素。

企业除了做广告进行媒体宣传外，还可以通过参加展销会、展览会、博览会、订货会等，来提高企业的知名度，也可以通过体验店、体验馆、展销中心，向消费者提供体验机会，给消费者以真切感受，其效果不亚于广告的作用。

（五）广告的送达率、频率和展露效果

进行媒体选择时，企业还要考虑广告的送达率、接触频率和展露效果。

送达率指在特定的时间段内，特定媒体进行一次广告最少能覆盖的个人或家庭的数目。

接触频率指在特定的时间段内，平均每个人或家庭接触广告的次数。

展露效果指广告在媒体上对受众展露的程度。

广告的送达率、频率和展露效果越大，受众对广告，进而对产品的了解程度也越高。

五、广告设计的原则

（一）真实性与艺术性的结合

广告应当宣传真实而不是虚假的内容，当然广告应当具有艺术性，要给人以艺术享受。

延伸阅读

五花八门的广告词

花店广告：送几束鲜花给你最爱的人，但不要忘了你的妻子。

香水广告：本品最能吸引异性，故随本品奉送自卫教材一份。

餐馆广告：请来本店用餐吧！不然你我都要挨饿了。

空调广告：本品在世界各地的维修工是最寂寞、最无聊的。

新书广告：本书包括10个短篇小说，我熬了许多夜晚才写出来，现以10元钱奉献给读者，即一个短篇才值1元钱。

禁烟广告：假如阁下烟瘾发作，可以在此吸烟，不过请先将地址留下，以便将你的骨灰送交你的家人。

理发店广告：虽然只是毫发技艺，但却是顶上功夫。

打字机广告：不打不相识。

印刷机广告：除了钞票承印一切。

眼药水广告：滴后请将眼球转动数次，以便药水布满全球。

美容院广告：请不要与从本店出来的女子调情，她也许就是你隔壁的老大娘。

建筑公司广告：工程不嫌小，太大吃不消。

广告诗

青岛啤酒使用过一首广告诗：青翠纷批景物芳，岛环万顷海天长。啤花泉水成佳酿，酒自清清味自芳。每句首字组成“青岛啤酒”，语言形象，韵味十足。

广告联

有一个卖豆芽的店铺，用 14 个“长”字组成一副对联：“长长长长长长长，长长长长长长长”。长读生长的长，长读长度的长。横批：“水里求财”。

（二）社会性

社会性即广告应当符合社会文化和道德规范的要求。

例如，有一个啤酒品牌在香港曾经做了个广告，“爱尔兰人都爱喝”，广告中的爱尔兰人头戴绿色的帽子，这对爱尔兰人来说没有什么，但是，对中国人来说，戴绿帽子可是对人格的侮辱。不用说，这个广告很失败。

（三）针对性

不同的产品、不同的目标市场要有不同的内容，采取不同的表现手法。

例如，佳美香皂在我国做广告说“太太洗完后很漂亮”，用同样的手法在日本做广告就不成功，因为日本人不直接赞美自己的太太漂亮。

又如，牙膏一般都是宣传能够洁白牙齿，但是，有的国家却是以牙齿越黑为越美，越黑越有地位，有些人故意吃槟榔使牙齿变黑。所以，在这个国家宣传牙膏的美白效果就不行了。

（四）促销性

广告追求的首先是它要能够引起消费者对某一服务的注意，其次是它要能够激起消费者的兴趣，再次是它要能够刺激消费者对该服务的需求，最后是它要能够引导消费者采取购买行动。

六、广告策略

公众信任度较低，易引起消费者的逆反心理，这就要求企业的广告要减少功利的色彩，多做一些公关广告和公益广告，这样才能够博得消费者的好感。

（一）直接陈述

直接陈述即说明产品的特点和功效，向诉求对象阐述产品的种种特性。

例如，全新力士润肤露的广告词：“全新力士润肤露有三种不同的滋润配方和香味，充分呵护不同性质的肌肤……白色力士润肤露含有天然杏仁油及丰富滋养成分，清香怡人，令肌肤柔美润泽，适合中性和油性肌肤。”这则广告简单明了，将产品的特性和由此产生的功效一一准确阐述，可以使消费者对这种产品有全面的认识。

又如，宝洁公司飘柔洗发露的广告文案就是与演示图一并出现的，画面左边的图片是干枯难梳的头发，梳子放在散开的头发上被卡住了，由于发质干枯无法向下滑；画面右边的图片是柔顺易梳的头发，梳子因为在柔顺的头发上，已经滑到了头发的底端；画面的中间是由左往右的箭头。广告的文案是：“柔顺易梳的秘密，尽在新一代飘柔。它的领先滋润配方，让秀发体验意想不到的柔顺易梳的感受。全新自信，从头开始。”

（二）引用数据

引用数据可以令消费者对产品产生更具体的认知，因为翔实的数据远比空洞的、概念化的陈述更有力量。

例如，瑞士欧米茄手表的广告创意是这样的：全新欧米茄蝶飞手动上链机械表，备有 18K 金或不锈钢型号；瑞士生产，始于 1848 年；机芯仅 2.5 毫米薄，内里镶有 17 颗宝石，配上比黄金罕贵 20 倍的铑金属，价值非凡，浑然天成。这样精确的描述，使消费者对产品有了更细致的了解，这里的每个数字都使这则广告更具说服力。

（三）对比

对比是形象传达信息的重要方法。对比的基本思路是：选择对象熟悉的、与产品有相似或者相反特性的事物同产品特性并列呈现，突出产品的特点从而准确点出最重要的事实。

例如，宝洁公司的电视广告最常用的两个典型公式是“专家法”与“比较法”。“专家法”——首先，宝洁公司会指出你面临的一个问题来吸引你的注意；接着，便有一个权威的专家来告诉你，针对这个问题有个解决的方案，那就是用宝洁产品；最后，你听从专家的建议后，你的问题就得到了解决。“比较法”——宝洁公司将自己的产品与竞争者的产品相比，通过电视画面的“效果图”，观众能很清楚地看出宝洁产品的优越性。

（四）以新颖取胜

构思要新颖，形式要不断创新。

美国一家食品公司在底特律汽车城，竖起了高约 25 米、长约 30 米的推销面包的巨型广告牌，而且当人走近它时，不仅能听到轻音乐和介绍面包的声音，还能闻到一股“神奇混合面包”的香味，它能立刻激发人们的食欲，因此这家公司的面包销量陡增。

纽约有位年轻人在闹市区开了家店，满怀信心地做起保险柜的买卖，但是，生意惨淡，成千上万的人从店前走过，却很少有人去留意店里琳琅满目的保险柜。年轻人看着川流不息的人群，终于想出一个办法。第二天，他从警察局借来正在被通缉的罪犯的照片，并且把它放大好几倍，贴在店铺的玻璃上，照片下面附上一张通缉令。很快，来来去去的行人被照片吸引，纷纷驻足观看。人们看到罪犯的照片，产生了一种恐惧感，本来不想买保险柜的人，因此也想买了，年轻人的生意好起来了。不仅如此，年轻人因为在店里贴的照片，使警察局得到了价值非凡的线索，顺利地缉拿到了罪犯，年轻人受到警察局的表彰，媒体也对其做了大量的报道。这个年轻人毫不谦虚地把奖状、报纸一并贴到玻璃上，生意自然更加红火。

可口可乐公司在中国香港地区发布的第一则广告是这样设计的：每天晚上，屏幕上都出现一个毫无变化的红圈，大家对此莫名其妙，可又急切地想知道个究竟，终于有一天，红圈里突然出现了可口可乐的商标，观众存在心里的疑问终于解开。这样的广告，给受众留下了深刻印象，非常受欢迎。

青岛啤酒在美国做的广告也非常有特色，他们请了著名的莫纳克公司帮助其做开拓市场的策划，在进行了大量的调查之后，莫纳克公司发现，广告形象的宣传应该采用富有中国特色的筷子，因为它是中国文化的象征，于是广告采用了印有各种生肖图案的青岛啤酒招贴画，配以一双筷子与青岛啤酒在一起的宣传画，两幅画相映成趣，极具中国特色，引起了美国消费者的关注，那些本来对中国人使用筷子的技巧怀有浓厚兴趣的美国人，同时爱上了与中国传统文化联系在一起的青岛啤酒。

案例

新西兰航空“赤身裸体”卖广告 总裁大晒肌肉

据新加坡《联合晚报》报道，新西兰航空公司推出一辑新广告，为强调机票费用全包，没有隐藏杂费，广告中的职员都坦荡荡出镜，只在身上画上人体彩绘制服，连行政总裁法伊夫也亲自上阵。

新广告中一共有 8 名新西兰航空公司的职员参与，在新西兰电视台和 YouTube 网站上都可以看到。广告中的新西兰航空公司的职员——飞行员、空姐乃至行李运送员等，都一丝不挂，只是在身上画上人体彩绘制服，乘客最初都不以为意，但看清楚之后都面露诧异之色。

广告巧妙地利用餐车和行李，遮掩职员身上的重要部位，法伊夫在广告中扮演行李运送员，大晒肌肉。

（五）以利诱人

我国香港一商店推出了一种最新的“强力万能胶水”，老板别出心裁，用这种胶水把一枚价值数千元的金币贴在墙上，并宣布，谁能用手把它拿下来，这枚金币就归其所有，一时间，商店里门庭若市，观者如潮。只可惜谁也无法把金币拿下。因此，该胶水一下子远近闻名。

日本“西铁城”手表在澳大利亚是采用飞机空投的广告形式，并且事先预告：谁捡到归谁。手表从天而降但又完好无损，有力地证明了手表的质量好，使消费者自然对“西铁城”产生好感。

切割营销理论创始人路长全先生讲过这样一个故事：沃尔沃卡车刚进入中国市场的时候，连续几年都卖不出去，1997 年 6 月以前在整个中国的销售量仅为 27 台，这对于这个称雄全球市场的汽车品牌来说无疑十分尴尬。后来本土的营销专家提示他们，沃尔沃卡车太贵，昂贵得让中国的个体运输户望而生畏！这下，他们如梦初醒，立即将广告语改为“沃尔沃卡车提供了一流的挣钱方案”，还将沃尔沃的卡车和其他品牌的低价格卡车进行对比，并且帮目标消费者算账——买一款低价格品牌的卡车，初期投入是多少，一年的维护费用、使用费用是多少，每天能拉多少货，跑多少里程，能挣多少钱，几年之后这辆车一共能带来多少收益，投入产出比是多少；同样，如果花多一些钱买了沃尔沃卡车，尽管初期投入大一些，但载货量大，维护费用少，几年下来一共能带来多少收益，投入产出比是多少。通过这样的对比，消费者该如何选择就显而易见了。这个案例同样告诉我们，要善于挖掘产品的功能、效用，并且通过恰当的措施引起目标消费者或者潜在消费者的注意，这样就能够有效地吸引消费者。

美国西南航空公司的“省钱”广告：美国西南航空公司是美国赢利最多、定价最低的航空公司，它以低于竞争对手的价格扩大市场。因此，其竞争对手通过刻画“登上西南航空公司飞机的乘客须掩上面颊”的形象，来嘲笑西南航空公司的定价有损乘客的形象。作为回应，西南航空公司的总裁亲自上广告，他手举一只大口袋，大声地说："如果您认为乘坐西南航空公司的飞机让您尴尬，我给您这个口袋蒙住头；如果您并不觉得尴尬，就用这个口袋装您省下的钱。"画面上随之出现大量的钞票纷纷落入口袋，直至装满。由于这则广告让消费者清楚地看到了西南航空公司提供的利益所在和服务优势——省钱！因此，广告播出后，吸引了许多对价格敏感的乘客的关注。

有家银行要求广告公司为旅行支票做一与众不同、别具匠心的广告，广告公司感觉压力很大，绞尽脑汁，可是仍然没有想出满意的方案。一天，几个广告设计师上街溜达，忽然，前方一阵骚动，原来是警察抓到了一名扒手，人们都围拢过来看热闹。大家茅塞顿开，想出了一个绝妙的广告：画面中有一名扒手正将手伸入游客的口袋，下面有一行文字：你将亲自目睹一宗罪行，另外旁白处的黑体字显示：使用我们的旅行支票可以预防这种罪行……这个强调防盗利益的广告，深入人心，为旅行支票的广泛使用打开了通道。

（六）以情感人

广告要能以情感人，能够唤起消费者美好的联想，给消费者以美的享受。

情感诉求指的是针对消费者的心理、社会或象征性需求，表现与企业、产品、服务相关的情感和情绪，通过引起消费者情感上的共鸣，引导消费者产生购买欲望和行动。情感诉求以诉求对象的情感反应为目标，不包括或只包括很少的信息，依赖于感觉、感情、情绪而建立起品牌与这些情感的联系。"情感诉求"永远都是广告策划人关注的焦点之一。

例如，"万宝路"在广告中把它的品牌与牛仔的勃勃生机、雄姿英发和美国西部辽阔壮观的美景连在了一起；又如，"百事可乐"把自己与青春偶像联系在一起；而"耐克"把自己与"超越自己"的意境连在一起。

美国生产的强生护肤霜、膏等系列护肤品在上海一店销售，打出了这样一则广告："除了妈妈以外，最爱护我的是强生。"

太阳神的广告十分成功，其画面很壮观，很有气势，很有力量，很有感染力——当太阳升起的时候，我们的爱天长地久。

中国香港国泰航空公司以一棵大树自比，树立自己的广告形象，以显示自己的安全性。

IBM 公司则以大象带领小象穿过崎岖不平的荒漠，暗示 IBM 对中小企业的全心照顾。

美国贝尔电话公司的电视广告也非常让人心醉：傍晚，一对老夫妇正在用餐，电话铃响了，老妇去接。回来后，老先生问："谁的电话？"老妇答："是女儿打来的。"老先生又问："有什么事？"答："没事。"老先生惊奇地问："没事？几千里打来电话？"老妇哽咽着说："她说她爱我们。"两位老人相视无言，激动不已。此时旁白："用电话传递您的爱吧！"简单的几句广告语言给人们营造了一个如此温馨的氛围，把人间美好的亲情渲染得淋漓尽致。

案例

"金六福"亲情营销实践

"每逢佳节倍思亲"。春节作为中国第一大传统节日，在广大国民心目中都占有十分重要的地位，是一年之中最令人期待的重大节日。对于中国人来说，在假日的意义之外，春节更意味着与家人的团聚以及表达亲情的最佳时刻。

春节作为传统的节日消费市场，以巨大的市场潜力与消费能力成为酒类公司年度提升销量的最佳时机。有着丰富营销经验的金六福，面对春节白酒市场这个资源蛋糕，其营销活动该在消费者的心智阶梯中传递什么样的核心诉求呢?

“亲情文化”一直是金六福倡导的“酒文化”的主要内容之一，也是金六福的一项长期战略，情感的影响力，心灵的感召力，成为金六福营销人员这次充分利用的力量。

“春节回家·金六福酒”!金六福再一次给品牌的核心层注入了浓浓的亲情，将营销活动和春节氛围完美地结合起来，形成了一种有亲情力的情感营销，而正是这种通过释放品牌的核心情感能量，以新的方式提升了消费者的品牌忠诚度、以新的形式吸引和打动着消费者，时刻左右着消费者的潜在意识。

注重真情关爱，策略以攻心至上。因为生存，人们离开家；因为事业，人们离开家；因为心中的梦想，人们离开家。离开家的人风雨兼程，风雨中他们倍感故乡人的亲情温暖；离开家的人披星戴月，星月下他们更忆家乡的绿水青山。忙碌的身影不曾停歇，转眼间，年头走到年尾——春节来了。这时，奔波的人不约而同地想到春节回家；想到父母膝下，儿女窗前，想到了夫妻团聚，友人重逢……

以心感人，以情动人。“春节回家·金六福酒”，一句极其简单贴心的问候，不仅充分体现了国人“给父母、亲友尽孝、尽爱”的美好愿望，而且还抓住了春节的时机，深层次反映出金六福对回家过年的一种祝愿，使产品和情感融为一体。随着“春节回家·金六福酒”广告语在全国的迅速传播，金六福品牌形象和亲和力也再一次得到了提升和增强。

通过寄托情感的宣扬，“春节回家·金六福酒”引起了金六福品牌理念和消费理念的共鸣，在赋予产品更多内涵的同时，也使品牌具备了自己的个性和品位，提高了产品的消费价值。通过品牌理念的渲染，金六福形成了以“福运”“亲情”为核心的品牌文化。

（七）重视宣传企业的形象与特色

广告要宣传企业的形象与特色，以帮助消费者认识企业，增强消费者对该企业的信心与兴趣。

例如，厦门航空公司“人生路漫漫，白鹭常相伴”的广告语，简单易记，朗朗上口，而且以“白鹭”来借代“厦门航空公司”，起到画龙点睛的作用，此外，厦门航空公司的白鹭徽标设计也让人记忆深刻。

香港海洋公园为了吸引更多的游客，特意推出一个电视广告片，巧妙地把海洋公园与香港的标志融合在一起，以此来强调海洋公园是一个“到访香港不能错过的景点”。

香港地区的麦当劳有一首绕口令——“双层牛肉巨无霸，酱汁牛肉加青瓜，芝士生菜加芝麻，人人食过笑哈哈”。这首绕口令虽说没有太多的文采，但是非常形象生动，把产品的特色都展现出来了。另外，其用广东话讲起来朗朗上口、容易记忆。

例如，西班牙是世界旅游胜地，“阳光、海水、沙滩”是其最丰富的旅游资源，其宣传的口号是“阳光普照西班牙”，并且用著名画家米罗的抽象画“太阳”作为旅游标志，使世界各国的游客，一见到“太阳”就想到西班牙。

（八）名人广告

名人广告即在广告中聘请名人出演广告内容，是企业常用的广告手段。

名人知名度高，拥有一大批崇拜者，影响力强，稍加宣传，就可使产品具有难以抵御的魅力。企业借助名人的名气和光环效应，可以迅速拉近与消费者之间的距离，增强消费者对企业的信任，带动喜爱名人的消费者对企业产生兴趣。

例如，耐克公司请著名的职业篮球明星乔丹在亚洲做广告，吸引了无数崇拜乔丹的亚洲球迷争相购买耐克运动鞋。

再如，联想公司在其世界杯的广告中，选择巴西球星罗纳尔迪尼奥作为形象代言人，提高了联想公司在全球的知名度。

又如，在形象代言人上，真功夫选择了"功夫大师"李小龙——武艺高强、体格健美、正气凛然的功夫高手，李小龙的形象最大化地体现了功夫文化强身健体、修炼意志的精髓，完美地承载了"真功夫"这个中式连锁快餐品牌，大大提升了品牌的知名度。

但是，名人广告、名人代言是一把"双刃剑"，具有一定的风险性。如果产品与名人之间没有什么关联，在受众心中建立不起紧密的联系，那么名人名气再大也不能实现有效传播。另外，如果名人做的广告代言过多，就会产生"稀释效应"，很难在消费者心中留下深刻印象，甚至会相互混淆。当然，还有个问题是，有些名人是非多、绯闻多，可能导致"一荣俱荣，一损俱损""成也萧何，败也萧何"的效果，如果该名人名声日降，也将拖累产品的形象。

因此，企业使用名人代言广告时，要注意以下两点：首先，企业在选名人时一定要考虑与自己的定位相一致或相吻合，只有名人个性与服务品牌一致，其影响才能有效强化；其次，企业应注重名人自身的形象、亲和力、可信度、专业度、受欢迎程度等因素，名人的美誉度越高，其可信度就越高。

（九）植入式广告

植入式广告是企业"植入式营销"（product placement marketing）的具体表现形式，是指将产品或品牌及其代表性的视觉符号甚至服务内容等，策略性地融入电影、电视剧或电视节目的各种环节之中，让观众在不知不觉中对品牌或产品留有印象，继而达到营销目的。

这一营销方式不仅运用于电影、电视剧等影视作品中，还可以"植入"于其他媒介，如报纸、杂志、网络游戏、手机短信，甚至小说之中。如今在影视作品中进行"植入式营销"已经成为流行趋势，越来越多的企业选择采用影视"植入式营销"的方式来扩大品牌影响力。

在受众注意力资源日渐匮乏的情况下，植入式广告的到达率与关注质量倍受广告人的青睐。它能巩固知名品牌的品牌知名度。

在国外，植入式广告早已成熟。据统计，目前的美国电影中，平均有 30 分钟会提供给观众一些植入式广告。据相关调查数据显示，美国电视剧有 75% 的收益来源于植入式广告。

在国内，影视植入式广告在 20 世纪 90 年代就初露端倪，《编辑部的故事》不仅捧红了葛优、吕丽萍等一批明星，而且剧中的道具"百龙矿泉壶"在一时间也是童叟皆知。成功的植入式广告，不会影响到观众的观赏效果，同时又能在潜移默化间使得制作方、品牌方达到双赢。唯品会对电视剧《欢乐颂》进行了赞助，欢乐颂五个美女主角的衣服大多数是唯品会上的，消费者常常会去网上搜明星同款，唯品会就把所有同款放进一个分类里方便消费者购买。

延伸阅读

广告策略之记忆点创造法

记忆点创造法就是要将企业产品最具差异化、最简单易记的品牌核心诉求提炼出来，把企业所有宣传、传播的力量集中贯注于这一个点，努力让这个记忆点渗透消费者的记忆深处，从而建立起难以消除的信息据点。这个据点就是企业的产品在消费者心中的位置，也决定着产品在市场上的品牌地位。

企业可以持续地、连贯地运用象征、主题、造型或形象，从而在消费者心目中塑造企业的形象、特色、价值，如设计一个代表企业的吉祥物和徽章等，选择最惹人喜爱和最引人注目的标识，从而加深消费者的理解、信心和记忆。

例如，在每家麦当劳分店，消费者都可以看到醒目的金色拱形标识和一个逗孩子们欢笑的“麦当劳叔叔”，这些标识都成为了麦当劳的经典象征。美国著名的“旅游者”保险公司在促销时，用一个伞式符号作为标识，其促销口号是：“你们在旅游者的安全伞下。”这样，无形的保险服务具有了一种形象化的特征。

创造显著的差异性，建立自己的个性

在别的厂家的果汁饮料都尽力回避果汁饮料里有沉淀物的问题时，农夫山泉却知难而上，打出“农夫果园，喝前摇一摇”的广告语，并把其变成了产品销售的一个卖点。这一“摇一摇”，结果化糟粕为玉帛；这一摇，使产品深入人心，并倡导了一种新的喝法；这一摇，也使“农夫果园”系列产品扶摇直上，将已诸侯纷争的果汁市场“摇”得重排座次，农夫山泉的果汁饮料也乘势从二流产品行列迅速跻入一流产品行列。“摇一摇”最形象直观地暗示消费者它是由三种水果调制而成，摇一摇可以使口味统一；另外，更绝妙的是无声胜有声地传达了果汁含量高——因为我的果汁含量高，摇一摇可以将较浓稠的物质摇匀。“摇一摇”的背后就是“我有货”的潜台词。

创造差异性是突显自己产品存在的首要因素，没有差异点，就不会产生记忆点。当别的同类产品都在表现各自如何卫生、高科技、时尚的时候，农夫山泉不入俗套，独辟蹊径，只是轻轻却又着重地点到产品的口味，“农夫山泉有点甜”，显得超凡脱俗，与众不同。这样就形成了非常明显的差别，使自己的产品具有了鲜明的个性。

乐百氏纯净水上市之初，就认识到以理性诉求打头阵来建立深厚的品牌认同的重要性，于是就有了“27 层净化”这一理性诉求经典广告的诞生。当年纯净水刚开始盛行时，所有纯净水品牌都在广告中说自己的纯净水纯净。消费者不知道哪个品牌的水是真的纯净或者更纯净的时候，乐百氏纯净水在各种媒介上推出卖点统一的广告，突出乐百氏纯净水经过 27 层净化，为其纯净水的纯净提出了一个有力的支持点。这个系列广告在众多同类产品的广告中迅速脱颖而出，乐百氏纯净水的纯净给受众留下了深刻印象，“乐百氏纯净水经过 27 层净化”很快家喻户晓。“27 层净化”给了消费者一种“很纯净，可以信赖”的印象。

乐百氏纯净水的广告重点突出了“27 层”净化工序，用一个非常简单的数字表现纯净水的优异品质，使人叹服。这种表现方式独树一帜，当然功效奇大，鲜明的差异性立即脱颖而出，挑剔的消费者不会轻易错过。

力求简单，只要一点，容易记忆

消费者的记忆能力是有限的，而市场中各种产品的信息相对而言是无限的。要让消费者记住你的产品绝非易事，绝不是可以省去智慧、技巧、创新而能够做到的。最起码要避免让他们一下子就记住过多的产品信息，对此消费者缺乏意愿和能力。面对铺天盖地的产品信息，消费者只愿意也只能够记住简单的信息，越简单越好，简单到只有一点，最容易记忆。

农夫山泉在这一点上同样掩藏不住其非凡的智慧，仅用了“有点甜”三个字，三个再平常、简单不过的字，而真正的点更只是一个“甜”字，这个字十分富有感性，那是描述一种味觉，每个人接触这个字都会产生直接的感觉，这个感觉无疑具有极大的强化记忆的功效，而记住了“有点甜”就很难忘记“农夫山泉”，而记住了“农夫山泉”就很难对农夫山泉的产品不动心。农夫山泉就是以简单取胜，简单，使自己能够轻松地表述；简单，也使消费者能够轻松地记忆。

七、广告效果评估

广告效果指的是广告发布以后，在接受者中所产生的影响和行动。广告效果包括广告的传播效果、销售效果和社会效果三个方面。

（一）传播效果

广告的传播效果是指接收广告的人数、接收的人对广告的印象以及广告引起的心理效应。它并非直接以销售情况的好坏作为评断广告效果的依据，而是表现为受众对广告的注意程度、理解程度、记忆程度和反应程度。例如，注意程度越高，则表明信息传播效果越好；消费者反应的程度越强烈，则广告信息传导效果越好。

（二）销售效果

销售效果即以销售情况的好坏直接判断广告的效果。但这种测定方法并不十分全面，有时也有欠缺。这是因为销售增长除受广告影响外，还受其他众多因素的影响，这些因素既有产品本身的，也有来自外部的，而且很难把这些因素的影响一一剔除。因此我们必须多方面考虑，才能公平而精确地评估出广告的真正效果。

（三）社会效果

广告不仅要追求最佳的经济效果，而且要注重其社会效果。

延伸阅读

口碑营销

口碑是指公众对某企业或企业产品相关信息的认识、态度、评价并在公众群体之间进行相互传播。口碑营销是企业有意识或无意识的生成、制作、发布口碑题材，并借助一定的渠道和途径进行口碑传播，以提高企业和品牌形象为目的而开展的计划、组织、执行、控制的管理过程。

在今天这个信息爆炸、媒体广泛的时代里，消费者对广告，甚至新闻，都具有极强的免疫能力，而口碑传播信服度高，因为口碑经常依靠亲友、同事或者自己信任的人之间面对面的传播，让人信服的概率很高，如家庭、朋友等参照群体，在文化、观念、意见和价值判断上相当接近。因此，信息的传播者所传播的信息对接受方来说比较容易相信和接受；对营销者来说不仅省去了越来越高昂的媒体购买和广告制作的费用，而且传播到达率和投资收益更高。

作为一种传播方式，口碑传播最大的特点就是交流性强，信息反馈直接、快速、及时、集中，同时易于在较短的时间内改变接受者的态度和行为；作为一种营销手段，口碑营销所拥有的效应和发散状的扩散态势使得有关的信息得以批发性地传播出去；同时，面对面的信息交流，针对性是显而易见的。例如，根据新东方内部的调查，新东方的学员中有80%是受口碑传播影响的。因此，企业应当重视和利用现有消费者的口碑，如请现有的消费者“现身说法”，介绍自己购买服务后的感受。

当然，口碑传播要建立在消费者对产品、服务及观念满意的基础之上。为此，企业首先要努力实现和保持消费者的满意度；其次，要说服满意的消费者让其他人都知道他们的满意；最后，要制作一些资料供消费者转送给潜在消费者。

第四节 公共关系

一、公共关系的概念

“公共关系”简称“公关”，英文是“public relations”，缩写为PR，又称公众关系，是指企业采用各种交际技巧、公关宣传、公关赞助等形式来加强与社会公众沟通的一种活动，其目的是树立或维护企业的良好形象，建立或改善企业与社会公众的关系，控制和纠正对企业不利的舆论，并且引导各种舆论朝着有利于企业的方向发展。

公共关系的目标是广结良缘，在社会公众中创造良好的企业形象和社会声誉，与广告相比，公共关系更客观、更可信，对消费者的影响更深远。如果企业的形象在消费者心目中较好，消费者会谅解企业的个别失误；如果原有的形象不佳，则任何细微的失误也会造成很坏的影响。因此，企业的形象被称为消费者感知服务质量的过滤器，企业必须树立和维护良好的公共形象。

延伸阅读

医院要协调好以下几种关系

首先是医患关系。良好的医患关系是建立医院良好口碑的重要环节。

其次是新闻媒体关系。媒体是医疗行业与社会联系的重要纽带，医院必须重视与新闻媒体建立良好的关系，尤其要在医患矛盾和医疗纠纷的问题上与新闻媒体达成共识，建立合作与信任，获得充分的理解与支持；要发挥新闻媒体在传播医院良好形象、维护医院正当权益中无可替代的作用。

再次是社区关系。良好的环境、和睦的邻居以及地方政府机构、团体组织的理解与支持都是医院稳定发展的动力。积极参与社会公益活动，例如，定期开展义诊、医疗保健知识宣传、预防保健知识普及、居民体检等活动，以及建立病友会，建立医疗扶贫点、扶贫病房，向贫困群众发放扶贫卡等措施，都是树立医院良好的社会公众形象的有效方法。

最后是同行关系。同行业既是竞争者，又是相互依存的合作者，交流与合作应是基本关系原则，要避免采取损害同业利益和声誉的言行，并寻求能实现双赢的合作。

当然，医院形象的培养与建立决非一时之功，仅靠几次公共活动难以完成。因此，医院要注意保持活动的连续性，根据自己的经济实力和能力，坚持效果较好的社会公共活动，以免功亏一篑。

二、公共关系的类型

公共关系的类型有：服务性公关、公益性公关、宣传性公关、联谊性公关、名人公关、危机公关等。

（一）服务性公关

服务性公关有利于获得消费者的好感。例如，百货大楼派专车请农民进城购物，公交公司设“乘客意见奖”等。

去日本的书店买书，遇上脱销，店员会告诉你新版的出版日期，并赠送各类出版消息与新书分类目录，如果你需要书中的内容，书店还可以代为复印。

法国的化妆业巨子伊夫·罗歇，每年要向消费者投寄8000万封信函，信函内容十分中肯，无一点招徕消费者之嫌，而且他还编写了《美容大全》一书，提醒大家有节制的生活比化妆更重要。罗歇作为一个经营化妆品的商人能够这样做实在难能可贵，因此他得到了广大消费者，尤其是妇女的信赖，其事业的发展自然也蒸蒸日上。

在宝岛眼镜店，人们总是可以免费用超声波清洗眼镜，并且得到很多关于清洗和使用眼镜的小知识，这大大增加了消费者对宝岛眼镜的好感度，很多消费者也因此成为宝岛眼镜的消费者。本着“把视力健康带给每一双眼睛”的目的，宝岛眼镜走进高校，宣传眼科知识，普及用眼常识，并进行视力免费大普查，从而吸引了众多大学生消费者。

新东方通过面向全国英语学习者举办“新东方英语美文背诵大赛”“新东方15周年大学生口语文化节——跨文化交际全国巡讲活动”，万圣节“魔幻恐怖狂欢夜”“客服之星”风采大赛、“市民外语游园会”，以及与北京电视台合作播出“新东方英语谈天说地”节目等，引起广大师生的关注，让师生更直接、更形象地感受到英语的魅力以及新东方英语培训的模式，对促销新东方的英语课程起了不小的作用。

当年麦当劳发现北京有600多万人使用月票乘公交车，而发售月票的网点只有88处，在乘客深感不便时，麦当劳便推出一项新举措——在所属的57家麦当劳餐厅内代售公交月票。麦当劳与公交公司的这一合作打动了公众的心，广大北京市民从麦当劳的“好事”中获得便利。此外，一直以来，麦当劳在中国很难赢得一些成年消费者、老年消费者的青睐，在成为月票代售点后，不少中老年消费者为了买月票顺便在麦当劳就餐就成为自然的行动。此外，高考前夕，麦当劳面对只要一杯饮料就在餐厅待上好几小时的高考考生，不仅不驱赶，反而特意为他们延长了营业时间——秉承了麦当劳“博爱，为任何人服务”“视消费者为家族成员”的服务文化。北京麦当劳“代售月票”“为高考考生延长营业时间”的真实故事被许多媒体津津乐道，这有效提升了麦当劳的企业形象。

在美国最大的百货公司——纽约梅瑞公司的店堂里，有一个小小的咨询服务亭。如果你在梅瑞公司没有买到自己想要的产品，那么你可以去那个服务亭询问，它会指引你去另一家有这种产品的商店，即把你介绍到它的竞争对手那里。这种一反常态的做法收到了意想不到的效果——既获得了广大消费者的普遍好感，招徕了更多的消费者，又向竞争对手表示了友好和亲善，从而改善了竞争环境。

竞争是企业发展的动力，竞争对手可谓是无处不在，无时不有，但竞争中双方不要损人利己，要对事不对人，如果竞争双方相互拆台，造谣诽谤中伤，最终只能两败俱伤，要“以和为贵，和气生财”。

（二）公益性公关

企业采用公益活动、赞助活动、捐赠活动，支持赞助文化、教育、体育、卫生、社区福利事业，参与国家、社区重大社会活动等形式，来塑造企业的社会形象，提高企业的社会知名度和美誉度，赢得人们的信任和好感。

例如，银行开设“绿色通道”贷款服务，帮助有困难的大学生完成学业，上海五洲商厦推出“领养野生动物”等，深圳剧院通过办艺术家讲座推广高雅艺术。

招商银行曾经发起过“爱心漂流瓶”的活动，微信消费者可以使用漂流瓶的功能来获取招商银行发出的漂流瓶，通过回复来获得积分，为自闭症的儿童提供相应的资助，在此活动期间，消费者每捡十次漂流瓶便基本上有一次会捡到招商银行的爱心漂流瓶，消费者的参与度非常高。招商银行的“爱心漂流瓶”活动提升了企业的公益形象。

又如，春节前后，各类网购引发包裹量猛增，民营快递公司进入了“春节模式”，或放慢投递脚步，或服务网点停止收件。而中国邮政广大员工 365 天坚守岗位，用心服务每一天，确保全年邮政通信的畅通。节日无休、春节不打烊，为市民提供正常的收寄服务，已经成为邮政人工作的一种常态。每逢节假日，遍布神州的邮政网点照样开门营业；身披绿衣的邮递员在大年三十、新年第一天仍然坚持将包裹等邮件捎上浓浓的新春祝福送给阖家团圆的人们。各级邮政企业都在利用邮政主渠道优势，合理调配人力、运力资源，做到“不休网、不拒收、不积压”，全力保障市民节前和春节期间的寄递需求。中国邮政，春节无休，服务不停，有担当，有情怀，赢得了公众的赞誉，树立了良好的机构形象。

联邦快递（FedEx）多年来和全球儿童安全网共同致力于儿童安全步行知识的普及和教育。从 2005 年开始，联邦快递与全球儿童安全网络在中国开展了一系列“儿童安全步行”主题教育活动，已经为 140 多万名儿童提供了步行安全教育，近 700 名联邦快递员工自愿奉献出他们的时间，和教师们一起用寓教于乐的游戏和示范对孩子们进行道路安全知识的教育，有效促进了部分学校周围环境的改善。

如今，宝洁公司援建的希望小学总数已近150所，创下了在华跨国公司援建希望小学最多的纪录。在长期支持希望工程的实践过程中，宝洁公司本着务实、创新的精神开创性地提出了“从我做起，携手商业伙伴，感召消费者，帮助中国需要帮助的儿童生活、学习、成长”的公益活动，获得了社会的广泛认可。

（三）宣传性公关

企业可举办新技术或新产品介绍会、博览会和研讨会，也可举办各种招待会、聚餐会、晚会、游园和纪念活动，还可冠名各类研讨会、演讲会、论坛、高峰会、博览会、晚会等，通过这些活动吸引媒体关注，由媒体主动宣传，这既是免费宣传，又具有较高的可信度，容易为公众接受。此外，企业的重大纪念活动也是宣传品牌的绝佳机会，企业可以充分利用各种形式，将企业发展历史、庆典活动等制成录像、照片或光盘加以宣传，从而起到树立品牌形象、提高品牌知名度和美誉度的作用。

了解一下全球大型公司成功塑造品牌形象的过程可以发现，它们最初的品牌形象塑造都得益于媒体上有利于自身品牌形象的宣传报道。这一规律在高科技领域表现得尤其明显，例如，微软、戴尔、康柏以及思科等，最先都是通过在《华尔街日报》《商业周刊》《财富》等媒体上进行公关宣传而起步的。

此外，企业还可以随时接待消费者参观企业，或者实行开放日、参观日、纪念日等欢迎消费者参观，向消费者展示新的服务项目和服务设施，使其有机会更多地了解企业。

例如，生产“龟鳖丸”的海南养生堂公司组织南京的市民代表到其生产基地，现场参观了龟鳖的养殖和“龟鳖丸”的制作过程，让市民代表亲身感受企业及其产品，从而增强了市民对企业及其产品的信任，引起市民代表对“龟鳖丸”的关注和兴趣。

当年时任美国总统的里根访华临别前要举行盛大的答谢宴会，按惯例，这样规格的国宴总是在人民大会堂国宴厅举行的。长城饭店得知后，主动出击，成功地承办了这一盛大的国宴。随同里根访华的500多名外国记者到长城饭店现场采访，宴会还在进行中，一条条消息就通过电传打字机源源不断地传送到世界各地：“今日×时×分，美国总统里根在北京长城饭店举行答谢宴会……”而电视的实况转播，更使上亿观众将长城饭店的里里外外看个清清楚楚，从此长城饭店名扬天下。

又如，法国白兰地在美国市场上没有贸然采用常规手段进行销售，而是借当时的美国总统艾森豪威尔67岁寿辰之际，把窖藏达67年之久的白兰地作为贺礼，派专机送往美国，同时宣布将在总统寿辰之日举行隆重的赠送仪式。这个消息通过新闻媒介传播到美国后，一时间成了美国的热门话题。到了艾森豪威尔总统寿辰之日，为了观看赠酒仪式，不少人从各地赶来目睹盛况。就这样，新闻报道、新闻照片、专题特写，使法国圣酒在欢声笑语中昂首阔步地走上了美国的国宴和家庭餐桌。

延伸阅读

记者招待会

记者招待会又称新闻发布会，是企业为公布重大新闻或解释重要方针政策而邀请新闻记者参加的一种公共关系专题活动。记者招待会是一种两级传播：企业将信息告知记者，再通过记者所属的大众传播媒介告知公众。它是企业传播信息、吸引新闻客观报道、搞好媒介关系行之有效的途径和手段。记者招待会一般具有以下特点：形式比较正规、隆重，规格比较高；记者可以对自己感兴趣的方面或所着重的角度进行提问，以便更深入地发掘消息；在深度和广度上，比其他新闻发布更具有优越性；所耗费的成本比较高；对发言人和主持人的素质要求比较高。

展览会

展览会是一种以实物、文字说明、图片、模型、幻灯片、录像等来展示企业成果，树立社会组织形象的公共关系宣传活动。展览会有如下特点：直观性，展览会是一种非常直观、形象的传播方式，它把实物直接展示在公众面前，给人以真实、观之有物的感受；复合性，展览会又是一种复合性的传播方式，通常会同时综合运用多种媒介、手段进行交叉混合传播，往往以实物展出为主，配以文字宣传资料、图片、幻灯片等，再加上动人的解说、友好的交谈、优美的音乐、生动的造型艺术，具有很强的渲染力和吸引力；新闻性，展览会是一种综合性的大型活动，除本身能进行自我宣传外，往往能够成为新闻媒介追踪的对象，成为新闻报道的题材。通过新闻媒介的报道传扬，展览会的宣传效应将大大扩展。成功地举办展览活动，可以达到吸引公众的注意和兴趣、实现企业与公众的双向沟通、有效展示企业形象的目的。

庆典活动

庆典活动是企业为庆祝某一重大事件而举行的一种公共关系专题活动。庆典活动的目的在于联络公众、广交朋友、增进友谊、扩大影响。庆典活动的类型有开幕典礼、周年纪念日、其他纪念日等。

（四）联谊性公关

联谊活动是企业以实现一定的合作目标为宗旨，为了增进了解，加深感情，促进信息沟通和感情交流而开展的一种公共关系专题活动。

联谊活动若从低级到高级的运动发展规律来分析，一般可分为以下三个层次。

（1）感情型，即以联络感情为主要内容的联谊活动。其形式主要有互致信函、互赠纪念品、出席庆祝活动等。这类联谊活动以建立初步的良好形象，为以后的联络奠定较好的感情基础为目的。

（2）信息型，即以互相沟通信息为主要内容的联谊活动。其形式为双方对所掌握的有关信息进行交流，如技术信息、合作信息、市场信息、产品信息、竞争信息等。这类联谊活动能使联谊各方建立合作伙伴关系，并共同获益。

（3）合作型，即以经济合作为主要内容的联谊活动。这类联谊活动是一种高层次的联谊活动，是联谊活动成果的最终体现，也是一种最具实质性的联谊。

延伸阅读

宴请活动

宴请活动是指企业为了庆祝一些值得纪念的日子、表彰庆功、答谢合作者支持等事由而举行的各种形式的宴会。

宴请活动根据不同的目的，可以分为许多不同的类型，主要有以下几种。

正式宴会，规格较高，要安排座次，席间有致辞、祝酒。

冷餐会，即以冷食为主，也可用热菜，可自由活动，自取食物。

酒会，也称鸡尾酒会或招待会。即以酒水为主，略备小吃，不设座椅，仅设小桌，人们可以随意走动，形式活泼，便于广泛接触交谈。

茶会，即请客人品茶交谈，设茶几、座椅，不排座次，对茶叶、茶具要有所讲究。

（五）名人公关

企业还可以邀请名人参与相关的活动以产生“名人效应”，扩大市场吸引力。

例如，大学聘请著名作家、著名导演分别担任文学院和影视学院的院长。电影制作与拍摄邀请名导演、名演员参加，电视台邀请知名人士担任电视节目的主持人等都属于名人公关。

（六）危机公关

一旦危机真的来临，企业就必须迅速启动应急计划实施危机管理。

首先，成立危机管理小组。危机不等人，企业要迅速建立危机管理小组，制订或审核危机处理方案及其方针和工作程序，尽快遏制危机。危机管理小组应以企业决策层为中心，并吸收部分公关专家、技术专家和新闻宣传专业人士。小组成员的选择不仅应考虑其个人素质和才能，如视野开阔、处事冷静、决策迅速、表达清楚，还要考虑他们个人在组织中的地位、身份，以及他们对企业和企业所在的行业与环境的了解。

其次，确定新闻发言人，尽快传递企业信息，要妥善处理与舆论界的关系。

再次，尽快调查并公布事件真相，澄清事实。危机发生之后，企业在迅速抢救受害公众，减轻危机影响程度，并将最新情况告知公众的同时，还须尽快查明危机根源。如果是企业自身的原因，企业就应勇于承担责任，向公众道歉；如果是其他因素所致，也应将事实告知公众，减轻企业自身的压力。此时，邀请技术权威机构介入对危机事件真相的调查与论证，可提高信息的可信度，对于减少谣传、寻求传媒与公众的理解尤其有好处。

最后，要提出处理危机的解决方案和补偿方案，亡羊补牢。

第五节　销售促进

销售促进又叫营业推广，是指企业运用各种短期诱因，鼓励消费者和分销商购买、经销企业的产品的促销活动。

一、销售促进的特点

（一）即期效果显著

由于销售促进运用利益刺激的促销方法，会使消费者产生机不可失的感觉，能使消费者迅速采取购买行动。因此，一般来说，企业只要选择合理的销售促进方式，就会很快收到明显的成效，而不会像广告和公共关系那样需要一个很长的时期才会奏效。

（二）非降价策略

销售促进的激励措施是以特定的产品为对象，由于时间、事件等因素而暂时改变了产品的相对价格，如采取价格优惠活动等。一旦时间和事件结束，价格就要恢复到正常水平。

二、销售促进的形式

销售促进的形式主要分三类，即以消费者或用户、分销商、推销人员为促销对象。

（一）针对消费者的促销形式

针对消费者可供选择的销售促进方式有：免费试用、免费服务、奖金或奖品、优惠券、特价包等。

1. 免费试用

为打消消费者对产品质量的顾虑或产品所能带来的收益的怀疑，企业可以采取免费试用的方式，促使消费者下定决心购买产品。

免费试用是敦促潜在消费者购买或使用一种产品最有效的手段，是让潜在消费者迅速认同并且使用的最有效的方式。在买方市场下，“上帝”变得精明、挑剔，这种免费试用是“欲擒故纵，先予后取”。

例如，许多报纸杂志采取在一定时间内请消费者免费试阅的方式，由此吸引了一些读者，而一旦读者满意后便会订阅。

又如，中法合资的上海达能酸乳酪有限公司为吸引长期消费者，向上海市民赠送了 10 万瓶达能酸奶，许多市民品尝后感觉不错便长期购买。

早在中国改革开放之初，美国的 IBM 公司曾经免费赠送给中国工业科技管理（大连）培训中心 20 台 IBM 计算机。该中心的学员都是来自全国各地的大中型企业的厂长和经理，他们在培训中心使用 IBM 计算机后，对其印象很好，很多人回到企业后就做出了购买 IBM 计算机的决定。IBM 公司正是通过这种方式打开了中国市场。

免费试用也是成本最高的促销手段。因此，这种方法一般用在一种全新而又名气不大，需要和值得花一些代价去促销的产品上；或者是确信一种产品有轻易被接受和认同的优势，只要消费者试用就会产生购买意向。否则，如果试用的产品在性能上与其他同类产品并没有明显的区别，或者本身品质一般，那么，采取免费试用就不仅可能会徒劳无功，而且还耗费了资金。

2. 免费服务

免费服务是企业为消费者提供无须付费的服务，目的是使消费者对企业的其他服务产生购买兴趣。

例如，电器商店为购买者提供免费送货上门、免费安装、免费调试的服务；皮革行除免费为消费者保修外，还免费为用户在夏季收藏皮夹克……从而吸引了对服务要求甚高的消费者前来购买。

例如，酒楼看准每年有 5 万对新人办喜事，而竞相推出免费服务——有的免费代送宾客，有的免费提供新婚礼服、化妆品、花车及结婚蛋糕……谁的免费服务招数高，谁的生意就兴隆！

如家酒店也实施免费宽带上网，在客房放置商业管理类书籍、时尚杂志等，供客人阅读，也吸引了不少客源。面对“黄金周”“广交会”等特殊的节日，外出游行者会大量增加，如家酒店也提出了相应的优惠活动，如住 3 天送 1 天，从而提高了客房的入住率。

3. 奖金或奖品

奖金或奖品指与购买产品相关联的馈赠奖金或礼品的活动，其目的也是使消费者对服务产生购买兴趣。

例如，商家许诺消费者每次购买都可获得若干积分，积分累计到一定的数额就可以兑现奖品；赠品印花——购买一张时，商店给予一张印花，集满若干张后可兑换某些产品。

还有一种“自动给付”的兑现形式，即消费者购买了一种产品后可以自动享受以优惠的价格购买另一种产品的权利。由于这个优惠价格一般等于批量采购的进货价格，因此，提供这一优惠的产品价格，商家并无须为此多付出任何代价。

包装兑现即采用产品包装来兑换现金。例如，收集到若干个某种饮料瓶盖，或积累一整套标志，即可兑换一定数量的现金或实物，企业借以鼓励消费者购买该种饮料。这种方式的有效运用，也体现了企业的绿色营销理念，有利于树立良好的企业形象。例如，口香糖刚问世时，销路不畅，后来企业规定消费者回收一定数量的口香糖糖纸就可以换得一个小礼品，从而打开了市场。

奖品是指消费者在购买某物品后，以竞赛、抽奖和游戏等方式，向他们提供赢得现金、旅游或物品等各种获奖机会。

例如，电视台推出“有奖收视”活动；铁路局推出的铁路购票磁卡，对累计购票数达到一定数量的旅客奖励一张车票等；航空公司推出的“里程奖励”活动，对乘坐航空公司班机的乘客进行里程累计，当累计到一定公里数时，就奖励若干里程的免费机票。

又如，餐厅将消费者每次用餐后结账的账目记录在案，餐厅将纯利的10%，按消费者总账目金额的一定比例向消费者发放奖金。这项“利润共享”的奖励措施，提升了消费者的忠诚度，使得餐厅经常是消费者盈门。

厦门航空公司在北京奥运会期间规定旅客在活动期间拨打厦航 95557 客服热线，并使用招行电话银行 95555 购买厦航机票，便有机会获得厦门始发至奥运比赛城市的往返机票和额外里程奖励。每张机票（即每单个航段）都可以参加抽奖，限 3 个名额，每名中奖者可在奥运期间任选 1 份由招商银行赠送的厦门始发至奥运比赛城市（限北京、天津、青岛）的厦航往返程机票一张，价值约 3000 元人民币。

4. 优惠券

优惠券指企业印发的给予持有人购买产品时一定减价优惠的凭证。由于能够得到减价优惠，所以，优惠券对价格敏感的消费者有很强的吸引力。

例如，香港海洋公园给所有持有香港身份证的香港人提供门票优惠，还向游客征集他们曾经在海洋公园拍摄的照片，被选中的游客可获得门票优惠。

有时候，生产厂商直接降低产品价格将其销售给经销商，附加条件是经销商也要降低零售价格，但是，经销商不一定会按承诺降价从而自己独享生产厂商降价的好处。所以，生产厂商更多愿意采用向消费者发放“优惠券”的减价方式，这样能够确保消费者得到实惠，从而增加销售量。

在美国，人们在周五下班后就纷纷走进商店采购，而在前一天，许多商店已经在报纸上刊登了减价广告和赠券，消费者如被赠券所涵盖的产品吸引，可将赠券剪下来，持券购买该产品便可获得相应的优惠。

例如，美国一家公司为了把它的咖啡打入匹兹堡市场，向潜在消费者邮寄了一种代金券，消费者每购一听咖啡凭代金券可享受 35% 的折扣，每听咖啡中又附有一张折价 20 美分的代金券。这样，消费者就会不断地被这种小利小惠所刺激，从而对该产品保持长久的兴趣。

2013 年“双 11”电商盛宴期间，喜临门为吸引线上流量，在天猫旗舰店发起针对“双 11”的预售。例如，消费者在天猫上可以花 99 元购买“试睡护照”，由 O2O 部门邮寄给消费者，消费者收到“试睡护照”之后，可以凭这个“护照”去领价值 500 多元的乳胶枕，这样企业就将线上的流量引到了线下，消费者在线下，既可以只领取乳胶枕，也可以购买其他产品，参与线下活动。

5. 特价包

特价包是向消费者提供低于常规价格销售的产品的一种方法。其做法是在产品包装上或标签上加以附带说明。特价包可以是一件产品单包，也可以是若干相关产品的批量包。

（二）针对分销商的促销方式

向分销商推广的目的是为了促进分销商积极经销本企业的产品。企业为了取得分销商和零售商的合作，通常采用以下促销方式。

1. 购买折扣

为刺激、鼓励分销商购买并大量购买本企业的产品，企业会对第一次购买的分销商和购买数量较多的分销商给予一定的折扣优惠，购买数量越多，折扣越大。

2. 资助

资助是指企业为分销商提供陈列产品、支付部分广告费和部分运费等的补贴或津贴。例如，协助举办展示会、样品展览会，协助制作产品目录以及印刷宣传单，邮寄广告，提供临时周转资金援助，提供店面广告、橱窗广告、灯光广告所需的用具及资金，提供样品目录、手册、广告赠品等。

3. 免费产品

企业还可提供免费产品给购买达到一定数量的分销商，也可提供一些现金或者礼品。

4. 奖励

即对有突出成绩的分销商给予奖励，以刺激业绩突出者加倍努力，取得更好的成绩，同时，可吸引其他分销商积极促进销售。

例如，雀巢饮料在上海推销时，为了赢得分销商，采取的手段是向全市推销点免费赠送十箱雀巢柠檬茶叶咖啡，条件是收到礼品的商店要张贴广告画。商店面对价值数千元的广告赠品，自然乐意推销，结果雀巢饮料打开了销路，从此入驻上海。

5. 经营指导

经营指导就是企业派出经营、销售顾问，给分销商进行经营诊断，找出问题，提出改进意见，提供各种培训服务；提供各种相关的商业情报，对经营、管理、财务等人员进行培训及教育，对进货、产品管理、库存管理、销售、售后等问题给予指导，协助分销商举办各种促销活动。

（三）针对推销人员的促销形式

以推销人员为目标的销售促进方式的目的是鼓励其开拓新市场，包括鼓励推销人员推销某种新产品、促使他们扩大销售量等。针对推销人员的销售促进形式主要有以下几种。

推销奖金——对销售达到一定数量的推销人员给予奖励。

推销竞赛奖——组织销售竞赛，给优胜者以精神或物质方面的奖励，如表彰、奖金、休假、免费旅游。

红利提成——按销售额或所获利润给予提成。

三、销售促进的控制

销售促进是一种促销效果显著的促销方式，但是，如果使用不当，不仅达不到促销的目的，反而会影响销售，甚至损害企业形象。因此，企业必须对销售促进加以控制。

首先，销售促进应当选择适当的方式，要针对产品的性质、消费者的接受习惯等因素选择合适的方式。

其次，销售促进应当确定合理的期限，期限不能过长，也不能过短。因为，时间过长，消费者会习以为常，减弱销售促进效果，甚至会产生疑问和不信任感；时间过短会使消费者来不及接受销售促进的好处，收不到最佳的促销效果。

最后，销售促进忌弄虚作假。

思考题：

1. 促销的作用是什么？什么是促销组合？
2. 人员推销的特点及优缺点是什么？
3. 广告的特点与作用是什么？
4. 选择广告媒体应当考虑的因素有哪些？广告设计要遵循哪些原则？
5. 广告策略有哪些？
6. 公共关系有哪些类型？
7. 销售促进的特点与形式是什么？
8. 针对消费者有哪些促销形式？

第V篇

展论

随着市场营销的普及应用以及市场营销技术的不断进步，营销领域出现了服务营销、国际市场营销、网络营销、数据营销、品牌管理、客户关系管理等新理论。

第十二章 服务营销[1]

引例：星巴克里的气氛

星巴克擅长营造气氛，为顾客提供咖啡之外的“体验”。

重烘焙极品咖啡豆是星巴克味道的来源，加上“四禁”政策——禁烟、禁止员工用香水、禁用化学香精的调味咖啡豆、禁售其他食品和羹汤，力保店内充满咖啡自然醇正的浓香。在柔和的、暖暖的灯光下，恣意流畅在星巴克的是一种悠闲和自在，人们尽情地享受在嘈杂和忙乱的工作和生活的节奏中偷得的片刻闲暇。

星巴克在色调上一般用的是暗红与橘黄色，加上各种柔和略带暖色的灯光以及体现西方抽象派风格的一幅幅艺术作品，再摆放一些流行时尚的书报杂志、精美的欧式饰品等，写一些诸如“咖啡是你一辈子的情人”等温存的话语，那种亦真亦幻的氛围就出来了，人们在这里交流就会觉得非常富有情调。

在这里，轻松的爵士乐取代了严肃的歌剧和古典乐，店内经常播放一些爵士乐、美国乡村音乐以及钢琴独奏等。这些正好迎合了时尚、新潮、追求前卫的白领阶层，他们天天面临着强大的生存压力，十分需要精神安慰。星巴克还会尽量选一些舒缓、优美的轻柔音乐，使人们沉醉其间，从而增加消费。

此外，合伙人之间对话的悦耳腔调，吧台师傅煮咖啡时的嘶嘶声，将咖啡粉末从过滤器上敲击下来时发出的啪啪声，用金属勺子铲出咖啡豆时发出的沙沙声，以及打奶泡的滋滋声都让顾客倍感亲切和舒服。

为了使星巴克的咖啡文化更深入影响顾客，他们在墙上运用了古色古香的壁画、演绎咖啡历史的图片，同时还陈列了有特色的咖啡器皿，在触手可及的大吧台上，排满了供顾客DIY的工具……这一切的一切都在默默、持续、无形地植入顾客的心田。

---

1 苏朝晖. 服务营销学[M]. 北京：高等教育出版社. 2016.

服务具有与有形产品不同的特点，这些特点对服务的营销产生了明显的影响，因此，企业在开展服务营销活动时必须充分考虑其影响，发挥和利用其有利影响，克服和回避其不利影响，这样才能增强服务营销策略的针对性和有效性。

第一节　服务的特点及其对服务营销的影响

一、服务的特点

1960 年，美国市场营销学会最先指出："服务是用于出售或者随同产品连在一起进行出售的活动、利益或者满足感。"之后，又做出了补充："服务是不可感知却可使欲望获得满足的活动，这种活动并不需要与其他的产品或服务的售出联系在一起。生产服务时可能不会利用到实物，而且即使需要借助某实物协助生产服务，也不涉及此实物的所有权转移问题。"

瑞典学者格罗路斯将服务定义为："服务是指或多或少具有非实体特点的一种或一系列活动，通常发生在客户同服务的提供者及其有形的资源、产品或系统相互作用的过程中，以便解决客户的有关问题。"

菲利普·科特勒认为："服务是一方能够向另一方提供的、基本上是非实体的任何活动或利益，并且不导致任何所有权的产生；它的生产可能与某种有形产品联系在一起，也可能无关联。"

目前贝特森、肖斯塔克、贝里等人归纳出的服务具有的无形性、不可分离性、易逝性、差异性四大特点被普遍接受。

二、服务特点对服务营销的影响

（一）服务的非实体性及其影响

1. 服务的非实体性

如果说服务是无形性的似乎还不够准确，因为参与服务的人与物都是有形的，服务过程也是可以看得见的，因此，这里用"非实体性"来代替描述"无形性"，其含义如下。

（1）服务没有物理化学属性，不可触摸、不可陈列

产品可以触摸、陈列，以便于客户进行比较、挑选，产品的质量可以用确切的标准来衡量，用精确的数值来表示。客户在购买前就能够确认产品特点，如价格、颜色、款式、硬度和气味等。

例如，购买一双鞋子，你可以拿起鞋子感觉一下它的质量和重量，看看它的式样和颜色，还可以把它直接穿到脚上试试是否合脚。

又如，抽油烟机的质量优劣可以用安全性能、使用性能（风量、风压、噪声、电机输入功率）等指标来衡量。

相比之下，服务是一系列的行为和过程，服务没有体积、重量、密度、长度、大小，不可以触摸、尝试、聆听、陈列，服务提供者无法向客户提供实物样品，也不易展现服务的特色，服务的形状如何、是什么颜色的、它的成分是怎样的——这些问题都无法回答。

（2）服务有时需要一定的载体，但这些实体成分并不是服务的本质

例如，菜肴、点心、酒、饮料等这些实体成分并不是餐饮服务的本质，因为菜市场、超市也可以购买得到，它们只是餐饮服务的载体，烹饪服务、就餐服务、舒适服务等才是餐馆服务的本质，而这些都是非实体的。

又如，银行的服务也无法像有形产品那样被触摸，可以被触摸的存折、银行卡等只是银行服务的载体，但这些实体成分并不是银行服务的本质，银行服务的本质是存贷款服务、中间业务、投资理财服务等，这些都是非实体的。

2. 服务非实体性带来的影响

（1）客户难以对服务进行比较和评价

首先，消费服务之前客户很难判断、比较和评价服务的特点、功能、质量等。

例如，客户第一次到一家从未去过的酒店，在酒店服务开始之前他对酒店的服务是无法预知的——他不能以对待实体产品的方式那样去触摸、去试用，他不知道自己能享受到哪些服务，是否门口有人迎宾，是否会有人帮忙倒酒……只有酒店的服务开始后，他才会对酒店的服务有所了解，才能对该酒店的服务内容有所认识。

又如，听过后才能够知道歌手的演唱水平，理过发后才会知道理发师的技术和服务水平，接受过治疗后才知道医生护士的医护水平，听过课后才了解教师的水平和能力。

为了降低消费风险，客户需要做出更大的努力和投入更多的时间，寻找所欲购买服务的有关资讯。这种事前寻找服务信息所花的时间和力量，远超过购买实物产品所付出的时间和努力。当人们第一次请家庭教师、请外科医生、请诉讼律师、请保姆等，无不经历这样的过程。

此外，客户购买并享用服务之后仍然很难判断、比较和评价服务水平的高低，或者要经过一段时间才能感觉出来，或者自始至终感觉不出来，而只能相信服务人员的说法，并认为这种服务确实给自己带来了期望获得的服务特点。

例如，在接受医生的治疗后，其所获得的利益是没法马上感觉到的，通常需要一段时间才能感觉得到。而且，有时候病人即使经过医生诊治后，自己也很难评价医生的服务水平，只能相信医生，相信他的治疗技术、治疗方案、治疗效果是最好的，虽然可能没有什么凭据，但就是信任。

（2）服务机构难以对服务进行事前检查、事中控制、事后考核

由于服务的非实体性，服务机构难以对服务进行事前检查，也难以对服务进行事中控制，更难以对服务进行事后考核，因而服务质量问题或服务事故较产品频发，服务的投诉和纠纷也较难处理。

（3）客户并没有“实质性”地拥有服务

由于服务的非实体性，客户没有办法“拿到”服务，服务在交易完成后便消失了，客户并未像购买产品那样获得实物。

也就是说，服务是一种客户不能带走的行为，客户能够带走的是这种行为的影响。

例如，人们听完一场音乐会，只是得到了精神上的享受，却带不走演员和他的歌声。

再如，旅客乘坐交通工具后从一个地方被运送到另一个地方，旅客手里除了机票或车票外，没

从交通运输公司得到任何东西——“交通服务”的所有权是没有转让给旅客的。

服务所有权不发生转移的好处是，“服务”始终都在服务机构“手上”，同一时间的服务能力只会被客户占用但不会被客户带走，服务机构可以在不同时间重复提供同一种服务，而不会像产品那样卖一件就少一件。简单地说，产品只能卖一次，而服务可以重复地卖。

（4）服务差别化优势往往昙花一现

由于服务的非实体性，法律不能为一个服务方式、服务创意、服务特色提供保护，这就使好的服务会因为被模仿而很快失去优势。服务方式、营销策略与措施都容易被模仿，被偷师学艺，从而使短暂的差别优势因竞争者的效仿而夭折。所以，服务业不得不经常创新，但遗憾的是，每一项创新都难以成为创新者持久的核心优势。

例如，招商银行最早为客户提供了舒适的环境，配备了座椅及饮水机，但此后迅速被多家银行模仿，最后演变成普遍的行业标准。

又如，当美国联邦快递公司开始实行通宵邮递时也遇到了这样的问题——在几个月内，许多服务机构都效仿实行通宵邮递来与之竞争。

（5）具有神秘感与较高的客户忠诚

由于服务的非实体性、朦胧性、抽象性，使得“服务”多少带有神秘色彩，这有利于吸引客户前来体验、消费。

另外，由于客户同样难以全面了解到有关替代服务的情况，因此客户对替代服务能否比现有服务更好亦无把握，因而不会轻易转换服务品牌，而只会相对忠实于原有服务品牌。

总之，服务的非实体性可被认为是服务的最基本特点，其他特点都是从这一特点派生出来的。事实上，正是因为服务的“非实体性”，它才具有“同步性”“易逝性”“差异性”等特点。

（二）服务的同步性及其影响

1. 服务的同步性

对于有形产品而言，客户一般不能参与到其生产过程之中，而只能接触到出厂后的最终产品。产品通常在工厂生产，在商店销售，在使用中消费，这三个环节泾渭分明，人们可以从时间和空间上把产品的生产过程、流通过程与消费过程区分出来。

相比之下，服务的生产过程、流通过程和消费过程是同时进行的，生产一旦开始，流通和消费也就开始，生产一结束，流通与消费也宣告完成。

例如，歌唱家唱完一支歌，听众、观众也同时聆听、消费了他的服务。

但是，说服务具有不可分离性似乎还不够准确，因为服务供需双方在时间上不可分，而服务地点则可以通过一定的形式分开——可以通过技术的创新和模式的创新使得服务的生产与消费在地点上分离。

例如，随着网络服务的应用，购物不用到商场，上课不用进学校，这些都是服务地点的分开，但是，服务双方还是同步进行生产与消费的。因此，这里用“同步性”来代替“不可分离性”。

服务的同步性是指服务的生产过程与服务的消费过程是同步发生的，服务人员提供服务之时也正是客户消费享用服务之时，客户参与到服务生产与传递的过程之中，人们若不身临其境，是很难想象和体会到服务给人们的感受的。

例如，没有亲自乘坐航班就无法领略和享受空中服务。

又如，除非自己亲自到比赛现场，否则是无法感受现场的气氛的。

注意：如果人们是通过电视转播收看足球比赛的，那么，（直接）为观众服务的是电视台而非足球队；如果是到现场观看足球比赛，则是足球俱乐部或比赛场馆和足球运动员为观众服务。

2. 服务同步性带来的影响

第一，服务人员只能等客户到了现场，才能够开始“按部就班”地提供服务，而这样的方式容易限制服务效率。例如，客户到理发店不能一付钱头发就剪好了，而必须老老实实地坐在椅子上接受服务。因为理发店在客户到来之前只能做好准备工作，理发服务真正开始要等到客户到来之后。

第二，同步性还使服务受地理因素或时间因素的限制，即客户只能在一定的时间和区域内才能接受服务，如果服务机构的网点少、时间短，就会影响客户的消费量。另外，同步性使客户总是在一定的服务场所中，那么，服务设施、服务环境、服务气氛等因素都会影响客户对服务的感知和评价，这就要求服务机构必须注意服务设施、服务场所、服务气氛等环境的营造。

第三，同步性还使得服务生产人员要兼任销售的职责，但既懂生产又懂销售的人才是不容易找到的，而且会增加服务人员的负担。在服务过程中，服务人员的态度、服务技能、服务水平等因素都会影响客户对服务质量的感知和评价。这就需要依靠服务人员以积极的态度全力以赴参与服务的生产过程，并且要求服务人员要有营销意识，学会对客户的心理和购买行为进行分析，审时度势，用良好的服务打动客户，这些都对服务人员提出了更高的要求。

第四，由于服务的同步性，使得服务机构无法对服务进行事先检查和把关，等到发现失误时已经来不及了，也无法重新更改或退换，这就给服务机构带来了很大的挑战。另外，服务效果取决于双方接触的每一个环节，接触过程中哪怕一个小小的细节失误，也会影响整个服务质量，往往“一招不慎，全盘皆输”，因此需要全体人员或所有部门进行整体配合和协调，这就增加了协调和管理的难度。

第五，由于服务的同步性，服务的提供及其效果都有赖于客户的配合。例如，在医疗服务中，病人只有把病情全面如实地告诉给医生，医生才能准确地做出诊断并对症下药。如果参与服务的过程中客户不予配合，服务的进行以及服务的效果就会受到影响。例如，中国的邮政编码曾经是一项服务创新，但这项创新经过两次推广以后才被接受。

第六，有形产品由于能够实行标准化生产，规模效益较高，而服务的同步性使客户的参与度高，使得服务的个性化非常突出，很难实现标准化生产，规模效益较低。

（三）服务的易逝性及其影响

1. 服务的易逝性

服务的易逝性又称不可储存性，指的是服务作为一种非实体的产品，不管在时间上还是在空间上，都是不可存储的。

首先，服务不能在生产后储存待售。

我们到工厂或者商店去购买产品，钱一付就可以从仓库里或货架上将产品拎走，但是我们去消费一项服务则不能做到钱一付就走人，也就是说，服务提供者不能像工厂那样生产一堆产品放在仓库里等待随时发货。正如理发师不可能理一大堆的头发等着客户去取一样。

宾馆、旅社的客房服务不能储存，今天没有客人住宿，客房就闲着，就是实实在在的损失；飞机上的座位同样不能储存，这趟航班剩下的座位是不可能保存到下一趟航班的。这些空房间、空座位以及闲置的服务设施和人员，都是不可补偿的损失，其损失表现为赢利机会的丧失和折旧的发生。

如果服务能够生产后储存，在消费旺季和高峰期，客户就可以不用排队等候，就像买东西那样一到那里就可以取走，节省了许多时间。

其次，服务客户也无法购后储存。

当购买或者消费服务结束后，服务也随即消失，我们不能在时间上或空间上将服务保存起来。

例如，看电影，当电影播映完之后服务也即消失，不能储存。

再如，去酒店吃饭，酒店服务人员提供给客户接衣、挂帽、拉椅、让座、斟茶、倒酒等服务，但是一旦客户离开酒店，酒店的服务也即消失，客户无法再享受这样的服务。

2. 服务易逝性带来的影响

（1）易逝性造成服务供应与服务需求经常不平衡

由于服务的易逝性，服务机构不可能将消费淡季或低谷时的服务储存起来留到旺季或高峰时出售，不能像制造业那样依靠库存来缓冲和适应市场需求的变化。所以，服务机构经常会忙闲不均。

当供大于求时，过剩的生产能力就是闲置的能力，会白白支出许多固定成本，造成作业的不经济。如果服务机构不对服务产出能力加以及时利用，它创造利润的机会也会自然丧失，而不能留给以后的超负荷需求来使用。

当供不应求时，由于在短期内，增加服务设备、设施和训练有素的人员是非常困难的事情，这就可能造成服务不细致，从而怠慢客户导致客户的不满意，造成客户的流失。

（2）易逝性影响服务业的规模经济

产品是易存的，因此，产品可以通过扩大生产规模来实现规模经济，并通过库存调节生产规模与消费需求之间的矛盾。

由于服务的易逝性，服务不可大规模生产后加以储存，因此，服务业在大部分时间（非高峰期、非旺季）是达不到规模经济的。

例如，城市公交往往只能在一天的几个高峰时点实现规模经济；旅行社和旅游景区往往只能在旅游旺季实现规模经济。

总之，服务的易逝性造成了服务供求的矛盾，也使服务业的规模经济很难实现，这就要求服务机构必须对服务的供应和需求加以管理，促使供求平衡，这样既可以化解供求矛盾，又可以促进服务业规模经济的实现。

（四）服务的差异性及其影响

1. 服务的差异性

服务的差异性是指服务的构成成分及质量水平经常变化，同一项服务会因为提供的主体、时间、地点、环境、方式以及气氛的变化，而使服务内容、形式、质量、效果等产生差异。之所以会这样主要基于两个方面的原因。

一方面，服务主要是由人来提供的，而人的气质、态度、修养与技术水平的差异，使得不同的人提供服务就往往产生不同的内容、形式、质量、效果。例如，同一个酒店里的不同师傅所做的饭菜都是不一样的。

另一方面，即使同样一个人在不同的状态下，提供同样一项服务也是不一样的。例如，再优秀的歌唱演员，在不同的演出时间或场合演唱同一首歌曲，演唱效果也总是有差异的。

2. 服务差异性带来的影响

服务的差异性造成客户对每次的服务都有一定的顾虑，在购买和消费服务时没有把握，甚至对服务缺乏信心。

服务的差异性使得服务及其传递过程变得异常复杂并充满了诸多的不确定性，无法像有形产品那样标准，这对于服务品牌建设提出了挑战。

第二节　服务营销组合策略

服务的四大基本特点普遍而深刻地反映了服务的本质特点，因此，服务机构在开展营销活动时必须充分考虑服务特点的影响。

首先，针对服务的非实体性，服务机构要管理好服务展示。1977 年，美国服务营销学家斯坦克（Shostack）引入“服务展示管理”这一术语，他指出：顾客看不到服务，但能看到服务环境、服务工具、服务设施、服务信息、服务资料、服务价目表、服务中的其他顾客等，这些是顾客了解无形服务的有形线索，服务机构有必要对服务的有形物以及能传递服务价值的信号和线索进行管理。

其次，针对服务的差异性，服务机构要管理好服务人员。我们知道，造成服务差异性的主要原因是服务人员的气质、态度、修养与技术水平等方面存在差异，不同人提供的服务往往产生不同的内容、形式、质量、效果；另外，即使同样一个人在不同的状态下，提供同样一项服务也是不一样的。此外，在顾客看来，服务人员就是服务的一部分，服务人员的态度、服务技能、服务水平等因素都会影响顾客对服务的感知和评价。因此，服务机构必须对服务人员进行有效的管理。

再次，针对服务的同步性，服务机构要管理好服务过程。服务是一系列的行为和过程，在顾客消费某种服务时，顾客所接触到的其实主要就是一系列可操作性的步骤。接触过程中哪怕一个小小的细节失误，都有可能会降低顾客对服务的满意程度，往往“一招不慎，全盘皆输”。例如，餐厅服务员在上菜时的一个不当举动，很可能就破坏掉顾客在整个用餐过程中的好心情。因此，服务机构要对服务过程进行管理。

最后，针对服务的易逝性，服务机构要管理好服务供应。服务的易逝性造成了服务供求的矛盾，也造成了服务业规模经济很难实现，这就要求服务机构必须对服务的供应加以管理，促使供求趋于平衡，这样既可以化解供求矛盾，满足顾客需求，又可以促进服务业规模经济的实现，减少服务能力剩余的损失，从而提高服务机构的经营效益。

基于以上认识，我们提出服务营销的 8P 组合，即在产品策略、定价策略、分销策略、促销策略之外，增加“服务展示”（evidence）、“服务人员”（people）、“服务过程”（process）、“服务供应”（provide）。

一、产品策略

服务机构的产品就是服务机构满足顾客需要的“解决方案”，是顾客可以从服务机构中获得的利益。服务机构提供的产品具体包括：服务项目、服务特色、服务定制、服务承诺、服务创新等。

服务项目是指服务机构提供给顾客的服务内容与服务功能，通俗地说，服务项目就是表明该服务机构主要是干什么的，能够为顾客做什么。此外，服务项目还体现在可供顾客挑选的服务内容与服务功能有多少。服务项目还可具体分为核心服务、便利服务、配套服务。核心服务是顾客能够从服务机构中获得的最重要的服务利益，它体现服务机构最基本的功能。便利服务是顾客在消费核心服务时能够得到的便利的服务，是服务机构为传递核心服务而提供的相关辅助服务。配套服务是指服务机构通过整合服务能力，提供整体解决方案，甚至是“一条龙”式的服务，从而使顾客能够在同一个服务机构得到尽可能高的价值的服务。

服务特色指服务机构或服务人员向顾客提供独特的、与众不同的服务。如今市场上同类同质的服务越来越多，因此，服务机构要想在激烈的市场竞争中脱颖而出，必须有足够的服务特色才能吸引顾客的注意或光顾。服务机构如果能够不断地提供竞争对手难以模仿的特色服务，就能够形成不可替代的优势，成功地与竞争对手的服务相区分，从而有效地抵制竞争对手对顾客的诱惑，达到增进顾客忠诚度的目的。常见的服务特色形式有：专业特色、环境特色、顾客特色、人员特色等。

服务定制是指服务机构或服务人员为顾客提供量身定制的服务。服务定制体现了服务机构考虑到每个顾客的特殊性，在服务过程中时时处处站在顾客的位置上，针对不同顾客的不同需要，采取灵活的服务技巧，分别提供针对性的服务。服务定制作为未来的发展趋势，无论是对顾客还是对服务机构，都有着非常重要的意义。服务定制为服务机构打开了新的市场，但定制化服务意味着成本的增加，由于服务机构将每一位顾客视作一个单独的细分市场，必将导致服务机构经营业务的复杂化、经营成本的增加以及经营风险的加大，因此，服务机构需要在实现顾客满意和控制经营成本之间寻求平衡点，而提供模块化服务是一种恰当的模式。

服务承诺是由服务机构提供的一种契约，是服务机构以顾客满意为导向，对服务过程的各个环节、各个方面实行的全面的承诺，目的是引起顾客的好感和兴趣，促进顾客消费。服务承诺可以降低顾客的风险，有利于顾客的监督，有利于提高服务质量，有利于树立和改善服务机构的形象。服务承诺的形式一般有：服务质量的保证、服务时限的保证、服务附加值的保证等。有效力的服务承诺一般具有明确性、利益性、规范性、无条件的特征。

服务创新是对原有的服务组合、服务形式和服务策略等的研究与开发，从而使新的服务比原来的服务更能够满足市场需求，更能够受顾客的欢迎。随着服务机构服务意识的不断增强，出现了服务组合、服务形式和服务策略趋同的状况，服务高度雷同化已成为服务机构经营的沼泽地。在这种形势下，为了留住老顾客，吸引新顾客，服务机构不得不开发新服务。服务创新是实现服务差别化的根本途径，是使服务机构立于不败之地的制胜法宝，是服务机构必须要面对的课题。

二、定价策略

服务机构要想赢利就得面对服务定价问题，为此，服务机构必须清楚影响服务定价的因素，然后再制订富有活力的价格策略。

服务价格是服务机构提供服务的经济回报，它既可能表达服务机构对顾客的关心，也可能表达服务机构对顾客的冷漠。这是因为，价格对顾客而言，不是利益的载体，而是代表一种付出、一种牺牲。从服务需求的价格弹性大、价格是评判服务的重要指标两方面看，服务价格太高或太低都不行，服务机构不仅要科学定价，还要艺术定价。

影响服务定价的因素主要有六个，即经营目标、服务成本、顾客需求、竞争状况、供求关系、政府管制。服务定价的方法有：成本导向定价法、需求导向定价法、竞争导向定价法。长期来看，服务价格的下限由提供服务的成本来决定，上限由市场需求和顾客价值感受来决定，而竞争对手的定价则调节着服务价格在上限和下限之间波动，一般而言，市场竞争者越多，服务机构在定价方面的活动空间就越小。

服务的定价策略有：低价策略、折扣定价策略、招徕定价策略、高价策略、差别定价策略、固定价格策略、结果定价策略、组合定价策略、关联定价策略、关系定价策略、认知价值定价策略、顾客自主定价策略、整数定价策略、零头定价策略、吉利数字定价策略等。

三、分销策略

服务机构的分销是服务机构为顾客提供服务的通道或途径。服务机构分销服务的途径除传统的直接分销途径和间接分销途径外，还有网上分销途径，且其重要性越来越大。

服务的直接分销是指服务机构直接或通过自有的渠道为顾客提供服务。由于有形产品可以储存，可以被多次转手，经批发、零售多个环节使产品到达顾客手中。而服务是非实体的，不可储存的，不能被运输，再加上服务的生产和消费的同步性，这就使得服务的提供普遍采用直接的方式，分销渠道以直接分销渠道为主。传统的服务直接分销的形式主要有店面分销、机器自动化分销、呼叫中心分销等。

直接分销的优点如下。

首先，直接分销对服务的供应与表现可以保持较好的控制，对服务机构的策略、制度、规范、标准的执行和贯彻力度较强，有利于确保服务的总体水平；相反，如果经由中介机构处理，往往会造成失去控制的问题。其次，直接分销能够及时地从与顾客的接触中了解顾客的需要及其变化、顾客的满意与否，从而适时做出调整，更好地适应市场的变化、改进服务，更好地针对顾客提供个性化的服务。

直接分销的缺点如下。

首先，直接分销的覆盖面有限，可能局限于某个地区。其次，直接分销的市场覆盖半径小，不利于服务范围、服务数量、服务业务的扩大。

服务的间接分销是指经由中介机构为顾客提供服务。这些中介机构包括被特许人、代理人、经纪人等。服务机构可以采用这些服务分销商中的一种，也可以将几种组合起来同时提供服务。常见的服务间接分销形式有：代理分销、经销分销、合作伙伴、连锁经营与特许经营等。

间接分销的优点是：覆盖面较广，可不局限于某个地区，有利于提高分销的效率，有利于减轻服务生产者兼服务推广员的负担，有利于降低服务成本。

间接分销的缺点是：较难控制中介机构的表现、不能及时了解市场动态。

随着信息技术的成熟与互联网的蓬勃发展，网上分销渠道由此产生。网上分销也可分为直接分销和间接分销。网上直接分销是指服务机构通过自建网站将服务提供给顾客，网上间接分销是服务机构利用已有的电子商务平台将服务提供给客户。

网上分销的优点是：效率高、成本低、一致性、互动性和自动化。

网上分销的缺点是：顾客可能缺乏条件、能力或技术来接受网络传递的服务；存在一定的安全问题。

适合网上分销的服务有：信息服务、沟通服务、移动服务、交易服务、平台服务、娱乐服务等。总之，随着信息技术和自动化技术的不断普及，网络技术在服务分销中的运用越来越广泛，这大大提高了服务的可获得性。但是服务机构在引进新技术时要十分慎重，有些顾客有动力接受新的技术，如通过培训明确了新技术的采用给他们带来的好处，而另一些顾客则可能喜欢传统的分销渠道。

四、促销策略

服务机构的促销策略是指服务机构通过人员推销、广告、公共关系和营业推广等促销方式，向顾客或用户传递服务的有关信息，引起他们的注意和兴趣，激发他们的购买欲望和购买行为，从而达到扩大服务销售目的的活动。

人员推销是服务机构的工作人员在与顾客的交往中向对方传递有关信息，刺激其购买欲望的活动。由于服务的非实体性及不易感知的特点，人员推销在服务促销中是很活跃的因素。服务人员代表服务机构的形象，一流的服务人员是服务营销的生力军，服务人员最了解服务对象与服务系统。总之，服务人员的重要性是显而易见的，尽管有些服务可由机器设备代替人来完成，如自动售货机、ATM 机等，但服务人员在这些自助服务的提供过程中仍起着十分重要的作用。况且，实际上很多服务是机器无法完成的。

服务人员推销的优点是：可与顾客直接对话，进行信息的双向沟通；针对性强，有利于促成购买；有利于建立良好的合作关系。

服务人员推销的缺点是：对服务人员的要求较高，服务人员的培训和激励成本较高。

如今“酒香不怕巷子深”的年代已过去，企业想要提高产品的知名度离不开做广告。广告的方式主要有传统广告和网络广告两种。传统广告包括电视广告、广播广告、报纸广告、杂志广告、户外广告等，传统广告的费用比较高。此外，还有些企业选择通过自己印刷宣传单等进行宣传。伴随着信息技术及移动互联网的发展，以搜索引擎、社交网络、微博、微信、团购、秒杀等形式出现的网络广告媒体层出不穷，这些新型传播媒体具有传播迅速、反馈及时、目标对象明确、影响面较广等优点。在移动互联网时代，每个人都变成了一个媒体，既可以传播信息，也可以发布信息，这种媒体以个人博客、微博、微信、空间主页、群组等形式展现出来。企业可以选择将传统传播渠道和新型传播渠道结合起来使用，从而利用两者的优势更好地达到品牌传播的效果。

服务广告要增强服务的“有形性”，要强调服务能够带来的利益，要重视宣传服务机构的形象与特色，要能唤起美好的联想，要重视宣传服务的提供者。服务机构还可以通过名人做广告，或者参加展销会、展览会、博览会、订货会等，来提高品牌的知名度，也可以通过体验店、体验馆、展销中心，向顾客提供体验机会，给顾客以真切感受，其效果不亚于广告的作用。

公共关系是服务机构采用各种交际技巧、公关宣传、公关赞助等形式来加强与社会公众沟通的一种活动，其目的是为了树立或维护服务机构的良好形象，建立或改善服务机构与社会公众的关系，控制和纠正对服务机构不利的舆论，并且引导各种舆论朝着有利于服务机构的方向发展。与广告相比，公共关系更客观、更可信，对顾客的影响更深远，其主要类型有：服务性公关、公益性公关、宣传性公关、名人公关、口碑传播等。

营业推广是指服务机构运用各种短期诱因，促使顾客加快购买、增加购买而采取的一系列鼓励性的措施。营业推广的主要手段是免费服务、奖金或礼品、优惠券、会员制等。

五、服务展示管理策略

虽然服务是非实体的，但顾客可以看到服务环境、服务工具、服务设施、服务信息、服务资料、服务价目表、其他顾客等，这些是顾客了解服务的有形线索。服务展示管理是指服务机构借助实物、数字、文字、音像、实景及其他可视方式，通过服务环境、服务工具、服务设施、服务信息、服务资料、服务价目表、服务中的其他顾客等来展示服务内容、服务质量、服务特色等，从而使非实体的服务具体化和便于感知而采取的措施。

服务展示具有影响顾客对服务产品的第一印象、有利于展现服务特色、引导顾客产生合理的期望、有利于内部营销等作用。服务展示的内容可以分为服务条件展示、服务信息展示、服务人文展示三个层面。

服务条件展示主要包括：服务机构的建筑物、设施、工具、用品，以及内部装饰、场地布局、陈列设计等的展示。

服务信息展示是服务机构通过标志与指示、价格、目录、票据、宣传品、图片、照片、题词、橱窗、手机 App、录像、影视、荣誉、证明、表扬、理念、口号等来展示服务内容、服务能力、服务水平、服务效果的策略，目的是向顾客说明自己的服务质量或服务价值高于竞争对手。

服务人文展示包括服务场所的气氛、服务人员的形象、其他顾客的形象等的展示。优雅、舒适、轻松、愉快的气氛，能够展示服务的舒适程度、文明程度、亲切友好程度，能够吸引顾客、提高顾客的满意度。服务人员的衣着、打扮、言谈举止都会直接影响顾客对服务和服务机构的评价。整洁配套的制服、落落大方的仪表、训练有素的举止，会说服顾客相信他们能够提供优质的服务。对顾客来说，服务场所中出现的人，除服务人员外，还有其他顾客，其身份、素质、地位、数量、外表、行为都会影响顾客对服务的期望和判断。当顾客之间是志趣相投、能够相互沟通和相互帮助、是和谐共处的，就会对顾客产生积极的影响；相反，顾客之间相互的破坏行为、过度拥挤、彼此冲突，则会对顾客产生消极影响。

六、服务人员管理策略

为了降低和减少服务的差异，首先，服务机构应该加强服务人员的招聘与培训；其次，服务机构可以通过实行服务的标准化来管理和规范服务人员的行为，确保他们始终按照服务机构的要求来提供服务；最后，服务机构应该激励服务人员，鼓励其提供给客户更优质的服务。

这里我们说的服务人员包括服务机构中的所有人，即服务机构的从业人员。

由于服务人员的素质、业务水平及工作能力、工作态度都会影响到服务机构的形象，服务的质量和绩效水平也取决于服务人员的操作技巧、态度和才能。所以，服务机构应该注意培养高素质的服务人员，从而为顾客提供专业化的、体贴入微的服务。服务机构在招聘服务人员时，除了要考察其教育背景、技术技能等常规项目之外，还应重点考察应聘人员的内在素质和顾客导向的意识，以保证招用的服务人员易于同服务机构的核心价值观相融合，从而降低新服务人员与组织的磨合成本。

服务人员的培训是指服务机构采用各种方式对服务人员进行有目的、有计划的培养和训练的管理活动，其目的是使服务人员不断地更新知识，提高技能，从而促进服务的稳定和提高。服务人员的素质决定服务质量，因此服务机构要特别重视对服务人员的教育培训，不仅要培训服务人员的专业、沟通及解决问题的技能，更要对其进行服务文化、服务理念的培训，使服务人员能够全方位提高个人素质，保证工作质量，实现优质服务。

服务的标准化或称标准化服务，指“规范服务使之达到要求”，是服务机构制定服务标准、发布服务标准及全面实施服务标准的全部活动过程。实施服务标准化的意义是：使服务偏差被控制在尽可能小的范围内，有利于服务机构对服务的管理，有利于顾客识别和判断服务是否达标。服务机构要制定顾客导向的服务标准，要具有明确的指示性，服务标准必须定量化或具体化，服务标准要简明扼要，服务标准要兼具可行性与挑战性，服务标准要兼具稳定性与动态性。

服务机构要采用适当的激励措施以调动服务人员的积极性，从而激励服务人员为顾客持续提供优质的服务。激励服务人员的方式有：物质激励、精神激励、晋升激励、授权激励等。服务机构可以同时运用多种激励方式来激励服务人员，在进行具体激励时，要因人而异，针对服务人员的不同特点，采取不同的激励方式。

七、服务过程管理策略

由于服务的同步性，在服务消费中，顾客不仅消费了服务结果，还消费了服务过程，服务消费是结果消费和过程消费的统一。服务机构在进行服务过程的管理时要注意两个方面：一是在服务过程中要给顾客以完美的服务体验；二是在服务过程中要加强与顾客的互动。

体验指因受客体的某些刺激而使主体产生的内在反应或心理感受，通常是由于对事件的直接观察或是参与造成的。服务机构要想提供完美的服务体验，就必须切实站在顾客的立场上，以提高顾客整体体验为出发点，从顾客的感觉、情感、思考、行动及关联等方面进行设计，有目的地、无缝隙地为顾客创造匹配品牌承诺的正面感受。服务机构可通过先寻找接触点、再构造美好的接触点、进一步落实接触点的服务规范来为顾客提供完美的服务体验。服务机构只有细致入微地寻找接触点，注重与顾客的每一次接触，同时精益求精地提供服务，才能在白热化的竞争中取胜。

互动是一种双向管理，是服务机构通过与顾客联系、沟通、对话、交流、联谊等，与顾客进行信息、情感、业务等的交流与交换，它一方面使服务机构动态地掌握顾客真实需求的变化，对顾客需求和消费行为进行引导和管理，并且满足顾客个性化的需要；另一方面也使顾客了解、理解、支持、配合服务机构的行为，从而实现服务机构与顾客的双赢。

服务机构加强与顾客互动的目的是有利于信息的传播与收集、有利于增进顾客关系、服务效果有赖于顾客参与互动的程度。服务机构可以面对面地向顾客介绍服务信息，及时答复和解决顾客提出的问题，并对顾客进行主动询问和典型调查，了解顾客的意见及顾客对投诉处理的意见和改进意见等，而顾客也积极响应和配合服务机构。服务机构也可以通过间接方式与顾客互动，互联网的兴起就改变着服务机构与顾客互动、交流的方式，服务机构可以在强大的数据库系统支持下，通过电子商务的手段，开设自己的网站为顾客提供产品或服务信息，与顾客进行实时互动。随着技术的进步和互动实践的发展，新的互动渠道不断出现，服务机构与顾客互动可通过先进的网络、通信等间接手段，这样可以使服务机构与顾客之间的互动更高效、更直接、可循环、可持续，同时满足顾客的个性化需要。

根据服务剧场理论，在服务过程中一方都必须依赖另一方的表现，才能使互动顺利进行。为此，服务机构要做好与顾客的互动，首先要让互动变得简便易行，其次要提高服务人员的互动能力和意愿，再次要提高顾客互动的动力，最后要提高顾客参与互动的能力。

八、服务供应管理策略

服务供应管理是指服务机构通过对服务供应进行管理，使服务供应与服务需求基本平衡，既满足顾客需求，又减少服务能力剩余的损失，以便提高服务机构的经营效益所进行的一系列活动。

服务需求的波动性、服务供应的刚性，尤其是服务的易逝性造成了服务供应与服务需求经常出现不平衡，使得服务机构每天都要面对动态变化的供求形势，每天都必须面对供给和需求之间的矛盾。平衡服务供应与需求矛盾的对策：一是调整服务供应以适应服务需求，二是管理服务需求以适应服务供应，三是在供应大于需求时对富余的服务能力进行管理，在供应小于需求时对顾客的排队现象进行管理。

在服务消费的旺季或高峰期，服务机构可通过增加服务时间与频率、增加服务地点、增加人手及交叉培训“多面手”、增加或租用或改造服务设备和设施、采用现代化的工具设备系统和流程来提高服务效率、外部合作互助、简化或适当降低服务标准等来实现供求平衡。

服务机构还可以通过调高价格或减少优惠、向顾客告示高峰期等措施将需求从高峰期转移到低谷期。此外，预约是服务机构管理需求常用的方法，预约之后，额外的服务需求就会被分配到同一组织内的服务时间或服务设施上，这种方法相当于分散需求。服务机构还可以向顾客提供服务设施、工具或用品，教会顾客一些服务操作的常识，鼓励顾客自行完成部分服务。

在服务消费的淡季或低谷期，服务机构应该通过减少服务供应、转移服务地点、调整供应结构，并且通过营销组合刺激需求、通过接受超额预约来收集需求。另外，既然出现服务供过于求，那么服务机构可以顺势而为，利用这期间让员工进行休整，开展服务技能的培训，增强服务理念，提高人员的素质，为消费高峰期的到来做好充分准备。此外，服务机构还可对设备和设施进行维修、保养和更换等，甚至出租设备、设施，从而提高资源利用率，降低服务成本。

思考题：

1. 服务具有哪些特点？服务特点对服务营销产生什么影响？
2. 服务所有权会发生转移吗？有什么好处？
3. 服务展示管理策略是什么？
4. 什么是服务人文展示？如何做好服务人文展示？
5. 为了降低和减少服务的差异，应如何管理服务人员？
6. 服务过程管理策略、服务供应管理策略是什么？
7. 服务供求不平衡的原因及对策有哪些？
8. 实施服务标准化的意义是什么？如何制定服务标准？

第十三章 国际市场营销

引例：家乐福为何败走日本[1]

世界第二大零售商家乐福日前宣布，将把日本的8家超市以约100亿日元的价格出售，并从日本全线撤退。家乐福4年前登陆日本时，决意做日本零售市场的龙头老大，但其勃勃雄心已被严峻的现实击碎，最后以亏损约3亿欧元的代价败走日本。

家乐福在日本的经营缘何受挫？市场人士认为，家乐福在日本照搬在欧美国家的经验，单纯依靠薄利多销的运营方式，没有根据日本不同的商业文化和消费习惯来调整自己的经营策略，由此导致的“水土不服”是其受挫的主要原因。

2000年，家乐福在日本开设的第一家大型超市设在千叶县的幕张。该超市营业面积达到3万平方米，销售的产品超过6万种，其规模是东京及其周边地区最大的。但是，这里是日本在20世纪90年代兴建的国际展览中心和大型公司办公楼聚集地，几乎没有居民。开业之初，确实有大批消费者开着汽车前去采购，但时间一长，消费者的新鲜感减退，开车前来购物的消费者逐渐减少。

远离市区，使家乐福具有一定的价格优势，但在日本，价格不是影响消费者购买的决定性因素。日本消费者的消费习惯和欧美不同。欧美国家的许多家庭，在休息日会驱车到郊区的大型超市大量采购价格便宜的食品和日用品，存放在家中。但日本人的饮食十分讲究新鲜度，特别是蔬菜、鱼、肉及其制成品，一般都随买随吃。另外，日本大部分妇女婚后不工作，她们也有时间上附近的超市选购新鲜食品。

正因为去超市购物基本上都由家庭主妇承担，所以日本的超市一般都设在交通流量大的车站附近或者居民比较集中的住宅区和闹市区。而家乐福在日本开设的超市全部位于城市的远郊区，最近的离东京市区也有20多千米。

1 乐绍延．不讨主妇欢心，家乐福败走日本．新华每日电讯，2005.3.13（13）．

此外，日本一家大型超市连锁店的老总说，外资超市最擅长的是控制成本，采取薄利多销的运营方式，但日本市场的特性是必须根据不同地区进行细致的价格划分，而不是“一刀切”。这一市场特性阻碍了外资超市在日本的运作。

在控制成本方面，日本和欧美国家的做法也不相同。家乐福基本上是从生产厂家直接进货，通过减少流通环节来降低进货价格。但日本大部分产品都由商社代理销售，厂家直接向零售商供货的情况不多。由于商业文化不同，无论家乐福公司如何努力，最终也只有55%的产品是直接从厂家进货的，另外45%的产品必须从分销商那里进货。仅此一点，就使家乐福超市利用价格优势增加销售额的计划打了折扣。

企业为了扩大销量、获得更好的效益，往往都会开展国际市场营销，然而国际市场营销具有与国内营销不同的特点，企业只有在充分认识目标市场的情况下才能成功开展国际市场营销。

第一节　国际市场营销的特点及挑战

国际市场营销是企业在国际市场上围绕满足消费者的需求而开展的营销活动。

一、企业开展国际市场营销的意义

首先，寻求更广阔的市场，以扩大生产规模，降低成本，获得规模效益。

其次，寻求有利的市场机会，避开国内市场饱和与竞争过度带来的损失。

最后，服务产品生来就具有国际性，仅在一个国家中是不能发挥优势的，如物流服务、客运服务、旅游服务等。

二、国际市场营销的特点

（一）环境复杂

国际市场营销与国内市场营销最大的不同就是营销环境的不同，因为每个国家都有其自身的政治法律、经济、社会文化和科技环境，这使得国际市场营销的复杂性远大于国内市场营销。

首先，国家政局的稳定是企业顺利进行营销活动的基本前提，如中东地区的政局动荡、战事频繁，导致各中东国家生产石油的价格波动，从而对许多国家的经济及汽车消费等行业产生重要的影响。

其次，各国不同的政治体制、海关制度以及法律法规，包括关税与非关税壁垒、价格限制法规、反倾销法、产品安全法等都会给国际市场营销带来障碍。为此，国际市场营销企业应熟知各种国际公约和国际惯例，以及解决国际商务纠纷的法律途径。

最后，国际金融市场的汇率受多种因素影响而自由浮动，企业选择某种货币作为计价货币时往往因为汇率波动而导致不同的销售收入。

（二）风险大

首先，由于国际市场营销进行的是跨国界的交易活动，很多情况不易把握，不确定因素多，其产生的风险，如信用风险、汇率变动风险、运输风险、政治风险、商业风险等都远远大于国内市场营销。

其次，社会文化的不同表现在语言障碍、文化差异、风俗习惯等方面，这为国际市场营销增加了难度，也容易导致交易双方沟通不畅、接洽不便等诸多问题。

最后，通货膨胀影响产品成本，不同国家的通货膨胀率不同，国际市场营销需要结合各国的通货膨胀率，为产品制定能够抵消通胀影响的价格。

（三）竞争激烈

参与国际竞争的企业多为本国有实力的企业，这使得国际市场竞争比国内市场竞争更为激烈。

三、国际市场营销组合面临的挑战

（一）产品策略

国际市场营销面临产品标准化与差异化策略的选择。

（二）定价策略

国际市场定价不仅要考虑成本，还要考虑不同国家的市场需求及竞争状况，而且成本还包含运输费、关税、外汇汇率、保险费等；此外，还要考虑各国政府对价格调控的法规等。

（三）分销策略

由于国际分销渠道跨越经济发展水平和社会文化背景不同的国家，而各国的分销渠道、形式不同，从而增加了分销管理的难度。

国际分销渠道成员除了有生产商和用户外，还可能包括了国内分销商和国外分销商。

1. 国内分销商

国内分销商是指设在生产商母国、能帮助实现产品国际分销的分销商。国内的生产商把国外市场的分销任务交由国内分销商处理，可节省渠道投资和管理的投入成本。当企业的国际销售额不大，或想以最小的资金和管理投入在国外销售时，企业往往会利用国内分销商来分销产品。

根据国内分销商是否拥有产品所有权进行分类，可将其分为两大类，即出口商和出口代理商。

（1）出口商。凡是获得产品所有权的分销商被称为出口商。它们作为专营出口的商业机构或商人，以自己的名义，在本国购买产品，再卖给国外买主，从中获得利润。

（2）出口代理商。以委托人的名义在国外市场销售产品，收取佣金，不拥有产品所有权，只在合同规定的条件下，代理向国外市场销售产品、收取佣金的分销商，被称为出口代理商。

2. 国外分销商

国外分销商是指设在生产商母国境外、能帮助实现产品国际分销的分销商。生产商利用国外分销商分销产品，有利于其利用国外分销商了解当地市场、熟悉当地文化，在目标顾客中享有声望的优势，减少国际分销的风险；并使其缩短分销渠道，更接近目标市场，了解市场，从而更好地满足市场需求。但生产商要直接面对语言、产品实体流通、沟通和金融等问题。

国外分销商主要有以下几种类型。

（1）进口经销商，指从出口国购进产品向进口国市场出售的分销商。进口经销商拥有产品所有权，实际占有产品，承担产品经营的风险。其主要类型有：进出口公司和国外经销商。国外经销商是指通过签订经销合约，在一定区域、时间内经销有关产品，拥有产品所有权的国外分销商。

（2）进口代理商，进口代理商一般可分为独家代理商（当进口国的独家代理商承担其所在国的全国范围的销售责任时，则可称为“总代理”）、一般代理商、国外经纪人等。

（3）全球零售商，指跨国零售企业，如沃尔玛、宜家、国美电器等。

（四）促销策略

由于各国文化、政治法律、语言、媒体、生产成本等不同，增加了选择促销策略的复杂性。

首先，企业可用的促销技术在不同国家是不同的。例如，德国和希腊禁止赠券，而赠券在美国的消费品促销活动中是十分常见的形式。

其次，国际广告面临不同国家的法律和社会文化的限制。这些限制因素从不同角度影响着国际广告的设计和发布，如有的国家允许采用比较广告的形式，有的国家则不允许。另外，不同国家对于广告媒体以及发布广告的时段和形式有不同的要求，如挪威和瑞士不允许做电视广告，保加利亚和法国不允许在电视中做香烟和烈性酒的广告等。此外，跨文化背景下国外消费者对广告信息的理解也不同，企业的广告设计必须努力与之相适应。

四、选择国际目标市场应考虑的因素

首先，选择市场规模大、市场增长速度快、市场竞争状况弱或者企业自身拥有竞争优势的市场。

其次，目标市场是否有准入壁垒，目标市场的资本流动和利润返回国内的可能性，企业在目标市场获得公共权力帮助和支持的可能性。

最后，目标市场政府对经济的干预程度，对外国企业的态度，两国之间的关系是否正常。因为如果不正常，可能会导致合同的废除、贸易歧视，甚至没收财物等。

案例

海尔的国际化战略——先难后易

海尔认为“国门之内无名牌”“不是出口创汇，而是出口创牌”，并且提出“下棋找高手”“先难后易”的国际化策略，首先进入发达国家创名牌，再以高屋建瓴之势进入发展中国家。

早在1990年，海尔开始走出国门。在“先难后易”的战略下，海尔决定首先把产品出口到德国——自己“老师”的家门口。但通过了德国安全认证的海尔冰箱，依然不被德国经销商接受。彼时，日本的冰箱也很少能销售到德国，因为日本冰箱的设计寿命是8年，德国冰箱的设计寿命是15年，这个差距很大。海尔对自己的产品很有信心，于是提出与德国冰箱PK：把海尔冰箱和德国冰箱放在一起，撕去标签，让经销商自己选，选中谁就销售谁。“盲选”的结果是海尔冰箱胜出。于是，经销商给海尔下了2万台的订单，这是海尔出口德国获得的第一笔大订单。

1993年，在德国的《TEST》杂志一年一度的对德国市场上销售的进口家电的抽检结果报告中，海尔冰箱获得了 8 个“+”号，在受检的冰箱中质量名列第一名，大家对海尔冰箱的评价超过了对德国、意大利的冰箱的评价。

海尔国际化“先难后易”的策略目标是要树立自己的品牌。如果没有自己的品牌，企业就无法在国际市场上站稳脚跟。

1999年4月30日，在美国南卡罗莱纳州中部的一个人口为8000人的小镇坎姆登的一片空地上，鲜艳的五星红旗和蓝色的海尔旗迎风招展，奠基仪式在由海尔集团投资3000万美元，占地44.5万平方米的生产中心举行，中国驻美大使李肇星主持了剪彩仪式。这是当时中国企业在美国最大的一笔投资，标志着海尔国际化战略迈出重要的一步。

一年以后，第一台带有“美国制造”标签的海尔冰箱成功出产，开始了中国企业在美国本土制造冰箱的历史，海尔成为中国第一家在美国制造和销售产品的公司。而当年看好海尔此举的人并不多，很多人认为“别的企业到美国投资都不成功，海尔也很难成功”“海尔等于是不在国内吃肉，却到国外啃骨头、喝汤”。那时去美国设厂，肯定没有成本优势。但如今再回看，当时的决策是前瞻性的、正确的。今天海尔能够满足美国当地消费者的需求，正是依托于美国南卡的海尔工厂。2001年，美国当地政府为感谢海尔为当地所做的贡献，无偿命名工厂附近的一条道路为海尔路，这是美国唯一一条以中国品牌命名的道路。

走出国门容易，站稳脚跟却不容易。

一个成功的国际化企业，不仅要完成产品的输出，更要履行企业责任，融入当地社区、经济命脉中去，成为当地发展不可或缺的驱动力量。这时，企业的国际化与本土化，才算真正具有了生命力。也正是这样，海尔逐渐在国际上树立品牌，成为中国品牌走向全球的代表者。

如果说海尔通过“先难后易”的国际化策略，通过高举高打拿下“最难啃”的市场证明了中国品牌的能力，那么，收购国际知名家电品牌，则无疑给中国企业品牌的影响力又加上了砝码。海尔收购三洋电机在日本、东南亚的洗衣机、冰箱等多项业务，成功实现了跨文化融合；之后，海尔还成功并购新西兰高端家电品牌斐雪派克（Fisher & Paykel）；2016年1月15日，海尔全球化进程又开启了历史性的一页——海尔与 GE 签署战略合作备忘录，整合通用电气家电业务，不仅树立了中美大企业合作的新典范，而且形成了大企业之间超越价格交易的新联盟模式，《华尔街日报》形容海尔创造了“中国惊喜”。海尔在国际市场真正“走上去”，成为全球大型家用电器的第一品牌。

目前，海尔已经在全球建立10个研发中心，7个工业园，全球员工总数达到7.3万人。从目前中国品牌海外市场的占比来看，中国家电海外销售额中品牌家电仅占4%，而海尔在其中占了82%，也就是说，每10台在海外销售的中国品牌家电中，就有8台是海尔品牌。欧睿国际调查数据显示，2016年海尔大型家用电器品牌份额占全球的10.3%，实现八连冠。

第二节　国际市场营销组合策略

一、国际产品策略

制订国际产品策略有三种基本思路，分别是：直接延伸国内产品策略、改进国内产品策略、开发新产品策略。

直接延伸国内产品策略是把产品直接推入国外市场，不加任何改动。一般适用于国际消费者对产品价值的认识基本相同以及标准化的产品。所提供的产品的品种应当随着国家的不同而不同。

改进国内产品策略则是通过改良国内产品，使之适应不同国际市场营销环境的策略。通过改变产品的设计以适应当地的情况和消费者的爱好，符合当地的消费习惯。

企业具备一定实力后，可以采用开发新产品策略，即专门针对国外市场开发新产品，以便获得更高的利润。同时，产品的包装也必须符合当地市场的消费习惯。

二、国际定价策略

（一）统一价格策略

最简单的定价策略是在国际市场为产品制定统一价格。但是这一策略很难适应各国不同的营销环境以及消费者需求，也不能应对竞争变化。

（二）本土化定价策略

本土化定价策略即为适应当地营销环境而为不同国家制定不同的产品价格。本土化定价策略既需要根据实际成本，也要参照当地能够接受的价格水准，还需要注意避免跨国企业内部产生价格竞争。

（三）转移定价策略

国际企业在不同国家设有子公司时，常常需要在母公司与子公司之间，或者子公司与子公司之间转移零部件和产品。而不同国家的外汇政策不同、关税不同、所得税也不尽相同，为此，企业可以采取转移定价策略，合理逃避税收、规避外汇管制风险，使企业整体收益最大化。

国际营销企业通过母公司与子公司、子公司与子公司之间转移产品时，人为提高内部结算价格，造成总公司内部的盈利或亏损互相转移的状况，但是整体上总公司的利益达到了最大化。例如，当某国所得税较高时，企业将进入该国产品的价格定得高，转移出该国的产品价格定得低，就可以少纳税；在外汇管制的国家，高进低出的转移价格，可以避免利润汇出的麻烦，还可以少纳所得税；当某国出现通货膨胀时，企业采用高进低出的转移价格，可避免资金在该国大量沉淀；当某国采用从价税且关税高，产品进入到该国采取较低的价格可以减少应纳的关税。

三、国际分销策略

（一）直接出口分销

直接出口分销是指生产商不通过国内分销商，而直接在国际市场从事产品分销的活动。

1. 直接出口分销的形式

（1）企业直接把产品销售给最终用户，如直接接受国外消费者的订单，按合同要求组织生产，出口产品。

（2）企业在国外市场设立自己的销售机构，在国外市场上独立开展营销活动。

（3）把产品直接出售给国外市场的经销商或委托代理商代销。

2. 直接出口分销的优点

（1）可直接选择分销的产品和市场。

（2）可更直接、更迅速地取得国外市场的信息。

（3）可拥有较大的市场控制权。

（4）有利于树立生产商自己的市场声誉和提高市场竞争地位。

3. 直接出口分销的缺点

（1）成本较间接出口分销高。

（2）需要专门的人才。

（3）经营成果受自身分销机构的渗透程度和推销人员水平的限制。

（二）间接出口分销

间接出口分销是生产商通过国内分销商将产品销往国外市场的分销活动。当企业没有从事直接出口分销的能力和条件时，可以采用间接出口分销的方式。

1. 间接出口分销的形式

（1）生产商将产品卖给出口分销商，由出口分销商销往国际市场。

（2）生产商委托国内分销商代理出口其生产的产品。

（3）生产商委托在同一国外目标市场设有销售机构的某一本国公司代销产品。

2. 间接出口分销的优点

（1）渠道投资或维护成本较低。

（2）风险小。

（3）能使产品较快地进入国际市场，加速产品的分类。

3. 间接出口分销的缺点

（1）信息传递速度慢。

（2）控制力弱。

（3）依赖性较大，获利程度有限。

4. 间接出口分销的适用条件

（1）中小企业和刚涉足国际营销的企业，它们由于缺乏人才、机构、资金，没有发达的国外分销渠道和信息网络。

（2）出口产品较少，预期出口销售获利不高。

（3）政局不稳定或者汇率不稳定的风险较大的市场。

案例

索尼敲开美国市场

日本索尼（SONY）公司的彩色电视机，现已誉满全球。但是，在20世纪70年代中期，当它最初出现在美国市场上时，还是一种受人歧视的“杂牌货”。卯木肇先生新任索尼公司国外部部长时，其首要任务是打开美国市场的销路。他风尘仆仆地来到美国芝加哥市，结果大吃一惊：索尼彩电竟在当地寄卖商店里“睡大觉”，无人问津。

公司前任国外部部长曾多次在芝加哥市的报纸上刊登广告，降价销售索尼彩电。然而，即使一再降价，销路仍然不畅。降价使 SONY 的形象变得丑陋、低贱，愈加无人问津。

在日本国内畅销的优质商品，为什么一到美国就落得如此下场呢？面对如此尴尬的局面，卯木肇先生愁肠百结，日夜思考这一问题，但依然一筹莫展。

一天，卯木肇先生偶然经过一处牧场。当时夕阳西下，飞鸟归林，一个稚气的牧童牵着一头雄壮的大公牛进牛栏。公牛的脖子上系着一个铃铛，叮当叮当地响着。一大群牛跟在这头公牛屁股后面，温驯地进入牛栏……看着看着，卯木肇先生忽然大叫一声：“有了！”

原来卯木肇先生触景生情，灵感突发，悟出一种推销索尼彩电的办法来。眼前这一群庞然大物被一个不满三尺的牧童驯服，是因为牧童牵着一头“带头牛”。索尼彩电在芝加哥要是能找到一家“带头牛”商店率先销售，不是很快就能打开局面吗？想到这里，卯木肇先生高兴得跳了起来，急忙驱车赶回驻地。

经过研究，卯木肇选定当地最大的电器零售商马歇尔公司作为主攻对象。

“我们不卖 SONY 的产品!”没等卯木肇先生开口，经理劈面就是这样一句。卯木肇还没来得及转过神，这位经理又噼里啪啦地大发了一通评论，大意是“你们的产品降价拍卖，像一只瘪气的足球，踢来踢去无人要”。

卯木肇回来后立即取消降价销售，并在当地报纸上重新刊登广告，再塑 SONY 的形象。

当卯木肇先生带着刊登新广告的报纸，再次去见马歇尔公司的经理时，经理又提出：“SONY 的售后服务太差，我们不愿销售。”卯木肇先生没有争辩，回驻地后，立即建立索尼彩电特约服务部，负责产品的售后服务工作；随即又刊登广告，公布特约服务部的地址和电话号码，保证随叫随到。

但是马歇尔公司的经理在与卯木肇第三次见面时继续刁难他，再度以“SONY 在当地形象不佳，知名度不够，不受消费者欢迎”的理由拒绝销售。

回驻地后，卯木肇先生立即召集本公司 30 多位工作人员，规定每人每天拨 5 次电话，向马歇尔公司询购索尼彩电。接连不断的求购电话，搞得马歇尔公司的职员晕头转向，误将索尼彩电列入“待交货名单”。

卯木肇先生再一次见到马歇尔公司的经理时，经理大为光火：“你搞的什么鬼？！制造舆论，干扰我公司的正常工作，太不像话了!”

卯木肇先生不慌不忙，等经理火气消了一点时，大谈索尼彩电的优点。他态度十分诚恳地说：“我三番五次求见您，一方面是为我公司的利益，但同时也考虑了贵公司的利益。在日本国内最畅销的索尼彩电一定会成为马歇尔公司的摇钱树!”

马歇尔公司的经理听了这番话以后，又找了一条理由：SONY 产品利润少，比其他彩电的折扣少 2%。这时，卯木肇先生并不急于提高折扣，而是巧妙地说：“折扣高 2% 的商品，摆在柜台上卖不出去，贵公司获利不会增多；索尼折扣虽少一点，但商品俏，销得快，资金周转快，贵公司不是会获得更大的利益吗？”

卯木肇先生每一次说的话，都站在经理的立场上，处处为马歇尔公司的利益着想，合情合理，态度诚恳，终于使这位经理动心了，同意代销两台试试。但他提出的条件十分苛刻：如果一周之内卖不出去，请搬回去。

卯木肇先生回驻地后立即选派两名能干的推销员，送两台彩电去马歇尔公司，并告诉他们：这两台彩电是百万美金订货的开始。要他们送货后，留在柜台上，与马歇尔公司的店员并肩推销。要求他们与店员搞好关系，休息时轮流请马歇尔公司的店员到附近的咖啡馆喝咖啡。如果一周之内这两台彩电卖不出去，他俩就不要再回公司了……

当天下午四点钟，两位年轻人回来，报告两台彩电已销出，马歇尔公司又订了两台。卯木肇先生大喜。至此，索尼彩电终于挤进了这个芝加哥“带头牛”商店。当时正值12月，圣诞节前后是美国家用电器销售旺季，索尼彩电在一个月之内竟卖出700余台！

马歇尔公司获得了丰厚的利润，经理也对索尼彩电刮目相看了，亲自登门拜访卯木肇先生，并当即决定 SONY 彩电为该公司下年度主销产品，联袂在芝加哥市各大报刊刊登巨幅广告，提高 SONY 的知名度。

有马歇尔公司这头“带头牛”领路，芝加哥地区一百多家商店纷纷要求经销索尼彩电。不到三年，索尼彩电在芝加哥地区的市场占有率达到了30%。

由于有了芝加哥这头“带头牛”的引路，索尼彩电在美国其他城市的局面也打开了。

四、国际促销策略

（一）国际人员推销策略

首先，应当尽量招聘当地人员从事推销工作。

其次，提高推销人员素质，有针对性地就文化、语言、习俗、产品等内容开展培训。

（二）国际广告策略

首先，国际广告的标准化与本土化。企业可以针对同一产品在不同国家的市场推出不同广告，以凸显本土化特色。企业也可以对同一产品在不同国家的市场推出相同的广告。

其次，企业可以聘请当地的名人来做广告。例如，在日本马自达汽车还不为美国人所知时，该公司就聘请美国著名演员做广告；耐克则利用美国最著名的职业篮球运动员乔丹在亚洲做广告促销运动鞋。

（三）国际公共关系策略

公共关系对于树立企业的良好形象有很大帮助，是国际市场营销企业绝对不能忽视的。

企业可以采用以下策略开展公共关系：一是借助新闻媒体，塑造企业的良好形象；二是努力保持与当地政府的良好关系，以期获得对企业的支持；三是通过赞助文化、卫生、环保和教育等公益事业，树立企业承担社会责任的良好形象和声誉；四是通过权威人士或知名人士为企业进行正面宣传，影响公众和舆论对企业的看法，进而提高企业的影响力。

（四）国际销售促进策略

企业可以积极参加国际博览会、贸洽会，通过这种促销方式，把产品介绍到国际市场，进而宣传和树立企业和产品的良好国际形象。

案例

天士力的国际营销[1]

天士力制药股份有限公司的前身是成立于1994年5月的天津市天士力联合制药公司，当时注册资本1200万元。天士力集团是以大健康产业为主线、以制药业为中心，包含现代中药、化学制药、生物制药和健康食品等，涵盖科研、种植、提取、制剂、营销等的高科技企业集团，是天津市重点支持的大企业之一。公司目前主营业务是复方丹参滴丸、养血清脑颗粒的生产销售，其中复方丹参滴丸是国内唯一连续多年销售额突破十亿的中成药品种。

（一）营销环境分析

社会文化环境。中西医理论的差异是中医药进入国际市场的最大阻碍之一。中医以辨证论治为原则，通过“望闻问切”探查病情，使用中药、针灸、推拿、拔罐、气功、食疗等多种治疗手段，使人体逐步康复。而西医借助先进的医疗仪器设备和实验室对疾病进行准确的诊断，侧重于单纯病种和局部定位治疗。东西方医疗观点的差异带来一道难以逾越的文化鸿沟。尽管如此，近年来大众的健康观念逐渐由治病为主转变为预防保健为主，再者，回归自然理念和绿色消费浪潮的兴起，共同促使中药等天然药物日益受到青睐。

政治法律环境。一方面，各国设置一定的技术壁垒，且政府对中药的监管也十分严格。众多欧美国家将中医药排斥在正规医学之外，中医药不能纳入医保，并且在毒性成分、重金属含量、农药残留量等方面受到严格的限制。近年来，欧美国家陆续制定了针对植物药的一些规范，要求对所有进口原料药、食品补充剂实施更加严格的监管，实行c-GMP（动态药品生产管理规范）管理；另一方面，传统医学关注度日渐上升，中医药认可度也有所提高。近年来，世界卫生组织（WHO）高度重视传统医学，并专门成立“传统医学规划署”，在亚洲设立了15个传统医学合作中心，其中13个与中医药有关。

技术自然环境。中国地大物博，具有较为丰富的中草药物资源。但是，近年来环境问题滋生，中医药消耗野生动植物资源，甚至导致珍贵的野生动植物物种濒临灭绝；另外对替代药物的研究不够，饲养野生动物方面又存在伦理问题，这使得中药遭受国际上的质疑和批评。但中药在安全性、经济性上具备较大研发优势，故其日渐获得医药研发企业的青睐。

人口经济环境。自从进入21世纪，由于人类生活水平的提高、生活方式的改变和人口的老龄化，人类疾病谱带发生了深刻的变化。细菌感染和营养不良被心脑血管疾病、内分泌功能失调、老年性慢性退行性疾病、恶性肿瘤等疑难病取代了。然而在这些疾病方面西药疗效往往未尽人意，且价格昂贵；与此同时，人口老龄化也令众多国家面临日渐高涨的医疗费用。所以中药在治疗这些疾病方面的疗效和价格的双重优势备受重视。

1 魏宇鹏，邓荣龙．天士力集团的国际市场营销范式探析[J]．经营管理者，2015（33）．

（二）4Ps组合分析

1. 产品策略

（1）传统中药的标准化和现代化

天士力集团积极采取国际先进标准，提升中药品质的把控。天士力以GAP、GEP、GLP、GCP、GSP、GMP为标准，实现了中药的标准化和现代化。从药源上保证了产品的质量，建立中药材生产质量管理规范（GAP）种植基地；中药提取建立中药和植物药提取生产质量管理规范标准（GEP）；药品生产以药品生产质量管理规范（GMP）为标准，质量控制遵循药品实验室质量管理标准（GLP），使用国际水准的 HPLC、GC、GC-MS 等测定方法，使得中药在量产中保持稳定品质；药品临床研究以GCP为标准；产品物流通过了GSP认证。

（2）以两种产品形式作为补充走向国际市场

目前国际市场存在诸多限制，药品形式进入较为困难，故采取两种产品形式过渡。一是保健食品，尽管这种方式不纳入医保，销售受限，但较易达到相关要求。短期内通过多品种、大批量出口，并以此扩大影响力，使医生和病患逐步熟悉，甚至接受中药。二是植物提取物，它们有明确的合法地位、较大的市场需求和稳定的销售渠道，并且使用方法和西药相近，便于西方人接纳。目前天士力集团建设了亚洲最大植物提取生产线，并以提取物作为产品要进入国际市场。

（3）剂型和包装上的改良

剂型和包装严重限制了中药国际化。中药传统剂型主要是丸散膏丹汤，但是中成药往往用量大、起效慢、不利于服用，且与国际标准大相径庭。天士力重点产品复方丹参滴丸实现了以下药效：速效、高效，毒副作用小、用量小。包装上也进行了改良，实现了国际化。中药包装上要遵循西药标准，药品说明准确，表达内在性能，让顾客了解药品的用法、用量、禁忌。

2. 渠道策略

中药产品进入国际市场，要按照实际情况选择有效的渠道进行营销。依据渠道效率、贡献能力和适应能力来选择渠道。目前国内出口海外的中药主要有以下两种方式，即间接出口、直接出口。直接出口是企业建立国际市场渠道的开端，一般是直接出口给顾客。间接出口需要通过国外的代理商或建立分公司来实现。国外的代理商对产品没有所有权，只是接受委托或协助企业与国外的买卖方成交；分公司有一定的独立性，可以采取更深层次的营销活动。

3. 价格策略

天士力的产品在海外市场采取撇脂定价策略，因为对于中医药产品来讲，薄利多销弊大于利，撇脂定价既可以树立高端的产品形象，又可以获取较高的利润。对于药品来说，前期产品还没被大多数消费者接纳的时候，病患也并不会因为价格便宜就去购买，医生同样也不会把疗效和性能不熟悉的药品介绍给病患，所以天士力集团在海外同类产品中的定位属于高端定位。从实践证明来看，该定价策略是可行的，药品的核心竞争力在于疗效和安全，病患对价格并不敏感。

4. 促销策略

天士力集团的企业理念是追求“天人合一，提高生命质量”，在广告宣传方面突出“绿色”和“健康”。它在国际化进程中提出了“创造健康，人类共享”的理念。天然的中药与西药的毒副作用相比，其优势不言自喻。目前绿色天然的植物药品日益深受消费者的喜爱，所以在宣传推广中，中药把绿色天然作为主要卖点，使病患增加对中药的需求，从而达到促销的效果。中药国际化的阻碍较多，但文化理念的差异是重大障碍。天士力集团通过在海外举办展览会、医药交流活动，积极推广中医药文化。

思考题：

1. 国际市场营销的特点有哪些？
2. 国际市场营销组合面临的挑战是什么？
3. 选择国际目标市场应考虑的因素是什么？
4. 国际产品策略的内容有哪些？
5. 国际定价策略的内容有哪些？
6. 国际分销策略的内容有哪些？
7. 国际促销策略的内容有哪些？

第十四章 网络营销

引例：马蜂窝旅游网的推广策略

马蜂窝旅游网（以下简称马蜂窝）的推广策略分为线上推广和线下推广。线上推广策略主要有其他社交网站传播、微电影和电子邮件的推广；线下的推广方式则主要有前期地铁广告、口碑相传、各项活动的举办和移动应用等。其具体来说有以下内容。

首先，马蜂窝在早期提高其知晓度时，主要是通过地铁车窗大面积广告覆盖来推广。地铁的使用者包括大部分学生和年轻白领，广告的内容主要是易于辨识的马蜂窝 Logo 以及网站性质介绍，这种大面积、高频度的户外广告覆盖，对于扩大马蜂窝的知名度和影响力非常有效。此外，马蜂窝也与其他社交群体网站合作，使得其他社交网站的顾客可以方便直接地使用马蜂窝。例如，顾客在马蜂窝网站注册时，可以通过合作网站登录，而免去了填写复杂的个人资料步骤。合作网站包括新浪微博、QQ、MSN 和腾讯微博，覆盖了年轻上网群体使用的主流社交网站。

其次，在提高马蜂窝的接受度和认可度时，马蜂窝在线下渠道并没有花费过多资源和精力，主要是通过自身产品的特性让使用过的人满意，再通过口碑相传让更多的人接受。在线上渠道，马蜂窝通过其微博主页、豆瓣小站的平台发布最新的旅游攻略等新鲜事，让微博、豆瓣的使用群体可以关注这些信息，产生兴趣而成为马蜂窝的使用者。

最后，在提高马蜂窝使用者的忠诚度和黏着度时，马蜂窝在线下渠道举办顾客交流活动，如马蜂窝与美国大使馆举办的“这里是美国”的文化沙龙，请马蜂窝社区顾客做“搭车去旅行”的分享等，使原本分散的马蜂窝使用者互相认识形成一个更为交错复杂的马蜂窝社交网络，加强他们对线上社交平台的依赖。在线上渠道，马蜂窝营造出一种创意和友爱的氛围，让马蜂窝的使用者认可和接受马蜂窝的理念，加强对马蜂窝网站的忠诚度。例如，马蜂窝曾拍摄过一个关于明信片环球旅行求婚记的微电影，这个电影的背景是一对热爱旅行的年轻情侣要结婚，于是在马蜂窝上发布了一个帖子，希望收集世界各地的朋友寄来的明信片。马蜂窝很注重这一帖子，并将其顶上了主页头条，许多人看到了纷纷响应，而这对情侣也由此收到了 200 多张来自世界各地的明信片。该微电影在网上发布后，被观看分享上万次，使得更多人对马蜂窝印象深刻且深受感动。

随着上网用户的迅猛增加，互联网市场已成为一个急速扩展、潜力巨大的市场，蕴涵着无限商机。网络营销作为适应网络技术发展的新兴营销策略，越来越受到企业的重视。

第一节 网络营销概述

一、网络营销的定义

网络营销是以现代营销理论为基础，借助网络、通信和数字媒体技术更有效地满足顾客的需求和愿望，从而实现企业营销目标的一种手段。

二、网络营销的优点

（一）营销空间无限

互联网突破了市场在空间上的限制，任何东西只要放到互联网上进行推广，就意味着在全球范围内全面、全部地开放，不会受到地域的制约，商业机会成倍激增。

（二）营销时间全天候

互联网中的市场提供的是“36524”式的服务，也就是说一年 365 天，一天 24 小时面向消费者，不会像实体店那样在时间上有所限制，这对于工作比较繁忙的人来说，无疑是方便快捷的。

（三）营销成本低

互联网市场造就了许多虚拟商店，它们不需要实体店面，省却了租金、装饰装潢、雇员等成本投入，其成本大大低于实体店面在成本上的投入。互联网不受时间和空间限制的特性能使企业和消费者双方以最低的成本、最大的限度进行沟通交流。企业只需将产品的信息输入计算机系统并上传至网络中，消费者就可自己查询，无须设专人寄送数据，电子版本的产品目录、说明书等使企业不必再进行印刷、包装、储存和运输，这样就大大节约了营销费用，降低了营销成本。

（四）营销方式新

网络营销具有交互性和纵深性，它不同于传统媒体的信息单向传播，而是信息互动传播。互联网可以展示产品目录，连接资料库提供有关产品信息的查询，可以和消费者进行双向沟通，可以收集市场情报、进行产品测试与消费者满意调查等。企业利用互联网可以将大量的信息放到网上，供消费者随时随地根据自己的需求有选择性地了解有关信息。也就是说，企业和消费者可以借助互联网在最短时间内以简便的方式提供服务和获得服务。

网络营销的运用使企业的营销进程加快，信息传播更快，并且电子版本的产品目录、说明书等随时可以更新。对于软件、书籍、歌曲、影视节目等知识性产品来说，已经没有海关和运输问题，人们可以直接从网上下载并采用电子方式付款。也就是说，网络营销可提供产品信息、收款、售后服务等，是一种全过程的营销渠道。

案例

美宝莲纽约直播 2 小时卖出 1 万支口红

伴随着天猫商城和淘宝网的手机 App 开始不断完善、更新直播功能，品牌通过直播卖货变成了电商常态。虽然现在打开直播网站看到品牌找明星们直播已经很寻常，但敢在直播上第一个高调“吃螃蟹”的大牌是美宝莲。

美宝莲纽约就在新品发布会中请来了 Angelababy（杨颖）助阵，并配合全程淘宝视频直播。从堵车在途与粉丝闲聊、到后台补妆时与观众分享自己的美妆小技巧，Angelababy 的每个赶场细节都被收录进了直播镜头中，从而营造出一种与明星行程触手可及的氛围。同时，还有另外 50 位美妆网红与 Angelababy 同步直播，从 50 个视角、以自己不同的解说方式向观众展示后台化妆师为模特化妆的全过程。这场直播带来了超过 500 万人次的观看和超过 1 万支口红的销售额。

（五）网络广告信息量大、成本低

首先，传统媒体是自上而下的单向信息输出源，而融入互联网后的媒体形态则是以双向、多渠道、跨屏等形式进行内容的传播与扩散。

其次，纸质媒体是二维的，而网络广告则是多维的，它能将文字、图像和声音有机地组合在一起，传递多感官的信息，让顾客如身临其境般感受产品或服务。

再次，网络广告的载体基本上是多媒体、超文本格式文件，受众可对其感兴趣的产品信息进行更详细的了解，有很强的互动性、趣味性。

最后，与传统的广告媒体相比，互联网传播速度快、信息容量大，不受时间和空间的限制，广告成本低，并且广告对象选择性强、针对性强。

案例

网上保险

保险公司为了吸引和方便顾客购买保险，面对新的市场情况和技术情况，开通了网上保险等形式来提供服务。网上保险是指保险公司利用互联网和电子商务技术来支持保险营销行为，实现网上投保，因此也称保险电子商务。网上保险的优势主要表现在以下几个方面。

首先，网上保险不受时间和空间的限制，拓宽了保险业务的展业时间和展业空间，而且使保险公司有可能全天候地与全球任意一个营销对象联系。

其次，保险公司可以在网上向全球宣传、介绍本公司以提高知名度，投保人则可以浏览多家保险公司及产品，从而进行多角度、多层面的比较和选择。

再次，网上保险可以简化交易过程——只需动动鼠标和键盘就可轻松完成投保，使用信用卡转账交付保费免去了存银行交现金之苦，省时省力，而对保险公司而言，网站后期的维护成本也远远低于设立营业网点的销售成本和广告宣传成本。

最后，网上保险可拉近投保人与保险公司的距离，免除投保人与代理人打交道的烦恼，有效地避免了由于信息缺失或失真造成的盲目性投保和易受误导的现象，使投保人能够在无外力影响的情况下自主选择保险，避免了人情投保、从众投保等不成熟消费现象的发生，另外，网上保险还最大限度地避免了第三者的知悉和传播，加强了隐秘性。

三、网络营销的缺点

第一，当消费者缺乏上网设备、上网能力等条件时，网络营销就会遇到困难。

第二，网站在界面和技术上对消费者要高度友好，才不会使消费者在线操作时不知所措。

第三，网上信息多如牛毛，因而网络广告注目率不高，要抓住浏览者的兴趣也不容易。

第四，网络营销可能存在一定的安全问题。网上的虚假信息、黑客侵入、盗号病毒、窃取口令、窃取隐私信息、冒充网站等都让消费者忐忑不安。因此，企业开发的网站需要从技术和投入上保证服务的安全性。

第五，网络营销可能缺乏信任感，这是由于在虚拟的世界里双方互不见面，存在一定的不信任感。

第六，网上购物过程往往单调乏味，不如亲临实体商场，既可以切身体验，也可作为消遣、闲逛。

四、网络营销组合策略

（一）产品策略

首先，提供消费者之间、消费者与企业之间的互动讨论区，借以了解消费者需求、市场趋势等，以作为企业改进产品开发的参考。

其次，在网络上建立消费者意见调查区，了解消费者对产品特性、质量、包装及样式等的意见，以协助企业对产品进行开发与改进。

最后，建立网上消费者自助设计区，提供优质的产品与服务，如消费者可以自行设计服装的款式和花色，购车者可以自行决定所需的颜色和配件等。

（二）价格策略

首先，企业要在对网上相关产品价格和竞争情况进行认真调研的基础上，合理估计本企业产品在消费者心目中的形象和估值，进而确定产品的价格。这是因为消费者可通过网络查询市场上相关产品的价格，在货比三家之后进行购买。

其次，建立网络议价系统，与消费者直接在网上协商价格。

再次，建立自动调价系统，可以依季节变动、市场供求形势、竞争产品价格变动、促销活动等，自动进行调价。

然后，开通网络会员制，依据会员过去的交易记录与偏好、购买数量的多少，给予一定的折扣，从而鼓励消费者上网消费，使消费者逐渐形成忠诚行为或者习惯行为。

最后，采取网上拍卖。网上拍卖是指通过互联网进行价格谈判的交易活动，即利用互联网在网站上公开发布将要招标的物品或者服务的信息，通过竞争投标的方式将它出售给出价最高或最低的投标者。

（三）促销策略

首先，通过网络广告宣传企业与产品的信息，阐释企业理念和企业文化，说明售后服务与质量保证措施等，进而提高企业在消费者中的知名度与美誉度。此外，伴随着信息技术及移动互联网的发展，企业可以利用搜索引擎、社交网络、微博、微信、团购、秒杀等方式向特定消费者推送促销信息。

其次，利用网上聊天的功能，举行消费者联谊活动或网络记者招待会，既可跨越时空进行沟通，同时也是一种低成本的促销活动。

再次，可以利用诱因工具，如进行网上竞赛、样品赠送、发放奖券、折扣券、优惠券和进行抽奖等，提高消费者上网搜寻及购买产品的意愿。

最后，推出限时抢购策略，即在特定“限时抢购”的时间段，企业打出极低的折扣甚至以超低于产品的成本价来吸引消费者。

案例

Uber 在中国的传播模式[1]

Uber 是由美国公司 UBER TECHNOLOGIES，INC.，开发的一款用车应用软件，是一种以移动应用程序链接乘客和司机，提供租车及实时共乘的服务，致力于“为乘客提供一种高端和更私人的出行方案”。对比中外国情文化和环境以及国内同类型互联网公司发展的情况，Uber 在国内市场的传播方面有其特有的传播方式。

1. 借用“意见领袖”打开平价市场

在整个亚洲市场，Uber 的定位一直是中高端服务提供商。在进入中国初期，Uber 也延续了一贯的风格，从高级车型（Uber Black）开始扩展，只推出了高端服务 Uber Black。人民优步是 Uber 推出的一款价格亲民的产品，也是 Uber 真正打开中国市场的拳头产品。产品推出初期，Uber 面临着新的市场和供应链如何打开和跟上的问题。与滴滴、快的等最初在出租车停靠点或人流密集的地方向司机、群众普及软件知识做推广的方式不同，Uber 没有选择走以量取胜、摆摊推广的方式，而是利用人脉找对共享理念有认同感、影响力比较大的“意见领袖”加入，以他们的力量进行口碑推广，让更多的司机愿意把时间贡献出来。最早是原艺龙 COO 谢震，梅花网创始人任向晖两位，随后麦兜旅游的周翔、罗德公关的高明等众多 CEO 也加入进来。通过这些“意见领袖”在其圈子里的扩散，人民优步率先在容易接受新事物并认同其理念的都市白领阶层逐步传播开来。

2. 快速应对热点时事做好口碑的用户体验

Uber 在营销创意上结合热点、富有创意的做法一直被广为称赞，其对于热点事件应对之快也刷新了国内同类型产品公司的纪录。2015 年 6 月 17 日有关上海暴雨的信息刷爆了朋友圈和微博，不少上海地区的网友都戏称当天不用打车最好直接叫船。一向懂得“借势营销”的 Uber 即时反应，于是 40 分钟后上海的用户打开 Uber，其界面上显示出一艘艘小船的图标，小船分为不同级别，图标上浮动着“点击用车”的提示语。一个小小应景又及时的图标让 Uber 获得了不少用户点赞。Uber

1 丁爱丽. 浅析 Uber 在中国市场的传播模式[J]. 今传媒 2015（8）.

上海总经理表示“坐船服务”上线后，上路“开船”的司机数量有一定增长。想必如果下次再遇到这样的恶劣天气，会有更多司机加入到 Uber“开船”的队伍中。该想法从提出到实现只用了 40 分钟左右，相比国内其他同类型的互联网产品公司，Uber 应对时事的反应速度和实施速度可以说开创了先河，这也得益于 Uber 公司内部去中心化的管理决策机制，只要是有益于用户体验的事，就鼓励员工创新大胆去做，只有这样才能保证应对策略的时效性，才能抓住用户眼球。

3. 跨界整合品牌资源借势扩大传播

Uber 也会选择品质相当的资源进行跨界营销，形成品质资源的强强联合，并顺藤摸瓜将消费者融入跨界营销的资源中。在成都，Uber 和车企 MINI 合作推出“机动车副驾驶员”体验活动。活动期间，MINI 派出 10 辆第一代 MINI 五门掀背为用户提供免费搭乘服务，用户可使用 Uber 预定，在成都市区三环内免费搭乘至目的地。每辆车配备两位专用轮班司机以及 MINI 期刊、饮品、车内 WI-FI 和充电器等人性化产品，以满足用户视、听、嗅、味、触五感需求，这让 MINI 和 Uber 的粉丝有了全新的高潮体验。在深圳，Uber 和中国首届新媒体艺术节合作，提供 Uber 专属大巴，沿路接载乘客至艺术节现场，并在大巴上向乘客们提供顶级美发师、美甲师、专业 DJ 的专享服务，使粉丝们还没到现场就已经热血沸腾。Uber 通过与优质品牌的强强联手，把每次跨界的事件营销都做成一次极致的用户体验，借助强势品牌已有的力量，推进双方创新共赢。

4. 同行的竞争激发网友原创自发传播

同行的竞争不经意间助推 Uber 再次成为话题中心，使 Uber 用户猛涨。2015 年 6 月 25 日，神州专车官方微博发布一组“Beat U!我怕黑专车”的海报，结果因为一个错别字和影射 Uber 的嫌疑，不仅损害了自己的美誉度，还让舆论一边倒支持 Uber，不少网友表示要下载 Uber 压压惊。事情没有因此而结束，反倒在互联网上掀起了广大网友们自发的、更为广泛搞笑的传播。同时各行业产品如搜狗输入法、杜蕾斯等敏锐地抓住此次机会制作文案跟风宣传，事情迅速发展，成为互联网上的一次文案大比拼。Uber 在这场惊涛骇浪式的传播中一直保持镇定，从原本被“黑”的角色，转变成为舆论支持的一方，并加速深入人心。这场文案风波不仅给网友们呈现了一场互联网文案的饕餮盛宴，还引发了大家关于中国商业道德体系脆弱的讨论，更重要的是让人们注意到新旧事物之间碰撞带来的思想传播。

除了上述几个典型的传播方式外，Uber 迎合当下年轻人交友趣味的方式让其变身为交友工具；Uber 的一键叫鲜花、一键叫雪糕等活动另辟蹊径地开创了专车探索物流领域的先河。不断地创新探索才是 Uber 传播的动力，不断地能够引发社会对于 Uber 的思考也是 Uber 能够迅速传播的原因之一。

总而言之，有效利用口碑传播的力量是 Uber 在国内传播的主要模式。对比其他同类型的互联网产品公司，关注用户体验，快速反应并把用户体验做到极致，是 Uber 快速传播的主要原因；而 Uber 作为国内市场的新生事物，能够从用户的需求出发，充分挖掘和发挥用户价值，并利用技术手段做好用户价值管理，是 Uber 区别于国内同类互联网平台化公司的传播思想。Uber 以不断创新变幻的手法搅动了互联网的文化，引发全社会对它带来的特有现象的思考，这也是 Uber 在中国市场迅速火爆的原因。

第二节 网络营销的形式

随着互联网技术的发展和社交网络的兴起，移动互联网的应用层出不穷，如即时通信、移动搜索、手机支付、手机阅读、手机游戏、手机视频等。通过移动互联网的终端以在线营销的手段服务于顾客，可以使顾客享受到更加便利、快捷、满意的服务。通过移动社交化的信息分享，位置信息服务的应用，以及移动支付的便利，能够有效提高企业营销绩效和服务顾客的水准。

例如，“支付宝钱包”与银行卡绑定，便可以随时将卡中的钱任意转进转出。在现实中转账如此烦琐的事情，由于支付宝公司的服务创新，顾客通过手机操作就能全部完成，完全摆脱了空间距离。此外，顾客还可以直接将钱转移到“支付宝钱包”中的“余额宝”里，这是支付宝公司和天弘基金合作的一款金融理财产品，收益率超过了活期存款的 10 多倍。如今，余额宝顾客数已经超过了 6000 万，资金规模已超过 4000 亿元，天弘基金靠着“余额宝” 一举成为了中国最大的基金管理公司。

案例

扫码购物

拥有 91 年历史的澳大利亚食品零售商 Woolworths 开发了一款手机应用，即把加上二维码或条形码的产品图片大量张贴到地铁站、商圈等的展板上，顾客通过智能手机扫描二维码即可完成付款和购买，产品则直接配送到家。相比于传统超市而言，这种模式具有构建成本低、购物方便快捷、容易展示宣传的特点；同时，可针对不同地点和场合的特征，实现灵活、精准的投放，给顾客带来前所未有的购物体验。

中国互联网络信息中心（CNNIC）的数据显示，我国全体网民规模总计达到 6 亿，通过手机接入互联网的网民数量超过 5 亿，手机早已经成为我国网民的第一大上网终端。无论是移动互联网终端的数量、移动互联网的应用数量，还是移动互联网的市场规模，都说明我国正处于移动互联网的高速发展的阶段。

常见的互联网营销形式有搜索引擎营销、博客营销、论坛营销、社交网站营销、微博营销、播客营销、E-mail 营销、微信营销等。

一、搜索引擎营销

搜索引擎营销的基本思想是让消费者发现信息，通过搜索引擎进入网站、网页，并进一步了解所需要的信息，其主要方法包括搜索引擎优化、付费排名以及付费收录等。其优点是利用很少的关键词就可以将企业的信息呈现给消费者。

互联网的受众之大，每天对于搜索引擎的使用可以说是数以千万计，因此，获得较好的搜索引擎排名，就意味着企业系统的信息翻倍地呈现给公众。

二、博客营销

博客营销即通过博客网站或博客论坛服务于博客作者和浏览者，利用博客作者个人的知识、兴趣和生活体验等传播产品信息的营销活动。博客营销分为以下两类。

一类是在博客服务商里面开账号，如新浪博客、网易博客、腾讯博客等，企业利用这些博客服务商比较容易打开营销的渠道和范围，营销成本较低；

另一类是自己搭建博客网站，建立自己的品牌形象和社会影响力，这对消费者反馈信息的处理也会更加快捷，但自建博客网站对原创和个人风格的要求较高，且内容需要经常更新。

三、论坛营销

发展轨迹良好的论坛通常会有固定的海量会员，这些会员每天会在论坛中互相交流，好的或是坏的消息都会迅速传播并转载。当然，论坛的专一性比较强。例如，汽车之家只发布与汽车有关系的内容，而豆瓣则针对文艺青年进行图书、电影等的推广。因此，企业发布有关的营销信息时，一定要有针对性，但不要发纯粹性的广告，否则易引起会员们的反感。

四、社交网站营销

社交网站是近几年比较活跃的网站，网站活跃的人群都是有比较明确的目的的，但是在这些网站上做营销，将心比心很重要。这些成员比较突出的特点是“宅”，因此，企业重视会员的存在感，才有可能将自己的产品和服务推销出去。

延伸阅读

B2C　C2C　O2O

B2C

B2C 是 business to customer 的缩写，其中文简称为“商对客”，是电子商务的一种模式，一般以网络零售业为主，主要借助于互联网开展在线销售活动。B2C 为顾客提供了一个新型的购物环境——网上商店，顾客在网上购物、支付，其代表网站有：天猫商城、京东商城。

例如，美国轻松航（Easy Jet）90%的座位是通过互联网销售出去的——无论何时何地，只要你拥有一台可上网的终端，你就能够轻松订购到轻松航的机票。乘客可以通过信用卡来支付票款，航空公司通过邮递系统、传真或专门派员等手段将机票送给乘客。

上海梅林正广和集团创建“网上正广和”，吸引了“百事可乐”“联通”“维他奶”等国内外大型集团的加盟，成为一家“网上百货企业”；上“柜”产品有饮料、图书音像、保健品、鲜花礼品、百货、服装服饰等 7 大类 50 余种，并且其有覆盖全市的送货服务网络；除产品零售外，“网上正广和”还为顾客提供免费的网上“影视”“休闲娱乐”“烹调学校”等服务。

7-11 便利店也成功地将其各种服务搬到了网上，除了传统零售业务之外，7-11 在网上还开展了诸多旅行、照相、礼品、票务销售代理、汽车服务、信息提供等电子商务服务。此外，7-11 便利店还计划将成千上万种产品真正搬到网上，运用“网络”放大其小小的经营店铺，通过网络上下“虚”与“实”的结合，突破便利店产品品种的限制，将其产品经营范围扩大到几万种甚至几十万种。这样，它既可以凭借其丰富的产品与便利的服务和大型商场、超市展开正面竞争，又可以凭借其管理、顾客、物流、信誉等优势与纯网络商店竞争，从而全面提升自身的竞争力。

C2C

C2C 即 customer to customer，意思是个人与个人之间的电子商务，通过网络进行交易。其代表网站：淘宝网、易趣网、拍拍网。

O2O

O2O 即 online to offline，指线上营销、线上购买或预订（预约）带动线下经营和线下消费，将线下商务的机会与互联网结合在了一起，特别适合必须到店消费的产品和服务，如餐饮、健身、住宿和演出等。O2O 通过打折、提供信息、服务预订等方式，把线下商店的消息推送给互联网顾客，让互联网成为线下交易的前台。

O2O 的优势在于：首先，把线上和线下的优势完美结合；其次，推广效果可查，每笔交易可跟踪；再次，让顾客在享受线上优惠价格的同时，又可享受线下贴身的服务；最后，O2O 模式还可实现不同企业间的联盟。

总之，O2O 模式就是把线上的顾客带到现实的商店中去，在线支付购买线下的产品和服务，再到线下去消费和享受。

五、微博营销

微博营销是指通过微博平台为企业或个人等创造价值而执行的一种营销方式，也是企业或个人通过微博平台发现并满足消费者的各类需求的一种商业行为。

微博多是政商界名人或是专业人士进行营销的平台，利用这一平台可以将重要的信息简单直接地传递到受众面前，但前提是要培养群体，这需要一定的时间和量的积累。

案例

凤凰传奇的微博营销

传统的歌曲推广一般是唱片公司先将唱片中的歌曲送到电台打榜，一点一滴积累人气，再逐渐上电视，最后进入竞争市场。然而，这一推广思路被凤凰传奇完全抛弃，他们选择从网络中寻找切口。音乐网站的榜单已经成了新歌推广的重要途径。

在凤凰传奇签约孔雀唱片之前，该公司里唯一的歌手名叫郑源，他的几首成名曲如《一万个理由》《不要在我寂寞的时候说爱我》都是通过网络一炮打响，并且获得极高的彩铃下载量的。在这样的背景下，公司开始推凤凰传奇时，也摸索着尝试进入网络渠道，并修改了整个传播推广策略。在新浪微博上，有人专门就获得歌曲的途径设计了一个小调查，参与调查的共有 110 人，得票最多的两项分别是"网络音乐播放器"和"音乐网站"。所以要获得人气，首先要拿下的是各种网络榜单。在百度 MP3 频道的"歌手 TOP200"榜单上，凤凰传奇曾长期稳居榜首。相比于传统的推广模式，凤凰传奇的推广不太在乎电台的打榜，其推广更多是基于互联网的。尤其是在艺人成名之前，互联网推广的成本低，而且可控性很强。

有人把音乐网络推广划分为 1.0、2.0 和 3.0 三个阶段。其中，1.0 阶段就是占领货架，"就像超市里卖康师傅、今麦郎这些方便面一样，谁摆进货架最多，谁就卖得好”。进入2.0阶段，音乐推广强调通过微博等平台进行互动传播，而3.0阶段则侧重于移动互联网传播。

2009年，凤凰传奇推出《最炫民族风》，但其真正大红大紫则是在2012年上半年。仿佛是一夜之间，网络上充斥着《最炫民族风》的各种恶搞版本，有网友也参与进来，将恶搞视频传给凤凰传奇，这些活动的背后，其实都有微博营销的影子。新浪微博粉丝数量前200名的不少账号，如“冷笑话精选”，其实是掌握在某些营销公司的手中。借助这些大号进行营销，能让产品迅速切入微博平台——第一阶段，公司制作了关于《最炫民族风》的搞笑视频，将音乐同一些国外的视频画面剪辑到一起；第二阶段，花钱请这些微博大号转发，成为网络话题；第三阶段，传统媒体跟进，带动新一轮网络传播；第四阶段，不少网友也会继续创作类似的视频，起到更好的传播效果。《最炫民族风》突然在微博上一夜爆红，推波助澜的是网友的各种“神剪辑”，这让凤凰传奇一下子打入众多白领的世界。

如今，凤凰传奇的这种2.0式的营销，已经进化到3.0阶段——移动互联网的推广，包括手机浏览器弹窗、微信、App等。

六、播客营销

目前，播客多以视频为主，而这些视频又以原创居多，五花八门、种类繁多，非常符合快节奏生活下，人们追求快捷与轻松的心态。播客的好处就在于随时随地可以捕捉、记录生活点滴，如果有新意的话，更会在生动和立体上起到无可取代的作用。

七、E-mail营销

E-mail营销即电子邮件营销，是通过电子邮件的方式向消费者传递产品信息的一种网络营销手段。企业可通过E-mail直接与目标顾客建立沟通渠道，向其直接传达相关信息，用以促进销售，并实现发送电子广告、产品信息、销售信息、市场调查、市场推广活动信息等。

八、微信营销

（一）微信

微信，英文名“WeChat”，是由腾讯公司推出的一款手机免费应用程序，它不仅能够快速地发送文字、图片、表情、语音、视频，还能多人语音对讲和位置共享等，可以跨通信运营商、跨操作系统平台，具有零话费、跨平台沟通、显示实时输入状态等特点。不同于QQ的PC端起家，微信有天然的移动互联网的基因，主要立足于智能手机等移动终端。微信自问世以来，紧紧围绕即时通信的核心功能，通过不断地丰富和完善，已经发展成为集沟通、社交、媒体、营销、工具五大功能于一身的平台化产品。如今，微信公众平台已经成为极佳的消费者关系管理平台。

微信作为广受欢迎的中国聊天应用，截至2016年3月，其月活跃用户数突破7亿，较2015年同期上涨29%。深圳市腾讯计算机系统有限公司公布的《微信2016年业绩报告》指出，有25%的微信用户每天打开微信超过30次，55.2%的微信用户每天打开微信超过10次，近80%的用户关注微信公众号，其中包括 18.9% 的用户关注了企业商家。微信成为近 30% 的用户手机上网使用流量最多的应用。

（二）微信营销

微信营销是一种以微信用户为基础，利用微信用户数据和微信用户社群，立足于微信平台的新型企业网络营销方式。微信中的公众号服务，使企业得以进行精准的点对点营销。企业可以自行定位设置自己公众号的内容、服务，将产品信息以文字、图片、视频、H5 等方式植入，并推送给每一位关注公众号的用户，而用户也能够通过企业公众号针对性地体验、享受企业服务，形成对企业公众号的依赖。由此，企业与用户之间的联系更加密切，营销目标更加明确，互动更加有效直接。企业立足公众号进行的营销，相比于要下载 App，简单的一个"关注"让营销活动更加便利，但同时，企业要想真正获取用户的心，也需要付出更多心思，因为"取消关注"对用户来说也很简单。

（三）微信公众平台的功能

微信公众平台的主要功能是：互动沟通、用户管理和服务定制。

（1）互动沟通

互动沟通就是信息的互相交流，微信公众平台可以向关注它的用户发送信息，这种信息可以是服务资讯、产品促销，也可以是热点新闻、天气预报等，甚至可以与用户在平台进行互动，完成咨询、客服等相关功能。

案例

海底捞的微信营销

作为国内最具口碑的餐饮连锁服务机构，海底捞是较早试水 O2O 营销的餐饮连锁服务企业之一，你一关注海底捞火锅的微信，就会收到一条关于发送图片可以在海底捞门店等位区现场免费制作、打印美图照片的消息。通过微信可实现预订座位、送餐上门甚至可以在商城选购底料，你想要外卖？简单，输入送货信息，你就坐等美食送到嘴边吧!当然，其设计的菜品图案也是让人看着就要流口水，最后加上线下优质的服务配合，同时还可以享受"微信价"，怎么能没有吸引力？据悉，海底捞每日通过微信收到的订餐量高达 100 万单。

（2）用户管理

用户管理指微信的公众平台可以根据关注它的用户的一些特征，如用户查询过哪些产品信息，接受过哪类的服务，参加过哪些的调查，参与过哪些促销活动等，对这些特征进行智能分析，将用户进行不同的分类，并存入消费者关系管理（CRM）数据库，作为后续宣传推广的基础和依据。

案例

布丁酒店的微信促销

将相关活动或优惠通知给顾客是微信的强项，而且图片、视频都可以被分享。布丁酒店是一家平价连锁酒店，2012 年年底顾客就可以通过布丁酒店的微信公众平台进行在线订房了。在酒店的淡季，布丁酒店利用微信公众平台“查看附近的人”的功能，向他们推送促销信息或优惠活动，使得其中一部分“附近的人”产生了需求，最终通过微信支付直接进行订房。这么复杂的过程，在移动互联网时代只需通过微信公众平台即可全部顺利完成。

（3）服务定制

服务定制主要是通过“自定义菜单”开发出不同的服务功能。“自定义菜单”使得用户在微信公众账号上可以直接跳转到其他页面，通过它用户可以更方便地与微信公众账号进行互动。“自定义菜单”的位置在微信对话框的最下面，用户可以对菜单中的选项进行点击操作，这时会自动弹出对应的信息或者新的网页。

例如，通过微信公众平台，企业可以方便地设置调查页面并且随时可以调整调查内容，用户则可以很方便地通过手机对服务进行评价，企业就可以在第一时间获得关于服务质量的反馈，清楚地了解服务的哪个环节存在问题，哪些服务人员存在问题，以便于及时纠正。

案例

万达影院的微信营销

关注万达影院的微信公众号，可以简单实现在线预订、在线选座、查询热映影片和待上映影片等信息，实现足不出户轻松预订。试想一下，你和朋友在附近吃饭时突然想看电影了，便可掏出手机订票订位，吃完东西就可以不慌不忙地过去，不用排队，不用担心没票，也不用担心座位不好。

万达影院的微信公众号还会不定期地针对会员做一些活动，以增强粉丝的黏性。例如，关注微信公众号可一分钱看电影（限场次）、送可乐爆米花等，对于影院而言，其闲时会有很多空位，不如索性拿来回馈一下粉丝，这种回馈带来了非常理想的效果，现在万达影城的微信渠道日均出票 8000 余张。

思考题：

1. 网络营销的优缺点有哪些？
2. 网络营销产品策略的内容有哪些？
3. 网络营销价格策略的内容有哪些？
4. 网络营销促销策略的内容有哪些？
5. 网络营销的形式有哪些？

第十五章 数据营销

引例：亚马逊利用数据库为消费者简化手续和推荐书目

亚马逊书店成立之初，就清楚地说明了公司的设立用意，即“在网络上设立一家以客为尊的书店，方便消费者在线漫游，并尽可能提供多元化的选择”。

亚马逊网上书店的销售一直保持高速增长，这与其利用消费者数据库不断改进服务质量和维护消费者关系是分不开的。为了方便消费者买书，并且使在线购买对消费者来说是一个愉快而迅速的过程，亚马逊书店结合多种工具和手段，给消费者提供“最快捷、最方便、最易用”的服务。

例如，通过“一点就通”的 One Click 设计，消费者只要在该网站购买过一次书，其通信地址和信用卡账号就会被安全地存储下来，下次再购买时，消费者只要用鼠标点击一下货物，网络系统就会自动完成接下来的所有手续。

当消费者在亚马逊网上书店购买图书时，它的销售系统就会自动记录书目，生成有关消费者偏好的信息。当消费者再次进入书店时，销售系统就会识别其身份，并依据其爱好来推荐书目，巧妙提醒消费者去浏览可能会引发其兴趣的其他书籍等。消费者与书店的接触次数越多，系统了解的消费者信息也就越多，服务也就越好。

总之，坚持以消费者为中心安排业务流程，处处为消费者着想，创建方便、快捷、安全、有效的个性化服务使亚马逊成为了书店行业的典范。

企业的消费者有多少？消费者是谁？重要消费者是谁？主要消费者又是谁？他们买多少？每隔多长时间购买一次？他们怎样购买？他们去哪里购买？他们对你的产品有什么意见或建议？他们想要你提供什么样的产品？……要回答这些问题，企业需要花费大量的时间、精力和财力去做调查，而获得的结果往往不尽如人意。因为只通过一两次的调查，即使调查方式是科学的，也带有很强的主观性和随意性，往往会出现这样或那样的偏差。

然而，随着信息技术的迅速发展和应用普及，自 20 世纪 90 年代以来，数据库营销这一适应现代信息社会的独特营销方式备受企业界的青睐。数据库营销在西方发达国家的企业里已相当普及，在美国，85%的零售商和制造商认为他们需要一个强大的营销数据库来支持他们的竞争实力。难怪有营销专家说“没有数据库，企业就像在沙漠中迷失了方向一样会付出惨痛的代价”。此外，大数据技术也在市场营销中发挥越来越大的作用。

第一节 数据库营销

一、消费者数据库

数据库是信息的中心存储库，是面向主题的、集成的、相对稳定的、与时间相关的数据集合，是由一条条记录所构成，记载着有相互联系的一组信息，许多条记录连在一起就是一个基本的数据库。数据库营销首要的是建立一个数据库，而且这个数据库是动态的，可以随时扩充和更新。

消费者数据库是企业运用数据库技术，收集现有消费者、目标消费者的综合数据资料，追踪和掌握他们的情况、需求和偏好，并且进行深入的统计、分析和数据挖掘。基于对这个数据库的分析，企业可以确认目标消费者，准确地捕捉他们的需要，从而使企业的营销工作更具有针对性。企业还要运用计算机软件把无序的原始数据处理为有条理的数据库，产生出产品开发部门、营销部门、公共关系部门所需要的数据，并实现数据库的共享。

二、消费者数据库中的几个重要指标

（一）最近一次消费

最近一次消费是指消费者上一次购买的时间，可以反映消费者的忠诚度。

一般来说，上一次消费时间越近就越理想，因为最近才购买本企业产品的消费者是最有可能再购买的消费者。企业要吸引一位几个月前购买本企业产品的消费者，比吸引一位几年前购买该产品的消费者要容易得多。

如果最近一次消费时间离现在很远，说明消费者长期没有光顾，此时企业就要调查消费者是否已经流失。最近一次消费还可监督企业目前业务的进展情况——如果最近消费的消费者人数增加，则表示企业发展稳健；如果最近一次消费的消费者人数减少，则表明企业的业绩可能有所下滑。

（二）消费频率

消费频率是指消费者在限定的时间内购买本企业产品的次数。

一般来说，最常、最频繁购买的消费者，可能是满意度最高、忠诚度最高的消费者，也可能是最有价值的消费者。

（三）消费金额

消费金额是消费者购买本企业产品金额的多少。

通过比较消费者在一定期限内购买本企业产品的数量，企业可以知道消费者购买态度的变化，如果消费者购买量下降，企业则要给予足够的重视。

（四）消费者每次的平均消费额

消费者每次的平均消费额可以说明消费者结构，从而帮助企业认清目前消费者的规模以及市场是否足够大。

（五）指标分析

综合分析上述指标可帮助企业识别最有价值的消费者、忠诚的消费者和即将流失的消费者。

将最近一次消费、消费频率结合起来分析，可判断消费者下一次交易的时间距离现在还有多久。当消费者最近一次消费离现在很远、而消费频率或消费金额也出现显著萎缩时，则提示了企业这些消费者很可能即将流失或者已经流失，以便促使企业做出相应的对策，如对其进行重点拜访或联系等。

将消费频率、消费金额结合起来分析，可计算出在一段时间内消费者为企业创造的利润，从而帮助企业明确谁才是自己最有价值的消费者。Marcus 用消费频率与平均消费金额构造了消费者价值矩阵，如图 15-1 所示。

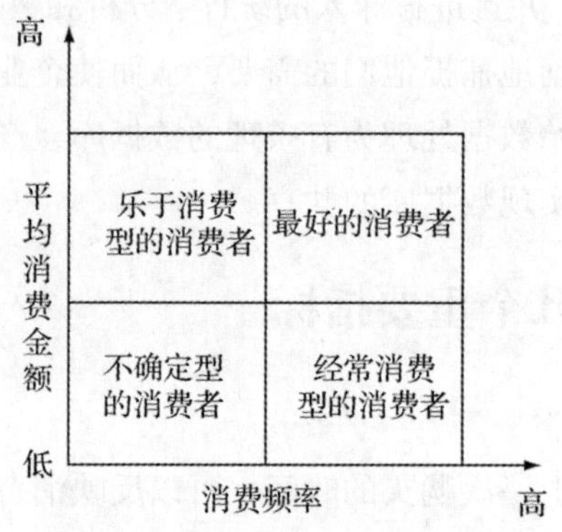

图 15-1　消费者价值矩阵

对于“最好的消费者”，企业要全力保留他们，因为他们是企业利润的基础。

对于“乐于消费型的消费者”和“经常消费型的消费者”，他们是企业发展壮大的保证，企业应该想办法提高“乐于消费型的消费者”的购买频率，通过交叉购买和增量购买来提高“经常消费型的消费者”的平均消费金额。

对于“不确定型的消费者”，企业需要找出有价值的消费者，并促使其向另外三类消费者转化。

三、消费者数据库的作用

（一）可以深入分析消费者的消费行为

消费者数据库能反映每个消费者的购买频率、购买量等重要信息，并保存每次交易的记录及消费者的反馈情况，通过对消费者进行定期跟踪，企业可对消费者的资料有详细全面的了解，利用“数据挖掘技术”和“智能分析”可以发现赢利机会，继而采取相应的营销策略。

由于消费者数据库是企业经过长时间对消费者信息（消费者的基本资料和历史交易行为）的积累和跟踪建立起来的，剔除了一些偶然因素，因而对消费者行为的判断是客观的。

消费者数据库可以帮助企业了解消费者过去的消费行为，而消费者过去的消费行为是未来购买模式的最好指示器，因此，企业可通过消费者数据库来推测消费者未来的消费行为。

通过消费者数据库对消费者过去的购买行为和习惯进行分析，企业还可以了解到消费者是被产品所吸引还是被服务所吸引，或是被价格所吸引，从而有根据、有针对性地开发新产品，或者向消费者推荐相应的服务，或者调整价格。

许多航空公司利用常旅客留下的信息建立了“常旅客数据库”，在此基础上，航空公司可统计和分析常旅客的构成、流向、流量，分析常旅客出行及消费的趋势，订票、购票的方式与习惯，以及对航空公司市场营销活动的反应等，从而采取相应的措施，如挑选适当的时机定期、主动对常旅客进行回访，变被动推销为主动促销。

例如，美国航空公司建立了一个“重要旅行者”的数据库，其中存有 80 万名旅客的资料。这部分人虽然占该公司每年乘客总数的比例不到 4%，但他们每人每年乘坐该公司飞机平均约 13 次，对公司总营业额的贡献在 60% 以上。美国航空公司每次举行宣传活动，总是把他们作为重点对象。

又如，饭店通过数据库建立详细的消费者档案，包括消费者的消费时间、消费频率以及偏好等一系列特征，如消费者喜欢什么样的房间和床铺、喜爱哪种品牌的香皂，是否吸烟，有什么特殊的服务要求等。通过这个消费者数据库，饭店可使每一位消费者都得到满意的服务，从而提高营销效率，并降低营销成本。

（二）可以实现消费者服务及管理的自动化

消费者数据库还能强化企业跟踪服务和自动服务的能力，使消费者得到更快捷和更周到的服务，从而有利于企业更好地保持消费者。它通过对消费者历史交易行为的监控、分析，当某一消费者购买价值累计达到一定金额后，可以提示企业向该消费者提供优惠或个性化的服务。

运用消费者数据库的企业还可以了解和掌握消费者的需求及其变化，可以知道哪些消费者何时应该更换产品，以便开展相应的营销活动。例如，美国通用电气公司通过建立详尽的消费者数据库，可以清楚地知道哪些消费者何时应该更换电器，并时常向他们赠送一些礼品以吸引他们继续购买公司的产品。

另外，企业建立消费者数据库后，任何业务员都能在其他业务员的基础上继续发展与消费者的亲密关系，而不会出现由于某一业务员的离开而造成业务中断的情况。

（三）可以实现对消费者的动态管理

由于消费者的情况总是在不断地发生变化，所以消费者的资料应随之不断地进行调整。企业如果有一套好的消费者数据库，就可以对消费者进行长期跟踪，通过调整、剔除陈旧的或已经变化的资料，及时补充新的资料，企业就可以对消费者的管理保持动态性。

例如，富士产经公司建立了包括消费者姓名、地址、电话、性别、年龄、成交记录（产品名称、成交数量、总金额）等内容的消费者名址库。根据业务需要，该公司还可对消费者名址进行重新整理，如 4 年前购买过婴儿用品的消费者，现在成为儿童用品的潜在消费者，如果向他们寄发儿童用品专题目录，订货率自然会高。该公司还对消费者名址库实行动态管理，对于长期不购买公司产品的消费者，就不再寄送目录。

又如，美国金百利公司建立了一个包括全美 74% 的孕妇的资料库，这些准妈妈们在怀孕期间就收到了公司寄来的杂志和信件。新生儿出生后，公司将带计算机条码的折价券随即送到产妇手中，她们可凭折价券获取优惠供应的纸尿布。公司凭此折价券可记录消费者的购买情况，并继续追踪消费者持续使用该产品的情况。

此外，消费者数据库还可以帮助企业进行消费者预警管理，从而提前发现问题消费者。

（1）外欠款预警。企业在消费者资信管理方面给不同的消费者设定一个不同的授信额度，当消费者的欠款超过授信额度时就发出警告，并对此消费者进行调查分析，及时回款，以避免出现真正的风险。

（2）销售进度预警。根据消费者数据库记录的销售资料，当消费者的进货进度和计划进度相比有下降时就发出警告，并对此情况进行调查，拿出相应的解决办法，防止问题扩大。

（3）销售费用预警。企业在消费者数据库中记录每笔销售费用，当销售费用攀升或超出费用预算时就发出警告，并及时中止销售，防止陷入费用陷阱。

（4）消费者流失预警。根据消费者数据库记录的销售资料，当消费者不再进货后就发出预警，使企业及时进行调查，并采取对策，防止消费者流失。

四、消费者数据库的管理

应当强调的是，消费者是企业最宝贵的资产，是企业的命脉，消费者数据的泄密势必影响企业的生命。因此，企业对消费者数据库的管理要慎之又慎。

对消费者数据库的管理应当由专人负责，并且要选择在企业工作时间较长、对企业满意度高、归属感强、忠诚度高、有一定的调查分析能力的老员工作为消费者数据库的管理人员，要避免低工资人员、新聘用人员、临时人员做这方面的工作。

此外，企业必须抱着对消费者负责的态度，对消费者的信息严格保密，避免消费者信息的外泄。

五、数据库营销

数据库营销就是企业通过数据库收集和积累消费者的大量信息，经过处理后预测消费者购买某种产品的概率，借助这些信息给产品以精确定位，有针对性地传播营销信息，以达到说服消费者购买产品的目的。

运用数据库能够准确找出某种产品的潜在消费者，企业就可以避免使用昂贵的大众传播媒体，而可以运用更经济的促销方式，从而降低成本，增强企业的竞争力。一般来说，大面积地邮寄宣传品的反馈率只能达到 2%～4%，但是，在了解消费者“底细”的基础上经过筛选，有针对性地邮寄宣传品，反馈率就可以达到 25%～30%。

例如，纽约大都会歌剧院设立了一个可容纳 140 万人以上的歌迷资料数据库，歌剧院运用计算机分析各种类型消费者的特点，从中找出了潜在消费者，然后用直接通信的方式宣传推销歌剧票，结果在歌剧票正式公开发售之前，70% 以上的入场券就已经通过数据库销售出去了。

又如，蒙牛牛奶初次进入上海市场时，一开始想采取进入连锁超市的销售方式，但是这些体系的“门槛”太高，于是找到了麦德龙公司。麦德龙利用其强大的消费者数据优势，将蒙牛牛奶的样品免费赠送给经过分析、精心挑选出的4000户家庭品尝，随后跟踪消费者的反馈信息，同时在网上及直邮单上发布蒙牛牛奶促销的消息，从而促进了蒙牛牛奶在上海的销售，使其从一开始每月只有几万元的销售额一下子增加到几十万元。就这样，蒙牛牛奶没有投入大量资金进行广告宣传，也没有投入巨额的超市“入场费”，而是在仅投入了数千盒样品的成本下，就顺利地打开了上海市场。这一切，如果没有麦德龙公司庞大的消费者数据系统的支持是不可能做到的。

第二节 大数据营销

一、大数据的定义

大数据，顾名思义，是巨量数据的集合。不同于传统数据，大数据的“大”主要体现为“3V”。

第一，容量（volume），大数据通常意味着巨大的容量。数据量的大小也决定了数据的价值与潜在的信息。数据量越大，会蕴含更多、更有价值的信息。同时，巨大的数据量可能源于多种渠道，企业更需学会从多种渠道的庞大数据量中提取最有价值的信息。

第二，速度（velocity），大数据通常会极快地产生，这要求企业响应及处理的时间也要相应加快。

第三，种类（variety），获得的数据类型多样，它可以是文字、视频等，因此如何对不同格式的数据进行加工处理及储存也是企业面临的一大难题。

二、数据挖掘技术

数据一直以来都是商业活动中必不可少的信息载体，数据挖掘是从大型数据库中提取人们感兴趣的知识，这些知识是隐含的、未知的、有用的信息，提取的知识表示为概念、规则、规律、模式等。

（一）数据挖掘的流程

首先，掌握企业内部各部门各自所负责的业务和各自业务的特点，并把这些特点归纳为对现有数据进行分析的必要条件和参数。

其次，对现有数据进行详细的归类整理和系统分析，对同类数据进行转换，对不符合条件和参数的数据进行清理，同时将可供于挖掘的数据导入，有时还要从数据库的多个数据源中抽取相关联的数据并加以组合。

再次，建立数据挖掘的模型，为数据挖掘打造良好的基础框架。

最后，对数据挖掘进行评估，在不同的时段让系统对已发生的情况进行预测，然后比较预测结果和实际情况以验证模型的正确性。

企业内部的数据在经过这一系列的技术处理程序后就形成了一条完整的数据挖掘流程，企业就能够更高效率地对拥有大量数据的数据库进行分析。

（二）数据挖掘技术的应用

首先，消费者画像。企业可以基于消费者终端信息、位置信息、消费信息等丰富的数据，为每个消费者打上人口统计学特征、消费行为和兴趣爱好的标签，并借助数据挖掘技术进行消费者分群，完善消费者的360度画像，帮助运营商深入了解消费者的行为偏好和需求特征。

其次，精准营销和个性化推荐。企业在消费者画像的基础上对消费者特征进行深入理解，建立消费者与业务的精准匹配，满足消费者的需求，实现精准营销。利用消费者画像信息、消费者行为习惯偏好等，企业可以为消费者提供定制化的服务，优化产品和定价机制，实现个性化营销和服务，提升消费者的体验与感知。

最后，消费者生命周期管理。消费者生命周期管理包括新消费者获取、消费者成长、消费者成熟、消费者衰退和消费者离开五个阶段的管理。企业在消费者获取阶段，可以通过算法挖掘和发现高潜消费者；在消费者成长阶段，可以通过关联规则等算法进行交叉销售，提升消费者人均消费额；在消费者成熟期，可以通过大数据方法进行消费者分群并进行精准推荐，同时对不同消费者实施忠诚计划；在消费者衰退期，需要进行流失预警，提前发现高流失风险消费者，并进行相应的消费者关怀；在消费者离开阶段，可以通过大数据挖掘高潜回流消费者。

案例

沃尔玛对数据的挖掘

一般来说，啤酒和尿布是完全不同的产品。但是沃尔玛通过数据挖掘结果获知，在居民区中，尿布卖得好的店面啤酒也卖得很好。原因很简单，一般太太让先生下楼买尿布的时候，先生们都会犒劳自己两听啤酒，因此啤酒和尿布一起购买的机会是最多的。这是一个现代商场智能化信息分析系统发现的秘密，这个发现被公认是商业领域数据挖掘的诞生。

目前，沃尔玛中国公司与美国总部之间的联系和数据都是通过卫星来传送的。沃尔玛能够跨越多个渠道收集最详细的消费者信息，并且能够造就灵活、高速供应链的信息技术系统。当沃尔玛的商店规模成倍地增加时，它们不遗余力地向市场推广新技术。比较突出的是借助RFID（射频识别）技术，沃尔玛可以自动获得采购的订单，更重要的是，RFID系统能够在存货快用完时，自动给供应商发出采购的订单。通过信息共享，沃尔玛能和供应商们一起促进业务的发展，能帮助供应商在业务的不断扩张和成长中掌握更多的主动权。

沃尔玛的模式已经跨越了企业内部管理（ERP）和与外界“沟通”的范畴，形成了以自身为链主，链接生产厂商与消费者的全球供应链。沃尔玛能够参与到上游厂商的生产计划和控制中去，因此能够将消费者的意见迅速反映到生产中，按消费者的需求开发定制产品。

三、大数据在市场营销中的应用

随着大数据时代的到来，精准营销成为可能。

精准营销所需要的信息内容主要包括：顾客的基本属性信息，如年龄、性别、职业、收入和联系方式等基本信息；顾客在购买行为上的特征，通常包括顾客购买产品的类型、消费记录、顾客与企业的联络记录，以及顾客的消费偏好等；顾客行为的内在心理因素，包括满意度和忠诚度、对产品与服务的偏好或态度、流失倾向以及与企业之间的联络倾向等。

在网络条件下，随着数据存储能力、处理能力以及数据收集成本的下降，企业可以记录或者收集消费者在各种渠道、产品体验、购买产品、购买评价以及社会互动方面的行为数据。这些海量的大数据汇集起来，使得企业进行大数据的精准营销成为可能。企业通过大数据挖掘就可以发现消费者的行为偏好和消费习惯，从而可以准确根据每个消费者的不同消费习惯和偏好为其提供具体的、个性化的产品和服务。

例如，Netflix 在投拍《纸牌屋》之前，即通过大数据分析知道了潜在观众最喜欢的导演与演员，结果果然捕获了观众的心；《小时代》在预告片投放后，即从微博上通过大数据分析得知其电影的主要观众群为“90 后”女性，因此后续的营销活动主要针对这些人群展开。

又如，通信运营商基于客户画像上对客户特征的深入理解，建立客户与业务、资费套餐、终端类型、在用网络的精准匹配，并在推送渠道、推送时机、推送方式上满足客户的需求，实现精准营销。如企业可以利用大数据分析用户的终端偏好和消费能力，预测用户的换机时间尤其是合约机到期时间，并捕捉用户最近的特征事件，从而预测用户购买终端的真正需求，通过短信、呼叫中心、营业厅等多种渠道推送相关的营销信息到用户手中。此外，利用客户画像信息、客户终端信息、客户行为习惯偏好等，运营商可以为客户提供定制化的服务，优化产品、流量套餐和定价机制，实现个性化营销和服务，提升客户的体验与感知；或者在应用商城和电商平台实现个性化推荐，在社交网络推荐感兴趣的好友。

通过大数据，更多消费者的影像越发清晰，市场调研工作正逐渐被大数据所取代。例如，当你关闭广告时，你在第几秒关闭了广告，你关闭了什么样的广告，你第几次关闭了这样的广告，都会被系统记录在案，然后进行深度挖掘。随着浏览的增多，你会发现，视频里的广告越来越贴近你的需求，这就是大数据的威力。

传统营销中，运用大众传媒开展大规模促销活动，容易引起竞争者的对抗行为，削弱促销的效果。通过数据挖掘技术，在海量的消费者资料中筛选出对公司有价值的信息，对消费者行为模式与消费者价值进行准确的判断与分析，容易找到与公司自身产品和品牌定位相匹配的客户，从而减少企业在市场推广和营销上的无效投资，提高营销的精准度。此外，由于无须借助大众宣传的方式而比较隐秘，企业就减少了竞争对手的注意度，有效地避免了“促销战”“价格战”等公开的对抗行为，容易达到预期的促销效果。

例如，Facebook 在互联网上通过追踪 cookies 来追踪它的用户，若用户在登录 Facebook 的同时浏览网页，它就能跟踪到其用户正在访问的网站地址，通过 Facebook 里添加的标签，能够对用户的图像进行画面处理和面部识别，通过分析用户在 Facebook 点过的“赞”，就能精准预测其在一定范围内的个人特性，这包括预测用户的个性取向、对生活的满意度、智力水平、情感的稳定性、宗教、酒精以及药物的摄入情况、情感状态、年龄、性别、种族以及政治观点等方面的信息。企业可以通过访问 Facebook 主题数据研究顾客群，获得更多的社会领域数据，进一步绘制品牌受众地图和进行品牌内容评估，从而实现精准的一对一营销，进行准确的广告推送和消费者开发。

案例

吉之岛：挖掘消费者价值的金矿[1]

与家乐福、沃尔玛等外资超市相比，吉之岛很另类，它承袭了日本的经营定位，很少宣称自己的产品是"最低价"，也从来不打价格战，并坚称"面向中高端的消费者"。通过对数据的深耕，吉之岛实现了销售额和利润率的大幅提升。

精准定位会员

对于零售业来说，为了提高营业额，最常采用的营销手段是张贴海报，以及在节假日推出打折活动。"这些活动其实没有任何的针对性，所有人都接受同样的信息。"三浦隆司说。

2008 年，广东吉之岛尝试推广会员卡。经过一年的积累，吉之岛的会员发展到了 10 多万人，并按照消费级别分为金卡、银卡和普卡三类会员，年消费达到 2.4 万元以上的会员到 2009 年自动成为金卡会员，而 1.2 万～2.4 万元之间的消费者为银卡会员，1.2 万元以下的消费者则为普卡会员。

吉之岛最初推行会员卡是希望增强消费者对吉之岛的认可度，同时，会员可以通过积分换购产品，并可以参加一些优惠活动。但是，三浦隆司并不满足于此，他希望从会员数据中挖掘出更大的价值，"他提出尝试基于 RFM 模型的消费者关系管理，这让我们有了新的思路"。广州吉之岛的经理牛文甫介绍，2008 年年底的一天，三浦隆司向他提出了这个建议。

根据美国数据库营销研究所 Arthur Hughes 的研究，数据库中有三个不可忽略的要素，构成了数据分析最好的指标：最近一次消费（recency）、消费频率（frequency）、消费金额（monetary）。在牛文甫看来，与传统的分析维度相比，这三个数值是动态的，是一种更为高明的分析维度。

在传统消费者关系管理的分析维度里，消费者的年龄、收入、婚姻状况都会被纳入重点分析维度，目前仍有不少国内零售企业在应用这样的维度来定位消费者。"你把这些维度分析出来，就能提高消费者的忠诚度了。猛一听，好像有道理。"牛文甫说，"这些维度都是静态的，一个消费者 10 年来都来购物，就认定他喜欢你的产品，在市场变化和消费者需求的挖掘上还是少了点力度。"他进一步分析，对于人口流动非常频繁的广东地区来说，要对消费者最近一次到店的购买情况进行分析，这些数据才不会撒谎。

但是，牛文甫调查发现，国内并没有成熟的企业范例。当他们开始这项工作时，他们遇到了"最近一次消费（R）"的定义难题，他们最后将"消费频率"和"最近一次消费"结合起来，观察消费者的动态消费，如果消费者的到店频率降低，那么在系统里就会产生会员流失的预警。

消费频率（F）和消费金额（M）是最重要的两个指标，根据它们的定义，吉之岛将每个指标定义为五级，M 五级是吉之岛消费金额最高的金卡会员群，R 五级是最忠实会员群，通过这样的定义，吉之岛找到了最有价值的消费者，根据传统的"二八"原则所估值的会员，重新得到更清晰的定义。而对于贡献度较高的金卡、银卡会员，吉之岛则提供比普通会员更高的积分倍率。

而对于 F 值比较高的会员，吉之岛也能清晰了解到，哪些会员是与吉之岛联系紧密的会员，并通过其所购买的产品，预测其是否是附近的居民，从而在促销期间加强与他们的联系。

---

1 内容改编自网络。

“当我们将这三个指标结合起来，就发现了一些更有趣的会员了。”牛文甫解释说，单从 F 值来观察时，他们发现有些会员的到店频率非常低，可能并不属于忠诚会员。但是经过与 M 值相加比较，他们发现，部分会员每次到店都会采购很高金额的物品。一般来说，他们将这部分会员定位为团购性会员。

对于这部分会员，吉之岛在劳动节、端午节、中秋节等重大节日前夕会与这部分会员加强联系。而三个值的指标都是最低比值的会员，将被定义为“边缘会员”，营销部门也会把注意力转向更有价值的会员。通过 R、F、M 三个参数的分析，吉之岛最终可将会员划分为 124 个群，准确定位到需要的消费者群体，而不会在营销活动中迷失方向。

这样的定义在促销的时候派上了用场。例如，母亲节临近，吉之岛就可以定位目标会员，首次找出符合这一年龄层次的会员，其次根据 M 和 F 定义，将最有价值的会员挖掘出来。

基于更精确的会员数量，吉之岛推出了各种主题促销，如文具的促销、泰国食品节的促销等。而在传统的促销活动中，它也更能准确定位到目标消费者。通过诸如此类的精确定义，吉之岛找到了更精确的目标会员。

提升会员卡的使用频率

寻找到目标会员仅是吉之岛挖掘消费者价值的第一步，如何与他们沟通才是关键问题。

吉之岛发现，在中国市场，短信是最有效的手段。“短信是最直接快捷的方式，况且消费者申请会员时留了手机号码，我们为什么不利用呢？”牛文甫说。相比于 DM（Direct mail）直投、分众传媒以及报纸广告，短信的成本最低，每条短信只有几分钱的成本。除了盛大的节日时，吉之岛给所有会员发送信息，其他时候，吉之岛都会给目标会员发送短信。

虽然网络时代已经到来，电子邮件被越来越多的商家用于与消费者沟通，但是吉之岛并不青睐这种方式。牛文甫说：“垃圾邮件太多了，现在促销信息甚至也被纳入垃圾邮件，吉之岛也不希望与这样的负面信息联系在一起。”当然，营销部门也没有放弃传统的方式，他们也采用了到社区里张贴海报、在写字楼里投放分众传媒、在纸媒上做夹页广告等手段。

不过，和以往的不同之处在于，每一次促销活动结束后，吉之岛会根据收集到的会员消费数据，通过 CRM 系统，对每一次的促销活动进行效果评估。如果定位的目标消费者在促销期内购买相关产品的比例较低，说明这次促销主题的产品并没有吸引到这些会员，或者促销手段效果不好，这时营销部门会根据促销评估调整营销策略。

充分的会员消费数据是展开精确营销的可能。为此，每一个会员的刷卡频率是关键问题。吉之岛想了很多办法提高会员的刷卡频率：他们设定每个月的 20 日和 30 日为会员日，消费者这两天的消费将会获得双倍积分；在店庆期间和主题促销期间也会设置临时的会员日提供会员价。这样的措施还有很多，如每一位生日临近的会员，都会接到吉之岛的会员生日提醒短信，会员凭借会员卡，可以到服务台领取礼物。

有些举措同时在提高会员的购买上发挥显著作用。年底临近，吉之岛发短信给会员，并且提前一个月在网站主页设立提示信息，同时在店铺通过精美的户外广告展示和广播提示会员，上一年度的有效积分即将清零，鼓励会员进行积分换购和消费。

而有些举措则颇具吉之岛特色，如其一向热衷环保事业，只要消费者没有购买购物袋，将会被奖励环保积分。在这一点上，吉之岛认为在环保和公益上的理念的趋同，将会增加消费者对吉之岛的认可度。

在零售业的 CRM 应用中，基于产品的分析和对消费者的分析是两个流派——沃尔玛是基于产品分析的代表，信奉“购物篮”理论，其“尿布和啤酒”的案例一直为人们津津乐道，而乐购则是后者的代表。现在，吉之岛希望将两大营销流派融合起来。

牛文甫介绍，吉之岛试图根据产品的销售情况，再结合 *R*、*F*、*M* 指标里的消费者购买行为，进一步观察产品的消费数据：这些会员到门店来购买的是什么产品，这个月和上个月有什么变化，从而发现消费者的口味变化。吉之岛还希望通过数据挖掘得知哪些消费者是目前的主力消费者，其占到多大的比例，进而调整产品的采购计划。

思考题：

1. 消费者数据库中有哪几个重要指标？
2. 消费者数据库有什么作用？
3. 如何开展数据库营销？
4. 大数据的定义是什么？
5. 大数据在市场营销中怎样应用？

第十六章 品牌管理

引例：1碗牛肉面为何能卖1万新台币[1]

很多人都谈品牌，那么什么是品牌呢？品牌既要有专业力，又要有影响力。

美国十分有影响力的报纸《华尔街日报》曾经以“The World’s Most Expensive Noodles?（全世界最贵的面？）”为题花大篇幅报道了我国台湾小吃牛肉面。

这家面店位于台北东区，店里有40个座位，一碗面的最高价竟达324美元（1万新台币，合人民币约1973元）。虽然该餐馆也有比较便宜、只要200元新台币的普通牛肉面，但几乎每一天，都会有客人点最昂贵的牛肉面。

表面上看这碗牛肉面并没有什么特殊的地方：120克的面条、5块4英寸见方的牛肉和一块牛筋，还有一碗汤。据店老板介绍，面汤调和了牛筋汤、腰肉汤、牛骨汤等五六种汤头，而汤里除了一点儿酱油、冰糖和五香粉之外，没有其他作料。但就是这样一个看似与其他牛肉面没有什么差别的牛肉面却能卖到1万新台币1碗。

这是为什么呢？因为“专业力”和“影响力”。

表面上看，这是一碗普通的牛肉面，但这不是一般人能够做出的牛肉面。为了做出有个性的牛肉面，这位老板先跑遍中国的整个台湾地区，后又去了美、澳、新、日等十几个国家，尝遍了各地牛肉面；为了改善牛肉面的配方，这位老板花了15年的时间进行精心的研究和调制；为了改善牛肉的品质，他从日本、澳大利亚、美国和巴西（巴西提供的是牛筋）4个国家采购不同部位不同肉质的牛肉；为了炖出更香、更可口的牛肉，这位老板要将牛肉慢慢地炖上3天，每天晚上还要把肉捞出来冻上，好让肉能够更好地入味。

这就是我们说的专业力，它代表了精制和用心。并不是所有的人想这样做就能够这样做的。很多人不能做到精制和用心，并非态度的问题，而是专业水准不够。没有一定的专业功底，你是很难

---

1 内容改编自网络。

做到精制和用心的。

据说，这位老板询问光临本店的那些VIP食客——其中有台湾本地的名人，他们愿意为本店最好的牛肉面掏多少钱？最普遍的回答是：1万新台币一碗。他们并非是为这碗牛肉面，而是愿意为老板的“专业力”付出这么高的价钱。

据这家牛肉店的老板介绍，他的面馆除了有台湾本地的食客外，还有许多慕名而来的观光客，更有一些政治界、影视界、企业界的知名人士，包括一些国家政府首脑，甚至连法国的米其林三星名厨、日本米其林三星主厨神田裕行，都曾是这家牛肉面店的座上宾。

著名企业家冯仑去台湾的时候也慕名去了这家店，当时他在那儿吃的时候，边上还来了三个浙江人，他们点了一碗普通的牛肉面和一碗最贵的牛肉面。冯仑问他们怎么样，他们说，就想吃一下看看到底贵在哪儿。

随着收入水平的提高，消费者的需求层次也有了很大的变化。面对日益繁荣的市场，许多消费者产生了渴望品牌的需求。此外，品牌还充当着企业与消费者联系情感的纽带。因此，企业应当重视塑造品牌、维护品牌。

第一节 品牌的作用

一、品牌对企业的作用

（一）塑造企业形象

品牌是企业的无形资产和无价之宝，是企业生存发展的主要依托，有利于塑造企业的形象，提高企业的知名度、信赖度，是企业开拓、占领市场的标签和通行证。

（二）获得法律保护

品牌是品牌主的一种无形资产，品牌一旦进行商标注册，就对品牌主的这种资产具有法律保护作用，企业即可以利用法律武器防止和打击品牌假冒抄袭行为。

（三）有利于拓展市场

借助已成名的品牌，企业可以迅速地开拓新市场，并且节省大量的推广费用，还可以扩大产品组合或延伸产品线，推出新产品，并可有效降低宣传新产品的成本。服务品牌一旦塑造成功，企业就可以通过连锁店、联营、合作等方式，拓展渠道，扩大规模。例如，麦当劳、万豪、希尔顿等通过连锁经营，实现了规模经营、跨国经营。

（四）有利于形成消费者忠诚

品牌一旦创建成功就像竖起了一道屏障，如果消费者习惯并认可了现有的品牌，对其他品牌就很可能会采取抵制或不配合的态度，这有效地阻止了消费者向其他品牌的转移。

（五）有利于吸引和激励人才

品牌可以很好地吸引员工，因为效力于一个优秀的品牌意味着良好的发展空间和机会，品牌还可以激励员工，因为效力于一个优秀品牌可以使员工获得自豪感。

IBM 公司所提供的工资和福利在同行业中并不是最高的，但是计算机行业内却有很多高级人才对 IBM 公司“情有独钟”，原因就在于 IBM 公司本身所具有的品牌效应。对于从事计算机行业的从业人员而言，能进入像 IBM 这样的一流公司，本身就是对能力的一种认同。

一流品牌的员工也会对自己有着卓尔不凡的自信，这样的自信将促使其更加用心地工作，从而提高绩效。

二、品牌对消费者的作用

（一）识别作用

品牌是一种无形的识别器，如果品牌已经在消费者之间形成了口碑，拥有良好的声誉，那么消费者就不需要花很多精力和时间进行比较而可以放心地选择。

品牌代表着企业的经营特色、质量管理、产品形象等。如果品牌在消费者心目中已形成良好的印象，就为消费者选择提供了一个可靠的依据，易使消费者在种类繁多的产品中很快做出选择，认牌购买。

当消费者对产品的安全和质量要求很高时（如给婴儿购买护理产品）或者当消费者难以事先评估产品（如计算机、音响等高科技产品）的性能时，品牌的作用便尤为突出。因为品牌能够让消费者信任、放心，尤其是久负盛名的品牌更能增强消费者购买的信心。

有时候，当我们不是为个人购买产品，而是为团体或单位购买产品时，购买名牌产品就显得更为重要。因为，假如你购买的产品出问题了，如果购买的是知名品牌的产品，你一般不会受到质疑；如果你购买的是杂牌，人们可能会对你有很多疑问。所以，在美国，人们常说“购买 IBM 产品的雇员永远不会被解雇”。

（二）契约作用

品牌是一份合同，是一个保证，是一种承诺。无论购买地点在哪里、无论分销形式如何，品牌向消费者提供了一种统一的标准，减少了消费者可能冒的风险，能够更好地维护消费者的利益。

（三）提升形象的作用

品牌不仅有利于维护消费者的利益，还有助于提升消费者的形象，特别是有些产品的购买被称为社会地位标志性的购买，如服装、酒、汽车等，由品牌产生的附加值是根本性的，起着绝对的作用。品牌将自己的身份传递到人们的身上，提高了使用它或消费它的人的身价，给人们带来心理上、精神上更高层次和最大限度的满足。因此，无论是 IBM 还是 GE，或者耐克、National，它们都受到了消费者的追捧，唤起了无数消费者的购买热情。

第二节　品牌识别的设计

品牌识别的设计就是企业要设计出合适的品牌名称和标识。

企业的品牌名称和标识既要容易识别，又要突出特色，此外，要对品牌进行完美的诠释，同时还要易于传播。

一、品牌的命名

品牌名称是品牌中可以用语言表达的部分，通常由文字、数字组成。

（一）品牌名称的作用

品牌名称是品牌的第一要素，在品牌要素中处于中心地位。企业要打造一个强势的品牌，首先要给品牌确定一个好名称，好的名称容易在消费者心中留下深刻的印象，有助于品牌形象的塑造与传播，也就容易打开市场销路。

（二）品牌命名的原则

品牌命名是指企业为了能更好地塑造品牌形象、丰富品牌内涵、提升品牌知名度而为品牌确定名称。品牌命名不仅要考虑到属性、行业历史、品牌定位、品牌联想，而且要考虑到目标市场的文化、价值观，风俗习惯与信仰，法律、政治环境与民族情结等因素。

例如，取个好念、好记、雅致而令人感觉菜品美味的店名往往是餐馆生意兴隆的第一步。如果食客是以年轻人为主，店名就要时髦一点、洋化一点，英文店名也无妨；如果食客是以中老年人为主，而且卖的是乡土食品，就取个充满乡土气息的店名。以地名作为店名，可以突出当地特色的食物。

一般来说，品牌命名要遵循受法律保护原则、简单易记原则、新颖独特原则、暗示功能属性原则等。

1. 受法律保护原则

品牌名称受到法律保护是品牌被保护的根本，因此品牌的命名要考虑该品牌名称是否侵权、能不能注册成功。再好的名称，如果不能注册，就得不到法律的保护。所以，企业要查询是否已有相同或相近的品牌名称，如果有，则必须重新命名。

2. 简单易记原则

品牌命名应简单明了、形象生动，易于发音、记忆，易为消费者辨认和识别。因为心理学研究表明，人的注意力、记忆力难以容纳五个以上的要素，简单的名称比较容易编码和储存，能够起到促进记忆的功效，如平安保险、王府井百货等，有些公司还干脆运用缩写塑造简洁的名称，如 AIG、IBM、SONY 等。再如，肯德基是世界最大的炸鸡快餐连锁企业，其标识 KFC 是英文 Kentucky Fried Chicken 的缩写，它已在全球范围内成为有口皆碑的著名品牌。

3. 新颖独特原则

品牌命名应在能够显示产品的品质或能够带来利益的前提下与众不同，应达到使自己在同类中具有万绿丛中一点红的效果，因此，新颖性和独特性无疑是品牌命名的重要原则，如“雅虎”“搜狐”“搜狗”等都是新颖独特的好名称。当然，使用业界不太熟悉的词语也有助于增强品牌名称的独特性，如麦当劳、摩根等。

台湾餐饮业有不少稀奇古怪的店牌名，这些店牌名至少有三个优点：一是鲜明地点出内容，如“横行霸道螃蟹屋”“蒸的不要炒”“老婆的菜”等。二是显示正宗，让消费者放心，如“木瓜牛奶大王”“老地方鲨鱼大王”“馄饨大王”等。三是用怀旧色彩来吸引老年人目标市场，如“太白遗风”“颐养天年”“槟榔”“水浒传饭店”“浣溪茶室”等。这些餐饮店已经成为台湾众多老年人重温乡土逸趣和叙旧之境的绝佳之所。

4. 暗示功能属性原则

品牌名称应与产品的功能、特征及优点相吻合、相协调，如联邦快递等，巧妙地将品牌名称与产品属性联系起来。此外，不同的业态定位不同的消费者，因此必须在品牌上有区别。如果不同的经营业态采用相同的品牌，则无法让消费者对品牌建立起清晰的印象。例如，联华超市将大型、中型和小型超市分别设立了不同的品牌，大型超市被称为世纪联华、中型超市被称为联华超市、小型超市被称为快客。

5. 符合文化习俗原则

不同国家或地区的消费者因民族文化、宗教信仰、风俗习惯和语言文字等存在差异，对同一品牌名称的认知和联想是截然不同的。因此，品牌名称要适应目标市场的文化习俗，以免影响品牌的发展。在经济全球化的趋势下，品牌名称应具有世界性、符合全球通用的原则。

例如，“海尔”以及其英文译名“Haier”没有什么特别的意思，是个中性的词汇，可以根据各个国家的具体国情很好地融入进去。在讲英文的国家，其读音类似 higher，意为更高的，正好与一首英文流行歌曲的歌名完全一样，因此很快就能被人接受。

6. 启发品牌联想原则

正如人的名字普遍带有某种寓意一样，品牌名称也应包含与产品相关的寓意，让消费者能从中得到有关产品的愉快联想，进而产生对品牌的认知或偏好。例如，“香格里拉”能代表气氛优雅的世外桃源。

7. 赋予品牌自由延伸的原则

好的名称应该赋予品牌一定的延伸空间，使品牌能够顺利扩展到其他领域上。例如，亚马逊最初以网上书店开始业务，但其名称为其将来扩展到其他业务提供了延伸的空间，现如今其业务范围已扩展到了玩具、服装、饰品、护肤品、数码产品等。

二、品牌标志的设计

品牌标志是指品牌中可以被识别，但不能用语言表达的部分，是构成品牌的要素。恰当的品牌标志能达到更好的品牌效果，如麦当劳的金色拱门。

（一）品牌标志的作用

1. 形象识别作用

识别是品牌标志的基本作用，因为标志的存在就是为了将其所代表的事物的特征、文化内涵等以形象化的表现传递给社会公众，并进行有效沟通，从而取得社会公众的认同。所以，标志符号的造型、色彩、联想和暗示应与所属对象的风格相一致。

例如，在琳琅满目的货架上，我们看到“两只小鸟在巢旁”，就能知道这是雀巢咖啡（Nestle）。

2. 沟通作用

随着销售活动的展开，品牌标志和企业的名声会借助消费者的口碑在市场上流行开来，所以，品牌标志又被誉为无声的推销员。

品牌标志在信息沟通方面早已超越了语言、文字的限制。在国际间交往日益频繁的今天，品牌标志符号以其独有的特质——形象、生动、直观，赢得了个人、组织、企业，乃至国家的信任。

例如，“蓝天白鹭”是厦航的航徽，也是厦航注册的图形商标。它的图形含义是，昂首矫健的白鹭在蓝天中振翅高飞，展示了厦航“团结拼搏、开拓奋飞”的精神，象征吉祥、幸福永伴宾客。“蓝天白鹭”图形作为厦航形象的重要组成部分和代表，自确定之日起，便得到广泛的应用、保护和推广，并越来越多地得到广大消费者的认可和喜爱。早在 1999 年，“蓝天白鹭”商标便被认定为福建省著名商标，是当时福建省唯一的行业著名商标。2007 年“蓝天白鹭”商标被国家工商总局认定为中国驰名商标，实现了品牌增值。

3. 保护作用

从法律的角度来讲，品牌标志属于知识产权的重要组成部分，是企业、组织和个人等参与市场竞争的有力武器和无形财产。所以，品牌标志一经注册，就成为了知识产权国际条约的重要保护对象。

（二）品牌标志的设计原则

1. 简单明了

品牌标志设计的首要原则就是简洁醒目、容易记忆。纵观知名品牌，其品牌标志都十分简单，有些大家随手就能画得出来。例如，麦当劳的“M”出现在全球 70 多个国家和地区，成为了人们喜爱的快餐标志。

2. 传达品牌的象征意义

品牌标志应能够向消费者传达某种含义，以便让消费者容易了解该品牌是从事何种行业，或有什么样的属性、特点。

例如，华夏银行利用搏击四海、升腾向上的龙来体现它根植中华五千年文化的精髓，永创一流，努力成为现代化、国际化商业银行的雄姿。

案例

“老凤祥”的标志[1]

创建于清道光二十八年（公元 1848 年）的老凤祥银楼，有着悠久的历史文化，是中国首饰业的

1 何民浩. 百年“老凤祥”——“老凤祥”品牌的发展研究[J]. 上海经济，2010.08.

世纪品牌。伴随着历史沧桑的巨变，经历了百年风雨的洗礼，老凤祥以丰富的经验和青春的活力打造了一条“传承经典、创新时尚”的品牌之路。

关于“老凤祥”三字的来历，据曾在老凤祥银楼从业的业主后裔费诚昌先生说，银楼招牌犹如人的脸面，它要给人一种良好的印象，因此给它“画脸”是颇费心思的。“老凤祥”三个字包含两层意义，“老”是表示资历深厚，足以让人信赖，“凤祥”则是表示女性至美的象征，并喻示它给人们带来吉祥如意。老凤祥银楼金灿灿的中国凤及配字的标志，正是象形标志与寓意性标志的相互结合，很好地诠释、代表了百年珠宝老店的品牌形象。

老凤祥依托原有银楼的黄金饰品发展老凤祥各类珠宝首饰品牌，这一营销举措即为典型的品牌延伸，它不仅为老凤祥在首饰以及旅游纪念品行业开辟了新的市场，同时也增加了原有珠宝品牌的知名度。

如今，“老凤祥”已先后荣登“中国驰名商标”“中国商业名牌”“中国名牌”“中国 500 强最具价值品牌”“亚洲品牌 500 强”“全球珠宝 100 强”等英雄榜。“老凤祥”的成功让我们看到了品牌名称与品牌标志对于一个企业的重要性，也让我们更有动力去进行品牌发展决策。

3. 新颖别致

品牌标志新颖别致是指要让消费者一看到该标志时就觉得其与众不同，不同于其他品牌标志的设计风格、特点，不落入俗套。许多成功的企业擅长借助于新颖别致、不落俗套的商标图案来引起人们的喜爱。

例如，美国的一家眼镜公司用三个英文字母“OIC”为商标，其商标构图很像一副眼镜，而将三个字母连读则仿佛是说“Oh，I see!”（啊，我看见了!）。这个创意真是新颖别致。

4. 体现品牌个性

体现品牌个性即在品牌的设计过程中体现出品牌的个性。

例如，肯德基标识中身着西装的山德士上校：满头的白发、亲切的笑容、闪烁的眼睛以及热情好客的为人、醒目的山羊胡须、独特的黑色领结和长者的眼镜，成为了肯德基的象征。这样一个形象给人以和蔼、亲切、温馨的感觉，吸引着大人和小孩。

又如，苹果公司避开了诸如微型计算机公司、国际计算机等时髦但却人人都会想到的名字，而选择一只被咬过的苹果作为商标图案。此商标向世人宣告苹果公司这样一个商标创意：他们不想把计算机神圣化、偶像化，要计算机为人带来快感和乐趣，而不是恐惧。这一创意表达了品牌的理想和目标，与计算机科学的宗旨不谋而合，立意奇特，具有深刻的品牌内涵。它善于革自己的命，或许这就是苹果的不同“凡”响。能够成为符号化信仰的品牌，在全世界没有几个，苹果就是其中一个。2011 年，美国城市商业日报负责评选的第八届《美国最佳品牌》中，苹果继 2008 年获得“美国最佳品牌称号”后再次获得此项荣誉。

5. 具有艺术性

品牌标志常常伴随着某项活动出现在建筑物、旗帜、交通工具、服装、产品等上面，因此，品牌标志的设计必须美观，具有艺术感染力，要通过标志符号本身的美感赢得受众的好感，能够创造品牌认知、品牌联想和消费者的品牌偏好。

第三节 品牌的塑造与维护

一、品牌的塑造

品牌塑造的目标是打造和提升品牌的知名度、美誉度和忠诚度。

一个品牌的知名度通常需要经过历史积淀逐渐形成，但企业也可以运用传播手段使其在短期内得以迅速提升。公众对品牌的美誉度与忠诚度则不是短期内可以形成的，而是要经过长期努力才能形成，而且是要受到公众普遍认可的。品牌是一个长期积淀的结果，不可能一蹴而就，企业更不可能急于求成。企业应当通过提供过硬质量的产品、不断的创新、独特的文化等来塑造品牌。

前文已经讲了质量与创新问题，这里我们阐述一下文化对塑造品牌的作用。

塑造品牌形象，文化是灵魂，因为文化构造着品牌的基因。产品可以复制，可以模仿，但是文化却难以复制，无法拷贝。从表面上看，品牌展现的是企业的名称、符号和标志，但实质上，品牌所表达和传递的是企业的价值观、理念和精神，也就是企业的文化。

企业的文化是企业在长期的对消费者提供产品或服务的过程中所形成的价值取向的总和，是企业的灵魂，是凝聚企业成员的精神力量，企业以此形成全体员工共同遵循的最高目标、价值标准、基本信念以及行为规范。如果说各种规章制度、守则等是规范员工行为的“有形规则”，那么，企业的文化则是作为一种“无形规则”存在于员工的意识中。企业的文化可以比喻为行为的“基因”，它提供了企业的核心价值观，告诉员工在企业里什么目标是最重要的，哪些是企业所提倡的和不提倡的，从而引导和塑造员工的态度和行为朝同一个方向努力。

一个没有文化的企业是没有生命力的，也是缺乏核心竞争力的。知名品牌就往往是靠优秀的品牌文化来支撑的。通观全世界的“老字号”企业，无一不具有魅力十足的文化。品牌文化是结晶在品牌中的经营观、价值观、审美观的总和，具有超越本身的使用价值而更能区别于其他竞争者的禀赋。为此，企业要加强品牌的文化建设，打造独特的品牌文化。品牌文化应该由价值文化、经营文化和形象文化构成。

价值文化是品牌经营者对品牌的使命和终极价值的认知，是企业在经营品牌过程中形成的价值理念，它决定品牌经营团队的意志、行为规范和群体风格，使消费者感受到其隐含的效率、乐趣、卓越、地位、道德、尊严和精神风貌等特征。例如，中国邮政 EMS 的“全心、全速、全球”，麦当劳的“质量、清洁、价值”，家乐福的“开心购物”等。又如，麦当劳一向强调其快乐文化，每个餐厅里都有一个专门的区域——生日 party 区，在这个区域里，贴着各种生日快乐的可爱图片，并装饰着小朋友喜欢的卡通人物。整个区域散发出快乐的气息，特别能够赢得小朋友们的喜爱。再如，美国西南航空公司的一线员工想尽办法协助旅客打发候机时的无聊，和旅客一起比比看谁的驾照上的照片最丑，或者大家投票选举谁有过最糟糕的经历，甚至比赛看谁能倒立以双手走路且走得最快等；除上述活动外，还可能有口琴吹奏、脱口秀、袜子破洞比赛、以袋子装满苹果分送小朋友等活动。

经营文化是品牌经营者影响品牌成长和强大的经营观念和行为准则，包括品牌的质量观念、市场观念、技术观念、人才观念等。例如，北京同仁堂走过三百多年的历程，始终没有放弃“炮制虽繁必不敢省人工，品味虽贵必不敢减物力”的规训，坚持传统的制药特色，以质量优良、疗效显著使其品牌延绵流传。又如，美国《国家地理》杂志以“增进和普及地理知识”为宗旨，其作品中弥漫着追求冒险、质量、创新的文化气息，历经一百多年的发展，现在它在美国的发行量仅次于《电视指南》和《读者文摘》，并拥有多种文字的海外版本。拥有百年历史的吉野家，以诚信为本，用“良心品质”的价值观来约束员工的行为——所有食品原料均是经过精心挑选的上等材料，以确保食物品质能一直保持高水平，让消费者吃得更安心、放心。正是在相同价值观的引导下，吉野家的全体员工才能用心执行标准、专注于本职工作。

形象文化是品牌经营者通过标识、广告、营销等营造出品牌主题和品牌风格，给消费者提供一种直观的感受。例如，中国银行发布的“止，而后观；竹动、风动、有节、情义不动”和“源远流长”的储蓄广告，以“竹”为喻和以“江河”为喻，生动地体现了中华民族传统文化中节俭的优秀美德。

案例

沃尔玛的文化

零售业巨头沃尔玛公司的文化是：“不仅为消费者提供最好的，而且具有传奇色彩。”

首先，沃尔玛树立了“帮消费者节省每一分钱”的宗旨，而且实现了价格最便宜的承诺。因此，在早期经营中，山姆亲自去寻找便宜的货物，然后用车拉到店里来卖。在他的商店里，每天都有大量“超低价”的产品零散地堆放于店面，这种极度简单的做法给了消费者最直接的印象，超低的价格使它的产品得以在最短时间内被一扫而空。

其次，走进沃尔玛，消费者便可以亲身体验宾至如归的感觉。消费者走进任何一间沃尔玛店，其店员立刻就会出现在你面前，笑脸相迎。店内贴有这样的标语“我们争取做到每件产品都让您满意!”消费者如果对在这里购买的任何产品不满意，可以在一个月内将其退还商店，并可获得全部货款。沃尔玛把超一流看成是自己至高无上的职责，这源自于沃尔顿的成功经营法则之一：超越消费者的期望，他们就会一再光临！沃尔玛还推行“一站式”购物新概念——消费者可以在最短的时间内以最快的速度购齐所有需要的产品，正是这种快捷便利的购物方式吸引了现代消费者。

最后，沃尔玛还有许多“超值”理念，包括“日落原则”“比满意还满意原则”“10 步原则”等。“日落原则”是指当天的工作必须在当天日落之前完成，对于消费者的要求，要在当天予以满足，决不拖延。“比满意还满意的原则”，公司创始人沃尔顿对此的解释是，“让我们成为消费者最好的朋友，微笑着迎接光顾本店的所有消费者，尽可能提供能给予的帮助，不断改进，这种做法甚至超过了消费者原来的期望，或者是比消费者在其他任何商店体验得更多更好”。“10 步原则”是指只要消费者出现在沃尔玛员工 10 步距离的范围内，员工就必须主动上前打招呼，并询问是否需要什么帮助。

总之，沃尔玛的文化在于不断地了解消费者的需要，设身处地为消费者着想，最大程度地为消费者提供方便。在很多沃尔玛店内都悬挂着这样的标语：（1）消费者永远是对的；（2）消费者如有错误，请参看第一条。这是沃尔玛消费者至上原则的一个生动写照。

二、品牌的维护

品牌是企业在消费者信任的基础上形成的无形资产，一旦失去消费者的信任，其品牌价值便会一落千丈。所以，好的品牌需要悉心维护，否则形象就会受损。珍惜品牌、爱护品牌、发展品牌应深入、持久地开展下去。

品牌维护是品牌战略的重要保障，可以分为经营维护和法律维护两种。

（一）经营维护

1. 守法经营

良好的品牌形象来自于日常的品牌经营，面对激烈的市场竞争，企业要采取合理、合法的竞争手段，不可不择手段进行竞争，否则会影响品牌在公众和消费者心目中的形象。

2. 诚信经营

良好的品牌形象要靠企业良好的信誉来支撑。为此，企业要树立信誉至上的观念，持之以恒地提供优质产品和服务，这样才能赢得消费者对品牌的信任。

当今世界前500强的跨国公司中，很多是“百年企业”，它们之所以经久不衰，关键是在长期的经营过程中形成了良好的信誉。

3. 保守品牌秘密

品牌的特色往往是由品牌的技术、诀窍、秘方和特殊工艺支撑的，因此，企业应加大对知识产权的保护，控制品牌的机密。

如今，经济情报已经成为商业间谍的主要目标，资料显示，世界上每一项新技术、新发明的领域中，有40%左右的内容是通过各种情报手段获得的，而许多经济间谍正是打着参观的幌子来盗取情报的。所以，企业必须保护好品牌的秘密，防止技术秘密外泄。

4. 讲究经营策略

俗话说，“创业难、守业更难”，只有不断丰富和提高产品的性能及技术含量，才能塑造品牌的良好形象，永葆品牌的活力。此外，良好的品牌形象要求企业对降价及促销要谨慎，因为不当的降价或促销会影响到品牌形象。

（二）法律维护

法律维护主要是打假、防伪，企业要注意采用法律的手段维护品牌的纯洁性和不受侵害。

首先，企业要将品牌名称和标识依法登记注册，以防止被抢注和盗用，不但要在国内注册，而且还要在企业的其他相关国家与地区进行商标注册。

例如，23℃是最适宜人活动的环境温度，武汉分行创办出独特的“23℃金融品牌”，通过体贴入微的银行服务，为消费者营造最佳心理舒适度，该品牌被当地权威媒体评为最佳品牌，也进行了国家工商总局注册。

据新华网湖北频道报道：为防其他旅行社“抄袭”，武汉风光旅行社将“千名老人下江南”线路向工商部门申请注册商标。武汉风光旅行社总经理夏长青向记者表示，注册商标实是迫于无奈。此前，他们在武汉办的青岛军事夏令营反响良好，不想市场上马上就出现了类似夏令营，他们的后期计划因此而夭折。后来，他们又办起了“住北大，看清华”夏令营，马上，类似线路又在别家“菜单”上出现。这次他们设计的“千名老人下江南”线路，囊括了10个城市和景区，反响不错，但目前已成为市场上的“公用线路”。他只好向国家工商总局申请注册，希望能受到法律保护。

其次，企业可向消费者普及品牌知识，让消费者了解正宗的品牌，并与消费者结成联盟，协助有关部门打假，从而组成强大的维护品牌的社会监督体系和防护体系。

案例

“植物大战僵尸”

有一款叫作“植物大战僵尸”的移动互联网游戏应用，刚推出时非常火爆，该游戏借助着移动互联网，迅速占领市场，立刻成为各种游戏排行榜的冠军。虽然没过多久，各种“植物与僵尸”“植物大战××”或者“××大战僵尸”等游戏陆续出现。但由于知识产权的保护，没有人可以直接用“植物大战僵尸”的名字，也没有人可以直接用它的素材，所以谁都无法撼动“植物大战僵尸”的市场地位。从这个角度说，这款游戏取得如此好的市场效果，与其受到了知识产权的保护是分不开的。在取得了好成绩之后，这款游戏的开发商又开发了“植物大战僵尸 2”，同样成为消费者喜欢的一款游戏。

第四节　品牌策略

一、单一品牌策略

单一品牌策略即企业所有产品都统一使用一个品牌名称。

例如，上好佳采用的就是单一品牌策略，上好佳以膨化食品建立和提升品牌知名度，然后再借助上好佳的品牌力进行品牌延伸，进入薯片、饼干、棉花糖、软硬糖果等其他休闲食品品类的市场，把上好佳打造成为休闲食品市场的强势品牌。

（一）单一品牌策略的优点

首先，单一品牌策略可使企业集中资源塑造一个品牌，并且获得“一荣俱荣”的优势。

例如，海尔采用的就是单一品牌组合策略。海尔从 1984 年起开始实施自己的品牌战略，从产品名牌到企业名牌，再发展到社会名牌，现在已经成功地树立了海尔的知名形象。海尔产品从单一冰箱发展到拥有白色家电、黑色家电、米色家电在内的 96 大门类 15100 多个规格的产品群，并出口到世界 1000 多个国家和地区，使用的全部是单一的海尔品牌。不仅如此，海尔也被作为企业名称和域名来使用，做到了“三位一体”。一个成功的海尔品牌，使得海尔的上万种产品成为名牌产品，单一品牌组合策略的优势尽显其中。

其次，单一品牌策略宣传成本低，可以降低广告费用，同时单一品牌策略能够借助已有的品牌力进行品牌延伸，从而可以节省品牌传播费用。

再次，单一品牌能集中体现企业的意志，容易形成市场竞争的核心要素，也使消费者认知程度高，可以避免消费者在认识上发生混淆。

最后，单一品牌策略可以降低品牌管理的成本，企业不需要在各品牌之间进行协调。

（二）单一品牌策略的缺点

首先，有“一损俱损”的劣势，如果品牌下的某一产品出现问题，那么这个问题产品就很可能会波及品牌下的其他产品。

其次，单一品牌缺少区分度，不易区分同一品牌的不同产品，不利于企业开发不同类型的产品。

最后，单一细分市场的规模毕竟有限，也就是说，企业如果仅推出单一品牌，它的市场份额终有遇到天花板的一天。

（三）子品牌策略

为了克服单一品牌策略的缺点，企业往往会采用子品牌策略，其具体方法是以一个已经树立起来的品牌作为头牌，涵盖企业的系列产品，同时又给不同产品起一个富有魅力的名字作为子品牌，以突出产品的个性形象。

以海尔为例，海尔虽然在所有的产品上都使用同一个头牌，但为了区分彼此的特点，仅就冰箱来说，就分为变频对开门的“领航系列”；变频冰箱“白马王子系列”和“彩晶系列”；计算机冰箱“数码王子系列”和“太空王子系列”；机械冰箱“超节能系列”和“金统帅系列”等。所以，仅冰箱这种产品在海尔名下就有 15 种子品牌。在家电行业使用子品牌已经成为行业的通行做法，这有效地划分了不同产品的功能和特点，使得每组产品的特点得到凸显，同时也弥补了单一品牌过于简单的缺点。

二、多品牌组合策略

一个企业同时经营两个以上相互独立、彼此没有联系的品牌名称就是多品牌策略。

例如，英国的联合利华公司每推出一个新产品就命名一个新品牌，是当今世界上拥有品牌数量最多的公司。

（一）多品牌组合策略的优点

首先，多品牌组合策略能够使企业在每一个细分市场建立清晰的品牌形象，从而充分做大每一个细分市场的规模，有利于企业获得更多的市场份额。

其次，各品牌之间看似竞争，但实际上很可能壮大了企业整体的竞争实力，几个品牌加起来的总销量往往比原来一个品牌时更多，增加了市场的总体占有率。

再次，多品牌组合策略“不把鸡蛋放在同一个篮子里”，可以分散风险，即使某个品牌出现问题了，也可以避免殃及其他品牌。

例如，达利集团就是使用旗下的三大品牌“达利园”“可比克”“好吃点”分别针对休闲食品中派、薯片和糕饼三个不同品类的细分市场，它们在原料采购、生产工艺、制作流程、渠道终端甚至包括品牌推广的促销套路上，都大同小异，因此，能够最大限度发挥各子品牌之间的协同效应。此外，在产品销售上，达利集团对不同的子品牌进行捆绑销售，从而节省了渠道开发成本，提高了现有渠道的利用和运营效率。另外，在终端货架上，达利集团同时陈列达利旗下不同子品牌的产品，一方面，能够占据更多的货架位置，利于产品的销量增加，打压同类竞争者；另一方面，也给消费者以该企业实力强的心理暗示。

（二）多品牌组合策略的缺点

首先，如果想成功打造多个品牌自然要有更多的投入；

其次，多个品牌之间的自我竞争，使企业难以集中力量创立名牌；

最后，品牌过多容易使消费者产生混淆，同时也加大了品牌管理的难度。

案例

宝洁公司的多品牌策略

宝洁公司是采用多品牌组合策略的代表。宝洁公司的原则是：如果某一个种类的市场还有空间，最好那些其他品牌也是宝洁公司的产品。宝洁公司的策略是不仅在不同种的产品上使用不同的商标，即使是在相同的产品上，由于功能的不同也使用不同的商标。

例如，在美国市场上，宝洁公司有 8 种洗衣粉品牌、6 种肥皂品牌、4 种洗发精品牌和 3 种牙膏品牌，每种品牌的特征描述都不一样。以洗发水为例，“飘柔”以柔顺为特长；“潘婷”以全面营养吸引公众；“海飞丝”则具有良好的去屑功能；“沙宣”强调的是亮泽。不同的消费者在洗发水的货架上可以自由选择，然而都没有脱离开宝洁公司的产品。因此宝洁公司的多品牌组合策略让它在各品类中拥有极高的市场占有率。当然，宝洁公司也为此付出了高昂的市场成本和管理成本。然而我们不能不说，宝洁公司是成功的，其旗下约300个品牌，在品牌战略中创造了一个奇迹。

三、品牌延伸策略

当一个企业的品牌在市场上取得成功后，该品牌则具有市场影响力，通过借助已有品牌的市场影响力，将人们对品牌的认识和评价扩展到品牌所要涵盖的新产品上会给企业创造超值利润。

品牌延伸是指企业将某一知名品牌或某一具有市场影响力的成功品牌扩展到与成名产品或原产品不尽相同的产品上，以凭借现有成功品牌推出新产品的过程。

（一）品牌延伸策略的优点

首先，品牌延伸有助于减少新产品的市场风险。品牌延伸使新产品一问世就已经品牌化，甚至获得了知名品牌赋予的勃勃生机，这可以大大缩短其被消费者认知、认同、接受、信任的过程，极为有效地防范了新产品的市场风险，并且可以节省巨额开支，有效地降低了新产品的成本费用。

其次，品牌延伸有益于降低新产品的市场导入费用。品牌延伸使得消费者对品牌原产品的高度信任感，有意或无意地传递到延伸的新产品上，促进消费者与延伸的新产品之间建立起信任关系，大大缩短了市场接受时间，降低了广告宣传费用。

最后，品牌延伸有助于强化品牌效应，增加品牌这一无形资产的经济价值。品牌原产品起初都是单一产品，品牌延伸效应可以使品牌从单一产品向多个领域辐射，就会使部分消费者认知、接受、信任本品牌的效应，从而强化品牌自身的美誉度、知名度，这样品牌这一无形资产也就会不断增值。

总之，品牌延伸策略可以使新产品借助成功品牌的市场信誉在节省促销费用的情况下顺利地占据市场。

（二）品牌延伸策略的缺点

首先，企业把强势品牌延伸到和原市场不相容或者毫不相干的产品上，有悖消费者的心理定位。这类不当的品牌延伸，不但没有什么成效，而且还会影响原有强势品牌在消费者心目中的特定心理定位。

其次，当一个名称代表两种甚至更多的有差异的产品时，必然会导致消费者对产品的认知模糊化。当延伸品牌的产品在市场竞争中处于绝对优势时，消费者就会把原强势品牌的心理定位转移到延伸品牌上。这样，就无形中削弱了原强势品牌的优势。

最后，将强势品牌名冠于别的产品上，如果不同产品在质量、档次上相差悬殊，这就会使原强势品牌产品和延伸品牌产品产生冲击，不仅损害了延伸产品，还会株连原强势品牌。

总之，品牌延伸策略把握不准或运用不当，会给企业带来诸多方面的危害。

思考题：

1. 品牌对企业有什么作用？
2. 品牌对消费者有什么作用？
3. 品牌名称有什么作用？品牌命名的原则是什么？
4. 品牌标志有什么作用？品牌标志的设计原则是什么？
5. 如何塑造品牌？文化对品牌塑造有什么作用？
6. 如何维护品牌？
7. 什么是单一品牌策略？其优缺点是什么？
8. 什么是多品牌组合策略？其优缺点是什么？
9. 什么是品牌延伸策略？其优缺点是什么？

第十七章 客户关系管理[1]

引例：联想公司运用微信公众平台与客户沟通

联想公司在2013年的一季度末推出了基于微信公众平台的官方微信客服中心系统，沟通模式有文字、语音和视频，用户可以自由选择与联想售后工作人员的沟通方式，这个系统比之前的呼叫中心系统具有更多的优势。

例如，用户之前通过电话咨询所描述不清的一些问题，现在可以马上方便地拍一张照片，或者录一段视频直接发送给工作人员，提高了解决问题的效率。还有一种情况，以前拨打电话与客服沟通时，用户经常会碰到"坐席忙，请等待"的现象。现在只要有微信，联想的客服就会在"身边"。

再如，送修或上门服务时，很多人可能在电话中通过语言无法说清楚自己的位置信息。现在用户可以直接向联想微信客服中心发送自己当前的"位置"。售后工作人员会直接将离用户最近的服务网点的位置信息发给用户，或者直接按照用户发送的"位置"上门服务，避免了走冤枉路。这样既节省了双方的时间，又提高了沟通的效率。

另外，过去用户与客服工作人员的沟通，通常较急躁，而微信所提供的一些搞笑、赞扬、求助等的表情图片，可以潜移默化地营造轻松友好的氛围。

联想客服中心利用微信公众平台的功能，将手机变成了客户沟通的主要载体，摆脱了空间的束缚，使得很多需要服务人员上门或者需要客户送修才能完成的服务，通过手机就可以全部完成，同时也使复杂的沟通变得简单到只需要动动手指就能完成。这一切都是充分利用了移动互联网的移动终端的优势，为用户带来了便捷、高效的沟通服务。

如今人们已经越来越深刻地认识到，市场竞争其实就是企业争夺客户的竞争，企业要实现赢利就必须依赖客户的捧场，要想在市场竞争中保持优势，就必须重视客户关系。

客户关系，顾名思义，就是指企业与客户之间相互作用、相互影响、相互联系的状态。

1 苏朝晖．客户关系管理[M]．北京：清华大学出版社，2015.

任何关系都可能有一个生命周期，即关系建立、关系发展、关系破裂、关系恢复或关系结束，客户关系也不例外。所以，客户关系管理的研究必须遵循企业管理客户关系的逻辑。

什么是企业管理客户关系的思路呢？首先，没有客户关系时，企业要努力去建立关系；其次，有了客户关系时，还要努力去维护这得来不易的关系；最后，当出现客户关系破裂时，要努力去修补、恢复关系。

IBM公司给客户关系管理的定义是：通过提高产品性能，增强客户服务，提高客户满意度，与客户建立起长期、稳定、相互信任的密切关系，从而为企业吸引新客户、维系老客户，提高效益和竞争优势。

可见，客户关系管理是一种经营哲学，是研究企业与客户建立关系、维护关系、挽救关系的科学，是管理学、营销学、社会学相结合的产物，它将管理的视野从企业内部延伸、扩展到企业外部，是企业管理理论发展的新领域。

第一节　客户关系的建立

客户关系的建立就是要让潜在客户和目标客户产生购买欲望并付诸行动，促使他们尽快成为企业的现实客户。客户关系的建立大致需要经过“认识客户”“选择客户”“开发客户”三个环节。

一、认识客户

“客户”包括个人，也包括组织，是指愿意以适当的价格购买产品或服务的人或组织。

“顾客”通常指个人消费者，美国著名学者菲利普·科特勒先生认为，顾客是“具有特定的需要或欲望，而且愿意通过交换来满足这种需要或欲望的人”。

此外，在西方企业看来，“顾客”是泛称、统称，是抽象的，是“没有名字的一张脸”，而“客户”的资料则详尽地记录在企业的信息库中，是非常具体的。企业与顾客的关系，只是企业把服务或产品卖给了顾客，而企业跟客户的关系，是企业需要照料和保护客户的利益。显然，“客户”比一般意义上的“顾客”与企业的关系更为亲近和亲密。

1. 客户的价值

客户的价值是指客户对企业的价值，它不单是指客户直接购买而为企业带来的利润贡献，而应该是客户为企业创造的所有价值的总和。

总的来说，客户的价值体现在以下几个方面。

（1）利润源泉

因为只有客户购买了企业的产品或者服务，才能使企业的利润得以实现，因此客户是企业利润的源泉，形象地说，客户是企业的“摇钱树”，是企业的“财神”，管好了客户就等于管好了“钱袋子”。

（2）聚客效应

一般来说，人们的从众心理都很强，总是喜欢锦上添花，追捧那些“热门”企业，这样，企业是否已经拥有大量的客户会成为人们选择企业的重要考虑因素。

形象地说，客户是播种机，因为满意和忠诚的客户会带来其他新的客户。也就是说，已经拥有较多客户的企业将容易吸引更多的新客户加盟，从而使企业的客户规模不断扩大。

如果没有老客户所带来的旺盛人气，很难想象企业能够源源不断地吸引新客户，企业也不可能长久地持续发展。

（3）信息价值

客户的信息价值是指客户为企业提供信息，从而使企业更有效、更有的放矢地开展经营活动所产生的价值。

这些基本信息包括：企业在建立客户档案时由客户无偿提供的信息；企业与客户进行双向、互动的沟通过程中，由客户以各种方式（如抱怨、建议、要求等）向企业提供的各类信息，包括客户需求信息、竞争对手信息、客户满意程度信息等。

企业是为客户服务的，检验服务优劣好坏的唯一标准就是客户评价，所以，形象地说，客户是整容镜，客户的意见、建议为企业的正确经营指明了方向，也为企业节省了收集信息的费用，而且为企业制订营销策略提供了真实、准确的一手资料，所以，客户给企业提供的信息也是一笔巨大财富。

（4）口碑价值

客户的口碑价值是指由于满意的客户向他人宣传本企业的产品或者服务，从而吸引更多新客户的加盟，而使企业销售增长、收益增加所创造的价值。

形象地说，客户是宣传队，他们会对其他人诉说正面或者负面的评价，从而影响他人对企业的兴趣和期望。

研究表明，在客户购买决策的信息来源中，口碑传播的可信度最大，远胜过商业广告和公共宣传对客户购买决策的影响。因此，客户主动的推荐和口碑传播会使企业的知名度和美誉度迅速提升。

充分发挥和利用客户的口碑价值，还可以降低企业的广告和宣传费用。

（5）对付竞争的利器

在产品与服务供过于求，买方市场日渐形成的今天，客户对产品或者品牌的选择自由度越来越大，企业间的竞争已经从产品的竞争转向对有限的客户资源的争夺，尽管当前企业间的竞争更多地表现为品牌竞争、价格竞争、广告竞争等，但实质上都是在争夺客户。业务流程重组的创始人哈默先生就曾说："所谓新经济，就是客户经济。"

技术、资金、管理、土地、人力、信息等，可以很快、很容易地被竞争对手模仿或者购买，然而，企业拥有的"客户"却很难被竞争对手模仿或者购买，客户忠诚一旦形成，竞争对手往往要花费数倍的代价来"挖墙脚"（挖客户）。因此，从根本上说，一个企业的竞争力有多强，不仅要看技术、看资金、看管理，更为关键的是要看它到底拥有多少忠诚的客户，特别是拥有多少忠诚的优质客户。

此外，企业如果拥有的客户越多，就越可能获得规模效应，就越可能降低企业为客户提供产品或者服务的成本，这样企业就能以等量的费用比竞争对手更好地为客户提供更高价值的产品或服务，提高客户满意度，从而在激烈的竞争中处于领先地位，有效地战胜竞争对手。同时，如果企业拥有的客户众多，还会给其他企业带来较高的进入壁垒——"蛋糕"（市场份额）就那么大，你拥有的客户多了，意味着其他企业占有的客户就少了。

可以说，忠诚、庞大的客户队伍是企业从容面对市场风云变幻的基石。

2. 客户的状态

（1）潜在客户

潜在客户是指对企业的产品或服务有需求和购买动机，有可能但还没有产生购买的人群。例如，已经怀孕的母亲就是婴幼儿产品的潜在客户。

（2）目标客户

目标客户是企业经过挑选后确定的力图开发为现实客户的人群。例如，劳斯莱斯就把具有很高地位的社会名流或取得巨大成就的人士作为自己的目标客户。

潜在客户与目标客户的区别在于，潜在客户是指有可能购买但还没有购买的客户，目标客户则是企业主动“瞄上”的尚未有购买行动的客户，属于企业“单相思”的对象。当然，客户与企业可以一见钟情、相互欣赏、两情相悦，也就是说，潜在客户和目标客户是可以重叠或者部分重叠的。

（3）现实客户

现实客户是指已经购买了企业的产品或者服务的人群。

按照客户与企业之间关系的疏密，“现实客户”可被分为：初次购买客户、重复购买客户和忠诚客户三类。

（4）流失客户

流失客户是指曾经是企业的客户，但由于种种原因，现在不再购买企业的产品或服务的客户。

以上四种客户状态是可以相互转化的。例如，潜在客户或目标客户一旦采取购买行为，就变成企业的初次购买客户，初次购买客户如果经常购买同一企业的产品或者服务，就可能发展成为企业的重复购买客户，甚至成为忠诚客户；但是，初次购买客户、重复购买客户、忠诚客户也会因其他企业的更有诱惑的条件或因为对企业不满而成为流失客户；而流失客户如果被成功挽回，就可以直接成为重复购买客户或者忠诚客户，如果无法挽回，他们就将永远流失。

二、选择客户

在产品、服务极大丰富的今天，在买方占主导地位的市场条件下，一般来说，客户可以自由选择企业，而企业是不能够选择客户的，大多数时候，企业只能将客户当作上帝来看待，祈求客户的光顾与购买。

但是，我们从另外一个角度来看，即使在买方市场条件下，作为卖方的企业还是应当主动去选择自己的客户，这是因为，不是所有的购买者都是企业的客户，也不是所有的客户都能够给企业带来收益，成功开发客户、实现客户忠诚的前提是正确选择客户，而对客户不加选择可能造成企业定位模糊不清，不利于树立鲜明的企业形象。

因此，企业应当在茫茫人（客）海中选择属于自己的客户，而不应当以服务天下客户为己任，不可把所有的购买者都视为自己的目标客户。

1. 什么样的客户是“好客户”

菲利浦·科特勒将“好客户”定义为：能不断产生收入流的个人、家庭或公司，其为企业带来的长期收入应该超过企业长期吸引、销售和服务该客户所花费的可接受范围内的成本。

一般来说，“好客户”通常要满足以下几个方面的条件。

（1）购买欲望强烈、购买量大，有足够大的需求量来吸收企业提供的产品或者服务，特别是对企业的高利润产品的采购数量多；

（2）能够保证企业赢利，对价格的敏感度低，付款及时，有良好的信誉——信誉是合作的基础，不讲信誉的客户，条件再好也不能合作；

（3）服务成本较低，最好是不需要多少服务或对服务的要求低；

（4）经营风险小，具有成长性、核心竞争力，经营手段灵活、管理有章法、资金实力足、分销能力强大、与下家的合作关系良好，符合国家鼓励和支持的方向；

（5）愿意与企业建立长期的伙伴关系，忠诚度高，让企业做擅长的事，通过提出新的要求，友善地引导企业怎样超越现有的产品或服务，从而提高企业的服务水平。

总之，“好客户”指的是客户本身的“素质”好，对企业贡献大，至少其给企业带来的收入要比企业为其提供产品或者服务所花费的成本高。

2. 目标客户选择的五个指导思想

（1）选择与企业定位一致的客户

企业选择目标客户要从实际出发，要根据企业自身的定位和目标来选择经营对象，以选择与企业定位一致的目标客户为好。

（2）选择“好客户”

既然我们已经知道，客户天生就有优劣之分，有好坏的分别，那么，企业就应当选择“好客户”来经营，这样才能够给企业带来赢利。

（3）选择有潜力的客户

锦上添花不稀罕，雪中送炭才可贵！对于当前利润贡献低，但是有潜力的小客户，企业要积极提供支持和援助。尽管满足这些小客户的需求可能会降低企业的当前利润，甚至可能带来损失，但是企业应该而且必须接受眼前的暂时亏损，因为这是一只能够长成“大象”的“蚂蚁”！这样，潜力客户在企业的关照下成长壮大后，他们对企业的产品或者服务的需求也将随之膨胀，而且会知恩图报，对培养他们的企业有感情，有更强的忠诚度。在几乎所有优质客户都被各大企业瓜分殆尽的今天，这显然是培养优质客户的好途径。

（4）选择“门当户对”的客户

“低级别”的企业如果瞄上“高级别”的客户，由于双方的实力过于悬殊，企业对其服务的能力会不够，这样的客户不容易开发，即使最终开发成功，勉强建立了关系，以后的服务成本也一定较高，维持关系的难度也较大。

“高级别”企业如果瞄上“低级别”客户往往也会吃力不讨好——由于双方关注点“错位”，会造成双方不同步、不协调、不融洽，结果可能是不欢而散。

总之，客户并非越大越好，当然也不是越小越好，最好是双方的实力和规模相互匹配，看来“门当户对”是企业选择客户稳健和保险的指导思想——两者实力对等，才能相互制衡，才具有共同合作的基础。双向选择、对等选择应该是寻找“门当户对”的基本思路，而且 “双向选择”比“单相思”更可靠，建立在“两情相悦”“志趣相投”的基础上，自然，“白头偕老”就不在话下了。

（5）选择与“忠诚客户”具有相似特征的客户

我们知道，胳膊扭不过大腿，企业就好比胳膊，市场就好比大腿，有时候企业费尽心思，企图在市场中扮演某个角色，但是偏偏吃力不讨好，没有得到市场认同，可谓“落花有意，流水无情”，而且“强扭的瓜不甜”。

事实上，没有哪个企业能够满足所有客户的需求，但是，可能会有些客户认为企业提供的产品或服务比竞争对手的更好、更加“物有所值”而对企业很忠诚，这至少说明企业的特定优势能够满足这类客户的需求，同时也说明他们是企业容易建立关系和维持关系的客户。

假如“有心栽花花不开，无心插柳柳成荫”，那么企业就应当顺势而为，改“栽花”为“插柳”了——这是大势所趋的要求。

因此，选择与“忠诚客户”具有相似特征的客户好，这是因为实践证明开发和维系这样的客户相对容易，而且他们能够给企业不断地带来稳定的收益。

三、开发客户

对新企业来说，其首要的任务就是吸引和开发客户，对老企业来说，企业发展也需要源源不断地吸引和开发新客户。另外，根据一般经验，企业每年老客户的流失率为10%～30%，优质客户流失率会低一些，但企业要防止优质客户的变质。

所以，老企业在努力培养客户忠诚度的同时，还要不断寻求机会开发新客户，尤其是开发优质客户。这样，一方面可以弥补客户流失的缺口，另一方面可以壮大企业的客户队伍，提高企业的综合竞争力，增强企业的赢利能力，实现企业的可持续性发展。

开发客户就是企业将目标客户和潜在客户转化为现实客户的过程。企业开发客户的策略可分为营销导向的开发策略和推销导向的开发策略。

1. 营销导向的开发策略

所谓营销导向的开发策略，就是企业通过适当的产品、适当的价格、适当的分销渠道和适当的促销手段来吸引目标客户和潜在客户，从而将目标客户和潜在客户开发为现实客户的过程。

《曹刿论战》中说，“不战而屈人之兵乃上之上者也”，将这句话套用在企业中就是，不刻意地开发是客户开发的首选之策。

营销导向的开发策略的特点是“不求人”，是企业靠本身的产品、价格、分销和促销的特色来吸引客户，它能实现客户自己完成开发、主动和自愿地被开发，还很可能是客户满心欢喜、感激涕零、心花怒放地被开发，所以，营销导向的开发策略是客户开发的最高境界。

4C与4P不是对立面，4C是客户第一、以客户为中心的一种理念，4P是企业可操作的具体行动和策略。现代企业应当从4C着眼、从4P着手，将4C的思想落实到4P的实践中。

2. 推销导向的开发策略

所谓推销导向的开发策略，就是企业在自己的产品、价格、分销渠道和促销手段没有明显特色或者缺乏吸引力的情况下，通过积极的人员推销形式，引导或者劝说客户购买，从而将目标客户开发为企业的现实客户的过程。

企业运用推销导向的开发策略，首先要能够寻找到目标客户，其次是要想办法说服目标客户采取购买行动。

第二节　客户关系的维护

当前我国许多企业都把工作重心放在开发新客户上，这消耗了企业大部分的人力、物力和财力，然而企业却没有维护或者不善于维护客户关系，或者缺乏保留客户和实现客户忠诚的策略，因此，开发出来的客户很快就流失了，这给企业带来很大的损失。可见，企业固然要努力争取新客户，但维护老客户比争取新客户更加重要。

客户关系的维护是企业通过努力来巩固及进一步发展与客户长期、稳定关系的动态过程和策略。客户关系维护的目标就是要实现客户的忠诚，特别是要避免优质客户的流失，实现优质客户的忠诚，客户关系的维护不只是现有关系水平的维持问题，而且还是一个驱动客户关系水平不断升级发展的过程。

有人认为，客户关系的维护就是安装 CRM 软件，这是一种误解。的确，客户关系的维护需要计算机软件，但它们只是为企业进行客户关系的维护提供了一种手段，并不能代表客户关系的维护。还有人认为，客户关系的维护就是数据库管理，这也是一种误解，事实上，数据库只是帮助我们更有效地管理客户信息的工具，它同样不能替代客户关系的维护。

从根本上说，企业与客户是平等关系、协作关系、双赢关系，只有双方都愿意继续合作，这种关系才能维持。企业和客户建立的是情感关系、利益关系，而不只是技术关系，因而企业与客户关系的维护靠的不仅是技术，更重要的是靠情感和利益，靠客户和企业互动过程中的体验，这些光凭计算机软件或数据库技术是无法解决的、是无济于事的。

企业要维护客户关系，首先要想办法让客户满意，这就必须在全面掌握客户信息、对客户进行分级管理、与客户进行有效沟通的基础上，为客户提供优质的服务；其次，还要通过一些激励机制和约束机制才能最终实现客户的忠诚。

一、客户的信息

客户信息是企业决策的基础，是对客户进行分级管理的基础，是与客户沟通的基础，也是实现客户满意的基础，因此，企业应当重视和掌握客户的信息。

1. 收集客户信息的渠道

收集客户的信息只能从点点滴滴做起，可通过直接渠道和间接渠道来完成。

直接收集客户信息的渠道包括：在调查中获取客户信息，在营销活动中获取客户信息，在服务过程中获取客户信息，在终端收集客户信息，通过博览会、展销会、洽谈会等获取客户信息，通过网站和呼叫中心收集客户信息，从客户投诉中收集客户信息等。

间接收集客户信息的渠道是指企业从公开的信息中或者通过购买获得客户信息，包括：从各种媒介、工商行政管理部门及驻外机构、国内外金融机构及其分支机构、国内外咨询公司及市场研究公司获得信息，从已建立客户数据库的公司合理合法租用或购买等。

2. 客户信息的主要内容

个人客户信息的主要内容包括：基本信息、消费情况、事业情况、家庭情况、生活情况、教育情况、个性情况、人际情况。

企业客户信息的主要内容包括：基本信息、客户特征、业务状况、交易状况、负责人信息。

3. 运用客户数据库管理客户信息

客户数据库是企业运用数据库技术，全面收集关于现有客户、潜在客户或目标客户的综合数据资料，追踪和掌握现有客户、潜在客户和目标客户的情况、需求和偏好，并且进行深入的统计、分析和数据挖掘，而使企业的营销工作更有针对性的一项技术措施，是企业维护客户关系、获取竞争优势的重要手段和有效工具。

企业运用客户数据库可以深入分析客户的消费行为，可以对客户开展一对一的营销，可以实现客户服务及管理的自动化，可以实现对客户的动态管理。

二、客户的分级

客户的分级是企业依据客户对企业的不同价值和重要程度，将客户区分为不同的层级，从而为企业的资源分配提供依据。

1. 为什么要对客户分级

首先，每个客户能给企业创造的收益是不同的，客户是有大小的，其贡献是有差异的，有的客户为企业提供的利润可能比其他客户高 10 倍、100 倍，甚至更多，而有的客户无法给企业带来利润甚至还会吞噬其他客户带来的利润。

其次，企业的资源是有限的，因此，企业没有必要为所有的客户提供同样卓越的产品或服务，也不能将资源和努力平均分配给每一个客户，而必须根据客户带来的不同价值对客户进行分级，然后依据客户的级别来分配企业的资源。

再次，由于每个客户给企业带来的利润不同，他们对企业的需求和预期待遇也就会有差别。一般来说，为企业创造主要利润、为企业带来较大价值的关键客户期望能得到有别于普通客户的待遇，如更贴心的产品或服务以及更优惠的条件等。

最后，客户分级是有效进行客户沟通、实现客户满意的前提。

2. 如何分级

企业根据客户给企业创造的利润和价值的大小，将其按由小到大的顺序“垒”起来，就可以得到一个“客户金字塔”模型，给企业创造利润和价值最大的客户位于客户金字塔模型的顶部，给企业创造利润和价值最小的客户位于客户金字塔模型的底部，我们将客户金字塔模型进行三层级划分，这三层是：关键客户、普通客户和小客户，关键客户又可划分为重要客户、次要客户。

重要客户是能够给企业带来最大价值的前 1% 的客户，次要客户是除重要客户以外给企业带来最大价值的前 20% 的客户，一般占客户总数的 19 %。普通客户是除重要客户与次要客户之外的为企业创造最大价值的前 50% 的客户，一般占客户总数的 30 %。小客户是客户金字塔中最底层的客户，指剩下的后 50% 的客户。

3. 如何管理各级客户

客户分级管理是指企业在依据客户带来利润和价值的多少对客户进行分级的基础上，依据客户级别高低的不同设计不同的客户服务和关怀项目——不是对所有客户都平等对待，而是区别对待不同贡献的客户，将重点放在为企业提供 80% 利润的关键客户上，为他们提供上乘的服务，给他们特殊的礼遇和关照，努力提高他们的满意度，从而维系他们对企业的忠诚；同时，积极提升各级客户在客户金字塔中的级别，放弃不具备赢利能力的客户，尤其是劣质客户，避免将大把钱花在不能带来利润的客户上，从而使企业资源与客户价值得到有效的平衡。

企业针对关键客户管理的目标是提高关键客户的忠诚度，并且在“保持关系”的基础上，进一步提升关键客户给企业带来的价值。为此，企业要做到集中优势资源服务关键客户，通过沟通和感情交流，密切双方的关系，成立为关键客户服务的专门机构。

企业对于普通客户的管理，主要强调提升级别和控制成本两个方面：针对有升级潜力的普通客户，努力培养其成为关键客户；针对没有升级潜力的普通客户，减少服务，降低成本。

企业对于小客户的管理，也要进行区分，针对有升级潜力的“小客户”，要努力培养其成为“普通客户”甚至“关键客户”；针对没有升级潜力的“小客户”，可提高服务价格、降低服务成本；坚决淘汰劣质客户。

三、客户的沟通

客户的沟通就是企业通过与客户建立互相联系的桥梁或纽带，让客户了解双方的合作前景，拉近和客户的距离，加深和客户的感情，从而与客户建立良好的伙伴关系，最终赢得客户满意与客户忠诚所采取的行动。客户沟通的内容主要是信息沟通、情感沟通、理念沟通、意见沟通，有时还要有政策沟通。

1. 客户沟通的作用

（1）客户沟通是实现客户满意的基础

保持与客户的双向沟通是至关重要的，企业经常与客户进行沟通，才能了解客户的实际需求，才能理解他们的期望，特别是当企业出现失误时，有效的沟通有助于更多地获得客户的谅解，减少或消除客户的不满。一般来说，企业与客户进行售后沟通可减少退货情况的发生。

（2）客户沟通是维护客户关系的基础

客户沟通是影响企业与客户关系的一个重要因素。企业经常与客户进行沟通，才能向客户灌输双方长远合作的意义，描绘合作的远景，才能在沟通中加深与客户的感情，才能稳定客户关系。如果企业与客户缺少沟通，那么好不容易建立起来的客户关系，可能会因为一些不必要的误会没有得到及时消除而土崩瓦解。

2. 企业与客户沟通的途径

企业与客户沟通的途径有：通过人员与客户沟通；通过活动与客户沟通；通过信函、电话、网络、电邮、博客、呼叫中心等方式与客户沟通；通过广告与客户沟通；通过公共宣传及企业的自办宣传物与客户沟通；通过包装与客户沟通。

3. 客户与企业沟通的途径

客户与企业沟通的途径有：拨打免费投诉电话、24 小时投诉热线或者进行网上投诉等，在意见箱、建议箱、意见簿、意见表、意见卡及电子邮件中进行沟通等。

四、客户的满意

客户满意是一种心理活动，是客户的需求被满足后形成的愉悦感或状态，当客户的感知没有达到期望时，客户就会不满、失望；当感知与期望一致时，客户是满意的；当感知超出期望时，客户就感到“物超所值”，就会很满意。

1. 客户满意的意义

客户满意是企业取得长期成功的必要条件，是企业战胜竞争对手的最佳手段，是企业实现客户忠诚的基础。在完全竞争的市场环境下，没有哪家企业可以在客户不满的状态下得到发展。

如果客户的满意度普遍较高，那么说明企业与客户的关系是处于良性发展状态的，企业为客户提供的产品或者服务是受欢迎的，企业就应当再接再厉，发扬光大；反之，企业则需多下功夫、下大力气改进产品或者服务。

2. 影响客户满意的因素

（1）客户期望

为什么会出现接受同一产品或者服务，有的人感到满意，而有的人感到不满意呢？因为他们的期望不同。

为什么会出现接受不同的产品或者服务，好的不能让他满意，而不够好的却能使他满意呢？因为好的产品或者服务比他期望的要差，而不够好的产品或者服务却比他期望的要好。

那什么是客户期望呢？客户期望是指客户在购买、消费产品或服务之前对产品或服务的价值、品质、服务、价格等方面的主观认识或预期。

客户期望对客户满意是有重要影响的，如果企业提供的产品或者服务达到或超过客户期望，那么客户就会满意或很满意；而如果达不到客户期望，那么客户就会不满意。

客户以往的消费经历、消费经验、消费阅历，客户的需求、习惯、偏好、消费阶段，他人的介绍，企业宣传，价格、包装、有形展示的线索等都会影响客户期望。

（2）客户感知价值

客户感知价值是客户在购买或者消费的过程中，企业提供的产品或服务给客户的感觉价值。客户感知价值实际上就是客户的让渡价值，它等于客户购买产品或服务所获得的总价值与客户为购买该产品或服务所付出的总成本之间的差额。

客户感知价值对客户满意有重要影响，如果企业提供的产品或者服务的感知价值达到或超过客户期望，那么客户就会满意或者非常满意；而如果感知价值达不到客户期望，那么客户就会不满意。

影响客户感知价值的因素有客户总价值和客户总成本两大方面，即一方面是客户从消费产品或服务中所获得的总价值，包括产品价值、服务价值、人员价值、形象价值等；另一方面是客户在消费产品或服务中需要耗费的总成本，包括货币成本、时间成本、精神成本、体力成本等。

3. 如何让客户满意

从影响客户满意的因素考虑，企业要实现客户满意，必须从两个方面着手：一是把握客户期望，二是提高客户的感知价值。

（1）把握客户期望

首先，以当前的努力培育良好的客户期望；其次，不过度承诺、留有余地地宣传；最后，通过价格、包装、有形展示等来影响客户期望。

（2）提高客户的感知价值

提高客户的感知价值可以从两个方面来考虑：一方面，增加客户的总价值，包括产品价值、服务价值、人员价值、形象价值；另一方面，降低客户的总成本，包括货币成本、时间成本、精神成本、体力成本。

如果企业善于把握客户期望，然后让客户感知价值超越客户期望，就能够使客户产生惊喜，这对于提高客户满意度将起到事半功倍的作用。

五、客户的忠诚

1. 客户忠诚的含义与意义

客户忠诚是指客户一再重复购买，而不是偶尔重复购买同一企业的产品或者服务的行为。客户忠诚可以节省企业开发客户的成本，降低交易成本和服务成本；客户忠诚还可使企业的销售收入增长，并且获得溢价收益；客户忠诚还可降低企业的经营风险并且提高经营效率；客户忠诚还可使企业获得良好的口碑效应，从而壮大企业的客户队伍，使企业发展实现良性循环。总之，客户忠诚是企业稳定的收入来源，是企业取得长期利润的保障，如果企业赢得了大批的忠诚客户，无疑就拥有了稳定的市场。

2. 影响客户忠诚的因素

（1）客户满意是影响客户忠诚的重要因素

一般来说，客户满意是促使其重复购买最重要的因素。客户满意度越高，客户的忠诚度就会越高；客户满意度越低，客户的忠诚度就会越低。

（2）客户因忠诚能够获得多少利益

追求利益是客户的基本价值取向。如果老客户没有得到比新客户更多的优惠，那么就会限制他们的忠诚，这样老客户会流失，新客户也不愿成为老客户。因此，企业能否提供忠诚奖励将会影响客户是否持续忠诚。

（3）客户的信任和情感因素

客户为了避免和减少购买过程中的风险，往往总是倾向于与自己信任的企业保持长期关系。此外，当客户与企业的感情深厚时，客户即使受到其他利益的诱惑也会掂量与企业这份感情的分量，而不会轻易背叛。

（4）客户的转换成本

转换成本指的是客户从一个企业转向另一个企业需要面临多大的障碍或增加多大的成本，是客户为更换企业所需付出的各种代价的总和。

如果客户从一个企业转向另一个企业，会损失大量的时间、精力、金钱、关系和感情，因此，即使目前他们对企业不是完全满意，也会三思而行，不会轻易易主购买。

（5）其他因素

客户需求出现变化而退出某个市场领域，如客户原来喝白酒，现在改喝葡萄酒了，这样，如果白酒生产企业不能及时满足客户新的需求（如供应葡萄酒），那么客户就不会继续忠诚。

客户搬迁，或者成长壮大，或者因为业绩衰退甚至破产，这些都可能会影响客户忠诚。

企业与客户双方当事人的离职、退休等，也会影响客户对企业的忠诚。

3. 实现客户忠诚的策略

（1）努力实现客户满意

我们知道客户越满意，忠诚的可能性就越大，而且只有最高等级的满意度才能实现最高等级的忠诚度。可见，企业应当追求让客户满意，甚至完全满意，只有这样，客户忠诚度才会最大化。

（2）奖励忠诚

企业想要赢得客户忠诚，就要对忠诚客户进行奖励，奖励的目的就是要让客户从忠诚中受益，让三心二意者得到鞭策，让客户因流失付出代价，从而使客户在利益的驱动下保持忠诚。

（3）增加客户对企业的信任与感情

第一，牢牢树立“客户至上”的观念，想客户所想，急客户所急，解客户所难，帮客户所需，以自己的实际行动取得客户的信任。

第二，提供广泛并值得信赖的信息（包括广告），当客户认识到这些信息是值得信赖并可接受的时候，企业和客户之间的信任就会逐步产生并得到强化。

第三，重视客户可能遇到的风险，然后有针对性地提出保证或承诺，并切实履行，以减少他们的顾虑，从而赢得他们的信任。

第四，尊重客户的隐私权，使客户有安全感，进而产生信赖感。

第五，认真处理客户投诉，如果企业能够及时、妥善地处理客户的投诉，就能够赢得客户的信任。

（4）提高客户转换成本

一般来讲，如果客户在更换品牌或企业时，企业使其意识到这样做或者会使其原来所获得的利益遭受损失，或者将使其面临新的风险和负担，就可以加强客户的忠诚。此外，个性化的产品或服务在可能增加客户满意度的同时，也增加了客户的特定投入，如时间、精力、感情等，因而能够提高他们的退出障碍，从而有效地阻止客户的流失。

（5）加强与客户的结构性联系

所谓结构性联系，是指企业已经渗透到客户的业务中，双方已经形成战略联盟与紧密合作的关系。同理，企业要想办法与客户建立结构性联系，如通过交叉持股，或者双方共同成立合资企业、合伙企业或合作企业等，建立双方共同的利益纽带，你中有我，我中有你，这样彼此就不容易分开了。

（6）提高企业的独特性与不可替代性

企业如果能够为客户提供独特的、个性化的、量身定制的、不可替代的产品或者服务，就能够成功地与竞争对手的产品和服务相区分，有效地抵制竞争对手对客户的诱惑，增加客户对企业的依赖性，从而达到增进客户忠诚的目的。

（7）加强内部管理，为客户忠诚提供坚实的保障

研究发现，员工的满意度、忠诚度与客户的满意度、忠诚度之间呈正相关的关系，只有满意的、忠诚的员工才能愉快地、熟练地提供令客户满意的产品和服务。因此，企业应该通过培养和提升员工的满意度与忠诚度，为提升客户的满意度和忠诚度奠定坚实的基础。

（8）建立客户组织，稳定客户队伍

建立客户组织可使企业与客户的关系更加正式化、稳固化，使客户感到自己有价值、受欢迎、被重视，从而使客户产生归属感，这有利于企业与客户建立超出交易关系之外的情感关系。客户组织还使企业与客户之间由短期关系变成长期关系，由松散关系变成紧密关系，由偶然关系变成必然关系，从而保持现有客户和培养忠诚客户，确保企业有一个基本的忠诚客户群。

第三节　客户关系的挽救

客户关系的建立阶段和维护阶段都可能随时发生客户流失，也就是说出现客户关系的夭折与终止，如果企业能够及时采取有效措施就有可能使破裂的关系得到恢复。

因此，当客户关系出现倒退时，企业不应该轻易放弃流失客户，而应当及时调查客户流失的原因，并且针对流失的原因“对症下药”，争取及早挽回流失客户，促使他们重新购买企业的产品或服务，与企业继续建立合作关系，这样才能使他们继续为企业创造价值。

一、客户流失的原因

客户流失是指客户由于种种原因不再忠诚，而转向购买其他企业的产品或服务的现象。客户流失除了有企业自身的原因外，还有客户自身的原因。

1. 企业自身的原因

影响客户流失的因素与影响客户忠诚的因素是一样的，这些因素正面作用的结果就是客户的忠诚，负面作用就导致客户的流失。也就是说，客户不满意是影响客户流失的重要因素。此外，客户从忠诚中所获得的利益较少，客户对企业的信任和情感不够深，客户的流失成本较低等，也是导致客户流失的主要因素。

另外，企业在客户服务和管理方面不够细腻、规范，对客户的投诉和抱怨处理不及时、不妥当，或者企业对客户的影响相对乏力，跳槽的员工带走客户等，也会造成客户的流失。

再者，客户由于不满企业的行为，如破坏或污染环境，不关心公益事业，不承担社会责任等，也会导致客户流失。

2. 客户自身的原因

客户因为需求转移或消费习惯改变而退出某个市场。

客户对企业提供的好的服务或产品的差异根本就不在乎，转向其他企业不是因为对原企业不满意，而是因为自己想换“口味”，想尝试一下新的企业的产品或者服务，或者只是想丰富自己的消费经历。

客户搬迁、成长、衰退甚至破产，以及客户的采购主管、采购人员的离职等，都会导致客户流失。

二、如何看待客户的流失

1. 客户流失会给企业带来很大的负面影响

流失一位重复购买的客户，不仅使企业失去这位客户可能带来的利润，还可能损失与受其影响的客户的交易机会，因为他们可能散布不利的言论，动摇和瓦解“客心”。此外，他们还可能会极大地影响企业对新客户的开发。

客户在自己手里的时候，企业往往不珍惜，但是，当企业与客户的关系破裂，客户流失成为事实的时候，企业如果不能尽快、及时地恢复客户关系，就可能造成客户的永远流失，而他们很可能成为企业竞争对手的客户，进而壮大竞争对手的客户队伍和规模，而一旦竞争对手由于客户多了，生产服务规模大了，成本得以下降了，就会对企业产生威胁。因此，企业不能听任客户的流失。

客户的流失，尤其是“好客户”的流失如同将企业釜底抽薪，让企业多年投入于客户关系中的成本与心血付之东流。就像摩擦力损耗着机械系统的能量那样，客户的流失不断消耗着企业的财力、物力、人力和企业形象，给企业造成的伤害是巨大的。

2. 有些客户流失是不可避免的

新陈代谢是自然界的规律。企业的客户也有一个新陈代谢的过程，特别是在今天的市场上，在各种因素的作用下，客户流动的风险和代价越来越小，客户流动的可能性越来越大，客户关系在任一阶段、任一时点都可能出现倒退，不论是新客户还是老客户，都可能会流失。

此外，由于客户本身原因造成的流失，企业是很难避免的，是企业无能为力的和无可奈何的。因此，虽然很多企业提出了“客户零流失”的目标，但是这个目标太不切合实际。企业幻想留住所有的客户是不现实的，就算能够做到，成本也会相当高，得不偿失——因为企业的产品或者服务不可能得到所有客户的认同，企业也不可能留住所有的客户！

所以，企业应当冷静看待客户的流失，企业要做的是确保把客户流失率控制在一个很低的水平。

3. 流失客户有被挽回的可能

有些人认为，客户一旦流失，便会一去不复返，再也没有挽回的可能——这是片面的。

研究显示，向流失客户销售，每 4 个中会有 1 个可能成功，而向潜在客户和目标客户销售，每 16 个中才有 1 个成功。

这其中的原因主要是：一方面，企业拥有流失客户的信息，他们过去的购买记录会指导企业如何下功夫将其挽回，而对潜在客户和目标客户，公司对其的了解要少得多，会不知所措；另一方面，流失客户毕竟曾经是我们的客户，对企业有了解、有认识，只要企业下足功夫，纠正引起他们流失的问题，他们还是有可能回归。

可见，争取流失客户的回归比争取新客户容易得多，而且只要流失客户回头，他们就会继续为我们介绍新客户。

总之，在客户流失前，企业要防范客户的流失，极力维护客户的忠诚，而当客户流失成为事实的时候，企业不应该坐视不管、轻易地放弃他们，而应当重视他们，积极对待他们，“亡羊补牢”，尽力争取挽回他们，尽快恢复与他们的关系，促使他们重新购买企业的产品或服务，与企业继续建立稳固的合作关系。

三、对不同级别客户的流失采取不同的态度

在客户流失前，企业要防范流失，极力维护客户忠诚，而当企业与客户的关系破裂，客户流失成为事实的时候，企业如果不能尽快、及时地恢复客户关系，就可能造成客户的永远流失。

因此，对有价值的流失客户，企业应当竭力、再三挽回，最大限度地争取与他们“破镜重圆”“重归于好”；对不再回头的流失客户也要安抚好，使其无可挑剔、无闲话可说。

由于不是每一位流失客户都是企业的重要客户，所以，如果企业花费了大量时间、精力和费用，留住的只是使企业无法赢利的客户，那就不值得了。

因此，在资源有限的情况下，企业应该根据客户的重要性来分配投入挽回客户的资源，挽回的重点应该是那些最能赢利的流失客户，这样才能实现挽回效益的最大化。

也就是说，针对“关键客户”的流失企业要极力挽回，针对“普通客户”的流失企业要尽力挽回，针对“小客户”的流失可见机行事，彻底放弃根本不值得挽留的流失客户。

四、客户关系的挽救策略

客户关系的建立、客户关系的维护都需要“组合拳”，需要一系列组合策略。而客户关系的恢复则可以从“点”上着眼，找出客户流失的原因及关系破裂的症结，然后对症下药，有针对性地采取有效的挽回措施，才能做到事半功倍。

1. 调查原因

如果企业能够深入了解、弄清客户流失的原因，就可以获得大量珍贵的信息，发现经营管理中存在的问题，就可以采取必要的措施，及时加以改进，从而避免其他客户的再流失。

相反，如果企业没有找到客户流失的原因，或者需要很长的时间才能找到流失的原因，企业就不能及时采取有效的措施加以防范，那么这些原因就会不断地“得罪”现有客户而使他们最终流失。

因此，企业首先要在第一时间积极地与流失客户联系，访问流失客户，诚恳地表示歉意，甚至送上鲜花或小礼品，缓解他们的不满；其次，要了解流失的原因，弄清问题究竟出在哪里，并虚心听取他们的意见、看法和要求，让他们感受企业的关心，给他们反映问题的机会。

2. “对症下药”

“对症下药”就是企业要根据客户流失的原因制订相应的对策，以挽回流失的客户。例如，针

对价格敏感型客户的流失，企业应该在定价策略上采取参照竞争对手的定价策略，甚至采取略低于竞争对手的价格，这样流失掉的客户自然而然会自己跑回来；针对喜新厌旧型客户的流失，企业应该在产品、服务、广告、促销上面多一些创新，从而将他们吸引回来。

思考题：

1. 客户关系管理的思路是什么？什么是客户关系管理？
2. 客户有什么价值？客户有几种状态？
3. 什么样的客户是“好客户”？目标客户选择的指导思想是什么？
4. 如何开发客户？
5. 为什么要对客户分级？如何分级？如何管理各级客户？
6. 影响客户满意的因素是什么？如何让客户满意？
7. 影响客户忠诚的因素是什么？如何实现客户忠诚？
8. 客户流失的原因有哪些？挽救客户关系的策略是什么？

附录 A 期末综合实践

实践 1 ××企业市场营销案例分析

实践内容：

（1）客观且全面地介绍一家企业市场营销的做法。

（2）分析并评价该企业市场营销做法的得与失。

（3）为该企业市场营销提出改进意见或建议。

实践组织：

（1）教师布置实践任务，指出实践要点和注意事项。

（2）全班分为若干小组，采用组长负责制，组员合理分工、团结协作。

（3）可以通过实地调查收集相关资料和数据，也可以采用第二手资料。

（4）小组内部充分讨论，认真研究，形成分析报告。

（5）小组需制作一份 20min 左右能够演示完毕的 PPT 文件，在课堂上进行汇报，之后其他小组可提出质询，台上、台下进行互动。

（6）教师对每组分析报告和课堂讨论情况即时进行点评和总结。

实践 2 ××企业市场营销策划

实践内容：

（1）调查分析××企业的市场营销环境。

（2）提出××企业的市场营销战略。

（3）制订××企业的市场营销组合策略。

实践组织：

（1）教师布置策划任务，指出策划要点和注意事项。

（2）全班分为若干小组，采用组长负责制，组员合理分工、团结协作。

（3）可以通过实地调查收集相关资料和数据，也可以采用第二手资料。

（4）小组内部充分讨论，认真分析研究，形成策划报告。

（5）小组需制作一份 20min 左右能够演示完毕的 PPT 文件，在课堂上进行汇报，之后其他小组可提出质询，台上、台下进行互动。

（6）教师对每组策划报告和课堂讨论情况即时进行点评和总结。

附录 B

营销学习网站

序号	网站名称	网站介绍
01	中国营销传播网	该网站以传播国内和国际经典营销理念、最新营销动态为己任，是致力于打造服务“5000 万中国营销人”的网络平台
02	经理人网	该网站是中国领先的经理人商业思想和解决方案的交换及服务中心，是全球最大的中文管理网站之一
03	网上营销新观察	该网站专注于网络营销理论研究、网络营销方法与技巧的介绍和推广，研究领域包括网络营销、电子商务、企业信息化、电子政务等
04	网络营销教学网站	该网站定位于网络营销教学研究实践与知识分享，提供网络营销课件下载、网络营销论文资料、网络营销词典、大学生网络营销能力秀活动网站运营管理等服务
05	中国广告网	该网站是中国专业从事广告综合信息门户的网站，网站内容包括广告媒体报价、广告新闻、广告公司、广告主、广告沙龙、广告刊例、广告媒体、广告杂谈、营销企划、广告创意等
06	中国营销网	该网站是中国领先的营销资讯门户网站，主要为数千万营销人员提供全球领先的营销新思想等内容，是营销人员以商会友、真实互动的交流平台
07	中国品牌网	该网站提出“企业品牌化”的营销概念，并运用专业网络媒体，整合传播，为各行业的品牌提供包装传播、品牌塑造、品牌文化体系建设等方面的推广服务
08	营销中国	该网站免费提供与网络营销、网络创业、网络推广、市场推广等相关的经验心得、资讯文章、解决方案、指导培训、资源工具等，是广大网络创业者最值得信赖的网络学习平台
09	世界经理人网站	该网站致力于引导职业经理人实现卓越管理，其博而精的管理内容和精彩互动栏目已吸引逾 293 万注册用户，并成为他们工作中不可或缺的商业管理指引和探讨管理难题、交流管理理念的重要平台

参考文献

[1] 菲利普·特科勒，凯文·莱恩·凯勒. 营销管理[M].（亚洲版，第5版）. 吕一林，等，译. 北京：中国人民大学出版社，2010.

[2] 菲利普·科特勒，加里·阿斯特朗，（新）洪瑞云，等. 市场营销原理[M].（亚洲版）. 何志毅，等，译. 北京：机械工业出版社，2006.

[3] 吴健安. 市场营销学. 北京：高等教育出版社，2012.

[4] 吕一林. 现代市场营销学[M]. 北京：清华大学出版社，2012.

[5] 钱旭潮，王龙. 市场营销管理：需求的创造与传递[M]. 北京：机械工业出版社，2014.

[6] 郭国庆. 市场营销学通论[M].（第4版）. 北京：中国人民大学出版社，2009.